NO LIMITE DA MORTE

O QUE TEMOS A APRENDER COM OS ATLETAS QUE VIVEM NO EXTREMO

Maria Coffey

NO LIMITE DA MORTE

O QUE TEMOS A APRENDER COM OS ATLETAS QUE VIVEM NO EXTREMO

Lafonte

Título original: *Explorers of the Infinite*

Edição Brasileira

Direção Editorial *Sandro Aloísio*
Edição de Arte *Ana Dobón*
Capa *Eduardo Nojiri*
Imagem *Shutterstock.com*
Produção Gráfica *Diogo Santos*

Dados Internacionais de Catalogação na Publicação (CIP)
(Câmara Brasileira do Livro, SP, Brasil)

Coffey, Maria
No limite da morte : o que temos a aprender com os atletas que vivem no extremo / Maria Coffey ; tradução Maria Silvia Mourão Netto. -- 2. ed. -- São Paulo : Lafonte, 2017.

Título anterior: Descobridores do infinito.
Título original: Explores of the infinite
ISBN: 978-85-8186-230-9 (ISBN)

1. Espiritualidade 2. Esportes - Aspectos psicológicos 3. Esportes radicais 4. Parapsicologia I. Netto, Maria Silvia Mourão. II. Título.

17-04708 CDD-796.046

Índices para catálogo sistemático:

1. Esportistas radicais : Vida espiritual 796.046

2ª edição brasileira: 2017
Direitos de edição em língua portuguesa, para o Brasil, adquiridos por Editora Lafonte Ltda.

Av. Profa. Ida Kolb, 551 – 3º andar – São Paulo – SP – CEP 02518-000
Tel.: 55 11 3855-2286
atendimento@editoralafonte.com.br • www.editoralafonte.com.br

Para minha mãe, Bee

Sumário

Introdução

2003.

Noite de estreia no Banff Mountain Film Festival. Estamos acomodados em um auditório grande e lotado, assistindo a clips rápidos de pessoas se arremessando de altos penhascos, descendo de caiaque cachoeiras enormes e esquiando por encostas que mais parecem precipícios. Feitos alucinantes, aparentemente impossíveis, que fazem a plateia aplaudir aos gritos, ovacionar com entusiasmo. Meu pulso está acelerado, a palma das minhas mãos, úmidas. O que me desconcerta não é esses aventureiros se disporem de livre e espontânea vontade a experimentar o limite radical dessas atividades, mas quanto parecem à vontade fazendo isso.

Depois da apresentação, procuro o explorador norueguês Børge Ousland, um homem que realizou viagens épicas aos polos Norte e Sul, atravessando a Antártida e a camada gelada da Patagônia. Completamente sem ajuda. Um homem que se recusou a parar nas estações de pesquisa, esquivando-se de toda fonte de calor e de companhia durante suas missões. Por que ele parte nesse tipo de jornada?

"Porque elas me deixam nu", ele disse, com simplicidade. "Eu me torno um animal. Descubro quem sou de verdade."

Mais tarde, naquela mesma noite, no aconchego do meu quarto no hotel, espio pela janela de vidros duplos e vejo a distância a face de uma montanha nevada que se destaca contra o cenário de Bow Valley. Em algum ponto dessas encostas, um homem está escalando no escuro. Sozinho. Um pouco mais cedo, no fim da tarde, eu o havia encontrado, já vestindo seu equipamento de escalada, a mochila aos pés, tomando um rápido drinque no bar antes de se pôr a caminho. Havia nele uma espécie de felicidade simples, adorando a perspectiva de passar a noite subindo encostas de gelo. Neste instante preciso, ele está indo montanha acima, como um animal, vulnerável diante dos elementos da natureza. Penso em todas as camadas à minha volta que me protegem e me isolam de tudo aquilo que ele está vivendo. Eu sei que não poderia fazer o mesmo que ele, nem o que Børge Ousland faz. Nem quero. Mas eu os invejo por se sentirem tão à vontade nesse mundo selvagem, radicalmente expostos a toda sua beleza, eletrizados por sua força. Pelo que eles encontram lá, seja o que for, e que se mostra tão irresistível.

Eu estava no festival de Banff para receber um prêmio por um livro que tinha escrito sobre o custo pessoal da escalada. Todos os escaladores que eu entrevistara para fazer o livro haviam descrito a sensação arrebatadora de vida que experimentavam na montanha e também os momentos de grande perigo. Para minha surpresa, muitos deles disseram que essa sensação era algo espiritual, algo que interpretei como entrar em uma "zona de transcendência". E eu tinha ficado ainda mais surpresa quando vários escaladores contaram episódios de níveis mais avançados nessa zona: encontros com fantasmas e espíritos, comunicação telepática, sonhos de precognição, viagens astrais, acessos de força sobre-humana.

Esportistas radicais, seja qual for sua especialidade, devem fazer mais do que somente dominar as habilidades de seu esporte. Sua sobrevivência depende de manterem um foco constante e de prestarem total atenção a todas as forças da natureza, tornando-se hiperconscientes de qualquer mínima brisa ou mudança de temperatura, da textura da neve ao pisar, da rocha ao firmar nela os dedos das mãos. E, quando sobrevém um desastre — como uma avalanche repentina, o paraquedas que enrosca, o barco que vira —, em uma fração de segundo eles têm de recorrer a toda sua experiência passada e mesclar com o que está acontecendo naquele instante do presente, reagindo de uma maneira exata. É a vida deles que está em jogo, dependendo de um processo que alguns psicólogos denominaram de "fatias finas" em que são descobertos padrões em situações e comportamentos baseados em segmentos muito exíguos da experiência. É o que a maioria chama de intuição, ou "saber sem saber".

Saber sem saber. Agora eu me perguntava se seria possível que, ao se sintonizar com o mundo natural, esses aventureiros não estariam, sem querer, abrindo acessos a poderes e dimensões ocultos da experiência, aquilo que chamamos de místico ou paranormal. Desnecessário dizer que, quanto mais eu ia em busca de perguntas, mais as perguntas se acumulavam, mas, conforme o trabalho evoluía, eu ia me tornando cada vez mais convicta de que os esportistas radicais rompem os limites do que é considerado fisicamente possível, ultrapassando as zonas conhecidas da consciência humana e alcançando outras dimensões. Suas experiências oferecem vislumbres de níveis inimaginados da existência, sinalizando o caminho para que outros o sigam.

Antes de começar a escrever este livro, eu ficava definitivamente em cima do muro a respeito de tudo que era tido como espiritual, místico e paranormal. O que me impedia de advogar decididamente o racionalismo eram lembranças de incidentes intrigantes de minha vida: um "despertar" místico depois de quase ter morrido afogada na costa do Marrocos; a premonição da morte do meu namorado no Everest e as "visitas' que recebi dele, depois de ter sido confirmada a notícia de seu desaparecimento; o espírito de um rio que me protegeu de doenças e de ataques de bandidos enquanto eu descia de caiaque por suas águas, ao longo de centenas de quilômetros. Nessas oportunidades, eu havia racionalizado cada uma das sensações como resultado do medo, da aflição ou da exaustão. Mas, depois de ouvir as histórias dos aventureiros, fiquei pensando se aquelas vivências não seriam talvez mais do que meros produtos da minha imaginação.

Reuni relatos sobre experiências espirituais, místicas e paranormais de uma multiplicidade de esportistas radicais: *BASE jumpers*, pessoas que atravessam cabos aéreos, astronautas, navegadores solitários, praticantes de mergulho livre, caiaquistas, esquiadores de montanhas altas, praticantes de *snowboarding*, além de montanhistas. Comparei seus relatos com pesquisas e opiniões de cientistas, psicólogos e mestres espirituais. Essas idas e vindas na relação entre o extraordinário e a ciência estão documentadas nas páginas a seguir. Começo com a premissa de que atingir uma vivência espiritual é o principal atrativo para o esportista radical, e que até que exista uma linguagem comum para se falar dessas experiências elas não serão aceitas por todos. A seção seguinte do livro trata do medo, do sofrimento e do foco como os componentes que permitem aos aventureiros entrar em contato com forças ocultas neles mesmos e ter acesso a outras dimensões da experiência; também nessa seção discuto a possibilidade de uma ligação muito forte e íntima com o mundo natural ser um elemento essencial no acesso dessas pessoas a tais dimensões. Depois, temos uma fartura de episódios narrados pelos próprios exploradores, envolvendo precognicão, intuição, telepatia e encontros com espíritos — poderes "paranormais" que enxergo através das lentes do discurso científico. Os capítulos finais sugerem que os esportes radicais não só são uma busca espiritual como também são um instrumento espiritual. E que acontece o mesmo com todos nós, adeptos ou não dos esportes radicais. As mais difíceis e desafiadoras experiências de nossas vidas podem enriquecê-las, revelar nossa verdadeira identidade, despertar-nos para uma percepção mais ampla e consciente do nosso potencial e nos abrir para a infinita beleza do Universo.

PARTE UM

A coisa mais sincera que podemos vivenciar é o misterioso. Essa é a emoção fundamental que se encontra na origem da verdadeira arte e da verdadeira ciência. Aquele que sabe e não pode mais se espantar não se sente mais deslumbrado, está praticamente morto, não passa de uma vela apagada.

ALBERT EINSTEIN, Como vejo o mundo

Capítulo 1

VÍCIO ESPIRITUAL

Do outro lado da mesa, à minha frente, senta-se uma mulher cuja ideia de uma atividade agradável para passar a tarde de domingo é escalar, como uma aranha, uma cachoeira congelada presa somente pelas pontas de seus ganchos e furadores de gelo.

Ela diz que a "coisa mais assustadora para os escaladores é ter de olhar para o que estão escalando".

"Mas, então, por que escalam?", pergunto.

"Pela emoção", ela diz. "Por uma questão de ego. Às vezes, pela excitação, pelo dinheiro e pela fama. Mas, principalmente, para atingir alturas espirituais."

Como um pequeno inseto com asas faiscando ao sol e o som monótono de seu voo cortando a quietude que se instala após uma tormenta, o avião de busca traça voltas e mais voltas em torno da imensa face sul do monte Foraker. Agulhas rochosas, calhas de avalanches, glaciares pendentes, pingentes de gelo, fissuras e fendas. E a rota dos escaladores: uma encosta pontiaguda, estendendo-se por 2.700 metros até o alto da montanha: o *Infinite Spur*.

Vasculhando a topografia com seus binóculos, os guardas florestais forçam os olhos na tentativa de enxergar uma tenda, um pedaço de cabo, pegadas na neve. Qualquer sinal, algum resquício de esperança ao qual se agarrar. Eles sabem que é impossível. As duas mulheres estavam na montanha há 26 dias. A comida que tinham levado deveria ter terminado havia uma semana.

Eles interrompem a busca. Estão convencidos de que as escaladoras foram derrubadas pelos ventos da montanha. No auge da tempestade, sopravam a 160 km por hora. Inconscientes, em questão de segundos. Mortas pelo impacto. Era o melhor em que se podia acreditar.

Ela sabe que não aconteceu desse jeito. Ela sabe que as duas se enfiaram em alguma fenda para escapar da tempestade. Ela sabe que pode encontrá-las. Sem mapas. Nem GPS. Ela vai seguir as informações que lhe vieram como visões, durante um estado de meditação profunda. Enviadas por sua amiga, morta, deitada em uma caverna de gelo no *Infinite Spur*.

Durante a adolescência e boa parte dos seus 20 anos, ela sempre fora maluca, definida pelas drogas e bebidas que consumia com vontade, por um estilo de vida inconsequente. Então mudou para Canmore, em Alberta, onde um namorado a apresentou à escalada no gelo. A estonteante sensação de se expor ao perigo, subindo por cachoeiras congeladas com o apoio de ganchos e cravando com força os martelos no gelo, era um tipo novo de risco que atraía seu lado selvagem e canalizava sua energia desassossegada. E também lhe oferecia muito mais satisfação do que as drogas e o álcool que já havia consumido, embora, naquela época, ela não entendesse por quê.

Eram poucas as outras mulheres que praticavam escalada no gelo, e Margo Talbot não se sentia próxima de nenhuma delas. Até que Karen McNeill chegou da Nova Zelândia, trazendo seus furadores, capacete e grampos. A amizade entre as duas se desenvolveu prontamente e permaneceu firme. Talbot se tornou uma das mais destacadas escaladoras de gelo da América do Norte. McNeill se interessava seriamente por montanhismo. Uma expedição por ano, na Índia, no Alasca, no Peru, com sua parceira de escaladas, Sue Nott. Entre as viagens, estava construindo uma casa em Canmore com o namorado e aproveitando todas as paredes de escalada no gelo que a região tinha para oferecer. Ela e Talbot se tornaram ainda mais próximas. Identificavam-se uma com a outra: mulheres determinadas, impetuosas, perseguindo os demônios de uma infância infeliz. Em busca das mesmas coisas, encontrando-as nas escaladas.

"Quando você parte para escalar uma montanha, no princípio a única coisa que a preocupa são as rotinas diárias que você tem quando está em casa", diz Talbot. "Sua cabeça está cheia de falação. Em algumas horas, você entra em um ritmo em que passa a pensar só em comida e combustível e acampamentos. Então, quando a escalada se torna técnica, e especialmente quando existe algum nível de perigo, você passa a estar absolutamente presente. Não existe estresse, às vezes, nem o medo. Você se torna literalmente apenas consciência."

Margo Talbot insiste em dizer que os escaladores são comsiderados viciados, não na atividade em si, mas no estado mental que a escalada lhes permite experimentar.

"Uma coisa maior do que você se instala na sua cabeça. Misteriosa e inexplicável. Então você tem de ir e voltar mais vezes, para sentir aquilo. Era isso que Karen estava procurando, quando morreu."

Nos últimos anos, Talbot vem fazendo cursos de meditação. Ela pratica um "trabalho com energia" — faz a leitura da própria energia e a de outras pessoas, vendo de que maneira ela emana do corpo e ajudando a modificá-la quando se encontra negativa ou bloqueada. Ela acredita que isso é uma continuação de sua carreira de escaladora, uma parte natural desse desenvolvimento. Para ela, escalar e fazer um trabalho espiritual são atividades que se completam, uma alimenta a outra.

Talbot estava em estado de meditação profunda, em seu apartamento no centro de Vancouver, quando chegaram as primeiras mensagens do monte Foraker. Ela já sabia que McNeill e Nott estavam desaparecidas e que tinham organizado uma expedição de busca das duas. Agora, sabia que as duas já estavam mortas. McNeill estava lhe enviando visões do que havia acontecido, antes de ela morrer.

"Eu a vi ficando tão relaxada e aquecida quanto possível, em uma caverna de gelo. Vi que sua comida e seu combustível estavam acabando. Captei o medo e a ansiedade dela, o que ela estava pensando. Ouvi que escutou o ronco dos primeiros aviões de busca sobrevoando a região onde ela estava."

Talbot ficou confusa e atemorizada com esse conhecimento que lhe chegava sobre a luta da amiga. Então foi conversar com alguns de seus mestres espirituais, pessoas que lhe pareciam ser dotadas de poderes paranormais. Disse que estava recebendo mensagens, mas não deu muitos detalhes. Pediu que eles sintonizassem sua amiga. Todos eles captaram exatamente as mesmas informações. Uma das mulheres lhe disse que McNeill tinha tentado desesperadamente se comunicar de modo telepático com as pessoas em casa, em suas últimas horas, porque sabia que essa era a única maneira como poderia ser salva.

Talbot não tinha ideia de por que não captou essas primeiras mensagens. Mas ela afirma que agora seus canais de comunicação com Karen McNeill estão abertos e se mantêm fortes. Ela sabe que McNeill quer que seu corpo seja recuperado. E Talbot quer ser a pessoa a fazer isso. Ela tem esperança de encontrar alguém que queira escalar o monte Foraker com ela, pelo pico Sultana. Até agora, todos os escaladores que procurou se recusaram a participar desse plano. Não porque seja perigoso — afora a altitude, as fendas e a possibilidade de tempestades, para um montanhista experiente o risco físico dessa rota é relativamente baixo. Mas o risco emocional será alto. Topar com o corpo congelado de uma pessoa amiga. Retirá-lo da caverna. Levá-lo até um local onde o serviço de atendimento do parque possa guinchá-lo com um helicóptero. E um fator maior ainda, segundo Talbot, é que a maioria dos escaladores tem-se mostrado cética ao ouvir o que ela afirma. Mas ela não tem dúvidas de que, nessa imensa e inóspita montanha, vai encontrar o corpo de sua amiga.

"Tenho uma ideia bem clara de onde procurar. Karen me mostrou."

Durante minha primeira conversa com Margo Talbot, ela me confidenciou que era um alívio poder contar sua história, "sem a pessoa achar que sou ou estou louca". Ela ficou surpresa quando soube que alguns de seus colegas tinham dito a mesma coisa. Também eles tinham histórias que raramente contavam para os outros porque, como o montanhista Carlos Carsolio me informou, no mundo em que eles vivem, falar de fantasmas é "assunto proibido".

Experiências místicas e paranormais vão em direção contrária aos parâmetros racionais e científicos dos nossos tempos. Mas isso não reflete necessariamente o que as pessoas acreditam. Nos Estados Unidos, um levantamento do Instituto Gallup, efetuado em 2005, mostrou que, de mil pessoas entrevistadas, 47% acreditavam em PES (percepção extrassensorial), 32%, na existência de fantasmas, 26%, em clarividência e 21%, na possibilidade de contato com os mortos. Em uma pesquisa semelhante, realizada no Reino Unido, 43% dos entrevistados acreditavam ter tido contato com os mortos, 71% acreditavam na existência da alma e 53%, em alguma forma de vida após a morte. Em geral, as pessoas mais velhas se mostraram mais céticas, e as mulheres foram mais propensas a essas crenças do que os homens.

Na psique humana, é profundo o inexorável anseio por algo além do mundano ou do explicável. Ele nasce da necessidade de se dar sentido à existência, de encontrar algo maior do que nós mesmos. E também decorre do anseio de pertencer, de viver a vida segundo uma interação harmoniosa com os outros, com a natureza, com Deus, com o Universo. Antigamente, essa interação era parte da condição humana.

Nas sociedades caçadoras-coletoras, a crença religiosa estava sempre ligada à natureza. Defrontadas com perigos constantes, as pessoas buscavam maneiras de viver em harmonia com o ambiente imprevisível cultuando a terra, seus elementos e seus animais selvagens. A vida era trespassada pela espiritualidade. E os poderes da PES, ou da paranormalidade — o contato com os mortos, premonições, telepatia, viagens astrais — eram aceitos como um elemento essencial da interligação do homem com a natureza.

A revolução neolítica, há 10 mil anos, mudou tudo isso. Ao lado da transição para a agricultura, vieram com ela os primórdios da institucionalização da espiritualidade. Com o crescimento da tradição judaico-cristã, os poderes psi passaram a ser vistos como divinos ou então como demoníacos. Mas permaneceram alguns bolsões da antiga ordem, que ainda hoje em dia resistem nas religiões orientais e em culturas que no Ocidente costumam ser consideradas prejudicadas pela superstição, como as comunidades de caminhantes aborígenes, de xamãs da Mongólia e da Amazônia, dos encantadores de tubarões do Pacífico Sul e dos curandeiros africanos. E entre aquelas pessoas de nossa sociedade que se recusam a aceitar os dogmas da religião organizada e permanecem abertas ao mistério.

Muitos exploradores com quem conversei foram criados por pais religiosos e, na adolescência, se afastaram de suas igrejas. Essa apostasia muitas vezes deixa aquilo que Jean-Paul Sartre chamava de "buraco em formato de Deus". A fome espiritual é epidêmica em nossa sociedade. Isso se evidencia no florescimento do movimento da Nova Era, no interesse pelas religiões orientais e, talvez, no número cada vez maior de pessoas que escolhe para sua "recriação" ir em busca da natureza e se abrir ao seu poder.

"O Deus da minha infância não é o Deus de que falo agora", diz Stephen Koch, um atleta do montanhismo e das acrobacias aéreas, criado como católico. "Não é esse o Deus que eu sinto. Meu Deus é a beleza da natureza. É a terra em seu estado mais natural, não maculada pelo homem. Você ainda pode encontrar isso nas montanhas, nos oceanos, no deserto. Esses são os lugares onde experimento o mais profundo sentimento de paz."

Como Koch, a maioria dos praticantes de esportes radicais se constitui de pessoas profundamente independentes, construindo caminhos de vida bastante incomuns. Assim, não surpreende que sua espiritualidade seja em geral muito particular, idiossincrática, inextricavelmente vinculada à natureza e às situações que vivenciam ali.

"Estar em picos elevados me faz sentir em intimidade com o infinito", diz Pete Athans, que escala o Everest. "Lá me sinto mais em contato com a natureza. Mais vivo. Não acho que os escaladores sejam somente um bando eclético de desajustados. De diversas maneiras, penso que somos os portadores da tocha de um relacionamento com o mundo natural. Assim como eu, muitos estão insatisfeitos com a religião ocidental contemporânea, e então nós a substituímos com a nossa espécie de fé."

Em 1978, Michael Murphy e Rhea A. White escreveram que muitos atletas tinham dificuldade para aceitar os aspectos "sublimes" de seu esporte porque não tinham palavras para traduzir suas experiências, não tinham uma filosofia que lhes servisse de base. Os problemas continuam: se não conseguimos encontrar um nome para alguma coisa, é difícil para nós aceitar que isso realmente exista, e os exploradores ainda não têm um ritual ou uma linguagem comum capaz de definir e expressar adequadamente suas experiências mais esotéricas.

"Com as nossas loucuras, o que estamos fazendo, sem pretender fazê-lo de fato, é criar uma espécie de religião", escreve o aventureiro e autor Rob Schultheis. "Uma religião incoerente, em que os adeptos reúnem os elementos de qualquer jeito, mas mesmo assim uma religião... as ligações que fazemos ali são completamente abençoadas, são religiosas no sentido mais profundo do termo."

O reverendo Neil Elliot, vigário anglicano e capelão da University of Central England, está tentando ajudar os aventureiros a encontrar uma linguagem para essa nova espécie de fé. Ele acredita que, tão logo tais esportistas aceitem a ideia de que suas experiências podem ser espirituais, começarão a vivenciá-las como espirituais. Então poderão começar a levá-las mais longe e, com o tempo, encontrar uma maneira de expressá-las.

Em 1997, no ano de sua ordenação, Elliot descobriu as delícias de praticar *snowboarding* na neve solta — aquela neve alta, leve, que acabou de cair — em encostas agrestes, uma variação do esporte conhecido como "*soul riding*" (alma deslizando). No mesmo instante, ele ficou "vidrado" na atividade e intrigado com o termo — a que se referia "alma"? Ninguém era capaz de lhe dizer, então ele começou a própria pesquisa, que levou ao seu doutorado sobre a espiritualidade do *snowboarding*.

Uma das primeiras descidas de Elliot na neve solta se deu em um lindo dia ensolarado nos Alpes franceses, logo após uma grande nevasca. Munido de um guia e de alguns amigos, pegou o teleférico até um ponto alto da estação. De lá, o grupo começou a subir até que alcançaram uma crista. À volta deles, os picos da montanha brilhavam à luz da manhã. Aos pés deles estendiam-se os campos de neve solta, telas perfeitamente intatas apenas aguardando que eles as tocassem. Um a um, os amigos de Elliot se deixaram ir encosta abaixo. Então veio sua vez. No começo, como os outros, ele ria e gritava de excitação, conforme os borrifos finos da neve formavam nuvens à sua volta, inundadas de luz resplandecente. Depois sobreveio a calma. Desapareceu a sensação de se virar o tempo todo, de fazer qualquer esforço. Completamente focado no ato de estar equilibrado sobre a prancha, consciente de cada nuance da neve e da sua prancha, ele se desligou, como se a prancha estivesse se guiando sozinha e levando-o a bordo, como seu passageiro.

"De repente, estava tudo fluindo", ele se lembra. "Eu estava ao mesmo tempo dentro e fora do tempo. Lá e não lá. Era apenas puro ser... Naquele momento, eu estava muito perto de Deus. Esses episódios são a essência da experiência da alma deslizando, e eles acontecem como uma dádiva de Deus."

Elliot chama esses momentos de "experiências espirituais naturais".

Segundo ele, no passado a maioria das pessoas teria precisado interpretar essas experiências segundo algum tipo de referencial religioso. Elliot ainda precisa. Ele acredita em um Deus pessoal que "quer se dar e se revelar a toda a humanidade, de várias maneiras". A alma deslizando é uma delas. Mas ele admite um interesse cada vez maior pelo que chama de "espiritualidade não institucional", livre da égide de uma igreja, para a qual as pessoas contribuem com suas concepções e crenças com base em uma multiplicidade de tradições, e em que a espiritualidade está associada com a ação e os riscos de atividades ao ar livre.

Então, como é que Elliot está em relação à sua busca de uma linguagem para essa nova espiritualidade, em particular para aqueles momentos "fora do tempo" que ele experimenta quando faz *snowboarding*? Diante dessa pergunta, ele ri com certo pesar. "Uma parte de mim quer dizer que isso é tão sagrado que nem deveríamos tentar lhe dar um nome."

De todos os esportistas radicais, os surfistas são os que chegam mais perto de uma linguagem comum para o aspecto espiritual de seu esporte e têm mais facilidade em empregá-la. Muitos se referem ao mar como "Mãe Oceano". Sem constrangimento, falam do "surfar com a alma". William Finnegan escreve sobre provar, nas ondas grandes, "a sensação intensa de um vasto e incognoscível projeto" e se refere aos lugares onde surfou como "estações em uma peregrinação em etapas curtas que se enovelam... uma longa busca, através de um mundo destruído, por fragmentos de uma bem-aventurança perdida".

Mark Fawcett, profissional do *kitesurf*, sente que algum poder maior deve ter deliberadamente criado o local perfeito em termos de ondas e oportunidades por onde passa, no mundo todo.

"Simplesmente, é coincidência demais que tudo tenha acontecido por acaso. Toda vez que saio da água, sinto uma imensa gratidão por esse poder, qualquer que ele seja. Você vai ter um monte de surfistas dizendo a mesma coisa, que sair todo dia de manhã e entrar na água e se tornar parte dela, fluindo com ela, é a igreja para eles. É uma coisa linda, muito linda."

Não surpreende que expressar experiências sublimes seja mais fácil para os surfistas, pois, quer tenham consciência disso ou não, cada um deles faz parte de uma tradição espiritual profunda, de longa data.

O que hoje conhecemos como surfe veio para o Havaí no século IV d.C., trazido pelos polinésios que haviam cruzado o Oceano Pacífico em suas canoas, vindos do Taiti e das Ilhas Marquesas. Um de seus costumes era brincar na rebentação com pranchas de *paipo* (barriga). Os havaianos partiram daí, aperfeiçoando a arte de se equilibrar sobre a prancha, cujo comprimento variava de cerca de 50 cm a 1 metro. Surfar se tornou muito mais do que um passatempo agradável: era uma parte integral da cultura havaiana, da hierarquia social e da tradição espiritual, uma atividade sujeita ao código do *kapu* (tabu) que governava a vida como um todo. Quando um artesão cortava uma árvore sagrada — *koa* ou *wiliwili* — para fazer uma prancha de surfe, ele cavava um buraco nas raízes e colocava ali um peixe como oferenda aos deuses, em troca pela árvore. Os *kahuna* — sacerdotes e feiticeiros locais — entoavam cânticos para abençoar as novas pranchas, para convocar ondas grandes e dar coragem aos homens e às mulheres que iriam navegá-las. A sociedade havaiana era estratificada em classes populares e da realeza, em que os *ali'i* (chefes) tinham seus recifes e praias particulares para surfar, estritamente proibidos aos populares.

Por volta de 1700, a chegada dos missionários cristãos quase deu fim ao surfe no Havaí. Eles pregavam que era altamente impudico se expor às ondas usando poucas roupas, especialmente diante de membros do sexo oposto. Hiram Bingham, o chefe dos missionários americanos, escreveu com evidente satisfação que "o declínio e a descontinuidade do uso da prancha de surfe como avanços da civilização podem ser explicados pelo aumento da modéstia, da indústria e da religião".

Todavia, essa tradição era profunda e antiga demais para desaparecer por completo e, no início do século XX, quando o escritor e aventureiro americano Jack London foi de navio a vela até Waikiki, o surfe era novamente uma atividade em expansão. London ficou extasiado. Ele proclamou que era "um esporte real, para os reis naturais da terra". Ficou muito empolgado para aprender a surfar e foi apresentado pelo jornalista Alexander Home Ford a George Freeth, um irlandês-havaiano de 23 anos, surfista consumado. "Tem alguma coisa espiritual em Freeth que o leva a se destacar dos demais, como uma luz brilhante", Ford lhe disse. "A água é Deus e está em toda parte e dentro dele. Quando ele surfa, ele quase — será que digo mesmo? — parece um Cristo."

Os surfistas de ondas grandes enfrentam alguns dos mais intensos poderes da natureza sem nenhuma proteção, praticamente nus, inteiramente vulneráveis. Para sobreviver a ondas que o escritor Daniel Duane diz parecerem "edifícios de três andares se deslocando a uma velocidade de 25 nós", os surfistas precisam aperfeiçoar seus corpos e mentes até que seu preparo físico e suas habilidades sejam igualados por capacidades altamente exercitadas de foco e intuição. O momento final ocorre quando o surfista desliza pelo tubo formado pela parede de água que sobe e depois desce, em uma onda grande, formando um lugar que, na fala dos surfistas, eles chamam de "a sala verde", ou "o barril". Dentro do tubo, ligeiramente agachado, com uma das mãos tocando a dura parede de água da onda para desacelerar a velocidade da prancha, é "estar preso", "engaiolado", "no tubo". É o auge da experiência para os surfistas. É onde todos eles querem estar.

"É *louco*", diz o rabino Nachum Shifren. "Toda aquela velocidade, potência e energia — quando você está envolvido pela água, mas respirando ar, indo a uns 60 ou 70 km por hora — é um êxtase."

Todo dia, perto de sua casa na praia de Venice, na Califórnia, Shifren troca seus trajes hassídicos tradicionais — o *bakishe* e o *gartel* — por um macacão de neoprene, enfia as longas costeletas hassídicas dentro do capuz e rema na sua prancha mar adentro, com o fervor de um peregrino. Com 50 e poucos anos atualmente, Shifren foi agnóstico quando menino, crescendo em San Fernando Valley. Ele descobriu o surfe na adolescência, em uma visita a Malibu, e nos quinze anos seguintes foi em busca de boas ondas em todas as praias da costa da Califórnia, do Havaí e do México. Quando estava com 27 anos, foi para Israel como instrutor de preparo físico para combates das Forças de Defesa. Aos 35 anos, mergulhou no *pnimiut*, termo hassídico que significa "mergulhar em seu verdadeiro ser interior". Quatro anos depois, foi ordenado rabino. Embora tenha estudado as leis do Universo conforme ensinadas na Torá, foi no oceano que encontrou uma manifestação de suas crenças espirituais. Ele acredita que surfar ondas grandes lhe permite "ver Deus de uma maneira diferente da que a maioria dos seres humanos consegue imaginar".

Para Shifren, a experiência espiritual de surfar, em sua forma mais pura, pode ser explicada por meio do judaísmo.

"Na Cabala, aprendemos que a oração tem quatro formas diferentes, começando com quatro mundos diferentes. Estes culminam em um mundo em que você é nulificado pela Luz Infinita, uma manifestação do poder de Deus no mundo... Todas as religiões têm isso em comum, a alma tentando se elevar além do mundo material, na direção da luz infinita."

Ele acredita que essa é a essência do "surfar com a alma".

"Não existe nenhum surfista de verdade que não queira apenas sair voando com a onda, usando cada parcela de energia dessa onda para deslizar cada vez mais depressa. Os surfistas especialmente querem ter a sensação de estar se movendo, de sentir uma dinâmica constante, de superar seus limites físicos. Isso acontece em ondas grandes, rápidas e altas, onde é tanta a energia, a força, a velocidade que, em certa altura, o corpo funciona no piloto automático e entra em cena toda a estrutura espiritual da pessoa. É isso que a alma está tentando fazer. Escapar do corpo e conquistar sua liberação espiritual. Quando você está surfando... está indo tão depressa que a transcendência acontece de maneira automática. É a mais sensorial e espiritual de todas as viagens radicais."

Pode haver outra explicação para o vício nessas experiências espirituais. Surfar ondas grandes, escalar montanhas íngremes, descer uma cachoeira em um caiaque, fazer *snowboarding* em uma encosta que pode causar uma avalanche — em todas essas atividades, o aventureiro retira todas as suas redes de segurança e se expõe vulnerável às forças naturais, com todos os seus sentidos em alto nível de alerta. Despidos e sintonizados no ambiente imediato, como viveram nossos antigos ancestrais, levando uma existência que tratava tão somente de sobreviver.

No final de 2004, causaram furor na mídia as notícias de um tsunami terrível no sudeste asiático. Dentre todas as comovedoras histórias de sobrevivência humana houve o relato de uma tribo de caçadores-coletores da ilha Sentinela, parte das ilhas Andaman no Oceano Índico. Parados no tempo, eles se esquivam dos contatos com o mundo exterior; sua cultura é equivalente à da Idade da Pedra. O tsunami cobriu a Sentinela em uma época do ano em que a tribo costuma descer das florestas e vir até a orla para pescar. Temeram que todos tivessem morrido. Dois dias depois, porém, autoridades da guarda costeira, ao sobrevoarem a região de helicóptero, avistaram um membro da tribo, nu, na praia. Como é que ele — e os outros, que depois apareceram — sobreviveu a ondas absurdamente destrutivas? As autoridades não puderam pousar para saber o que tinha acontecido.

Segundo os relatos, os membros da tribo dispararam flechas de advertência contra o helicóptero. Mas Ashish Roy, um advogado ambientalista que negocia programas de proteção para as tribos, acredita ter a resposta. Eles pressentiram a vinda das ondas e fugiram para um terreno mais alto, usando habilidades que teriam sido cruciais para sua sobrevivência ao largo de tantas eras.

"Eles podem sentir o gosto do vento", Roy diz. "São capazes de avaliar a profundidade do mar pelo som de seus remos. Têm um sexto sentido que nós não possuímos."

Mas *talvez* tenhamos. Pode ser que esteja latente em nós, até que precisemos dele. Todos os praticantes de esportes de aventura neste livro falam de um "sexto sentido" que vem de estarem agudamente sintonizados com o ambiente no qual estão se movimentando. Montanhistas sentindo um vago desconforto em uma trilha, pouco antes de um pedaço de glaciar se despregar e cair em cima deles. Surfistas prevendo o ponto exato em que a próxima onda vai quebrar. Marinheiros antecipando a formação de uma tempestade. Será que isso é essencialmente diferente do que permite a Margot Talbot captar mensagens de sua amiga morta? Ou do que permitiu que Clay Hunting salvasse a vida do amigo, durante uma escalada que deu terrivelmente errado?

Hunting, que era um experiente escalador de paredes de gelo, estava fazendo a subida das Montanhas Rochosas canadenses, no inverno, em companhia do amigo Sean Smeardon. O início da trilha era uma cachoeira congelada. Hunting foi à frente, mas o gelo estava tão fino que ele se deslocou para uma rocha, instalou uma âncora e começou a amarrar Smeardon. Nenhum dos dois consegue se lembrar por que, no momento em que a cachoeira se partiu e caiu, Smeardon ainda não estava atado ao cabo.

"Eu só me lembro de um som que quase me deixou surdo, então me virei e vi Sean caindo no meio de toneladas de gelo, de uma altura de 45 metros", disse Hunting. "Quando o alcancei, Sean estava com múltiplas fraturas. Muito machucado. Tinha quebrado e esmagado os quadris, as pernas, as costelas e um braço. O rosto dele estava afundado, ele tinha perdido muitos dentes, havia um hematoma enorme na cabeça e um olho tinha saltado pra fora. Tive de deixá-lo ali e escalar muitos quilômetros, atravessando um cânion, para conseguir ajuda. Levei quase a noite inteira. Eu estava péssimo. Eu já escalava com Sean havia muito tempo, ele era o meu melhor amigo e eu pensei que o tinha perdido. O mais estranho foi que, enquanto eu escalava o cânion, tinha uma luzinha à minha frente o tempo todo. Não era a minha lanterna de cabeça. Era uma luz azul. Ela me guiou. Não sei o que era, mas não teria dado jeito de eu chegar tão depressa como cheguei sem a ajuda dessa luzinha. De vez em quando eu parava e desligava a minha lanterna de cabeça, procurando pela luz azul. Ela podia estar um pouco mais acima ou abaixo, à esquerda ou à direita, e então eu a seguia."

Finalmente, ele chegou a um lugar de onde pôde telefonar pedindo ajuda. Foi enviado um helicóptero de resgate.

"Quando enfim levaram Sean para o hospital, ele estava em um tal estado de hipotermia que quase não tinha mais batimentos cardíacos", Hunting disse. "Foi por um triz. Sem a luz azul para me mostrar o caminho, tenho certeza de que ele teria morrido."

O que era aquela luz azul? Um reflexo da sua lanterna de cabeça? Ou seu "sexto sentido", acessado por um portal aberto naquela situação extrema? Um portal para o estado de transcendência, que ajuda a manter os esportistas radicais vivos.

Carlos Carsolio, um escalador mexicano, contou-me que foi guiado durante uma terrível tempestade no K2, o segundo pico mais alto do mundo, com a ajuda dos espíritos da montanha e do fantasma de um escalador que tinha morrido naquela encosta. Acessar esses "momentos de realidade ampliada" era sua principal motivação para realizar, sem oxigênio suplementar, a audaciosa subida das catorze montanhas mais altas do mundo.

"Uma coisa eu sei ao certo", disse Carlos. "Depois que você tem essas experiências, fica mais fácil passar novamente por elas. Você abre o canal. Eu fui em busca desses momentos, em cada uma das expedições. Por isso é que eu queria escalar sozinho e indo por trilhas tão difíceis. É uma espécie de vício espiritual."

PARTE DOIS

Mas, para conseguir uma vista perfeita, a pessoa deve ir mais longe e subir em um cume em curva até uma pequena formação em prateleira, na extremidade da borda.

John Muir, The Yosemite

Capítulo 2

MEDO

Empurrando-nos contra os derradeiros limites do esforço físico e da perspicácia, levando-nos até a borda do precipício que separa a vida da morte, os esportes podem abrir a porta para dimensões infinitas da percepção e do ser. Sem contar com alguma tradição de experiências místicas, sem um modo adequado de discorrer sobre o assunto, sem ritos preparatórios, o atleta talvez se recuse a entrar. Mas a experiência atlética é poderosa e pode lançá-lo — não obstante o medo e a resistência — além do ponto em que é possível voltar atrás, lá onde estão o terror e o assombro.

GEORGE LEONARD, O atleta dos atletas

Contra a imensa parede de pedra, o corpo comprido e desengonçado do homem lança uma sombra bizarra. Uma sombra caminhando no espaço. Quando o cabo balança ao vento, ele se equilibra em um pé só, descalço, começando o movimento de se deslocar desde os quadris, os braços estendidos ao máximo, as mãos soltas e relaxadas. Ele está a meio caminho entre a parede do vale do Yosemite e a espira Lost Arrow, uma formação rochosa em formato de torre. Um percurso de 21 metros. A 800 metros do solo. Sem rede de proteção.

Com seu 1,92 m de altura, o alpinista americano Dean Potter deveria ser alto demais para o delicado equilíbrio necessário a andar em "cordas bambas", na realidade um cabo estreito cuja trama é feita de fios de náilon, estendido entre pontos bem acima do chão. Philippe Petit, que atravessou oito vezes um cabo de aço estendido entre os topos das torres gêmeas do

World Trade Center, em um único dia, em 1974, é quase 30 cm mais baixo. E, diferentemente de Petit, Potter nunca usa uma barra transversal para ajudar no equilíbrio. Um perfeito controle físico não é suficiente; essa atividade exige uma atitude mental capaz de lidar com uma extrema exposição ao perigo.

"No fundo, é como andar no ar", Potter descreve. Quase como se tivesse pensado melhor, ele então acrescenta: "Se você cair e não agarrar o cabo, vai para o chão".

Por que ele faz isso? Pela mesma razão que escalou paredões impossivelmente difíceis nas montanhas agudas como flechas da Patagônia, sozinho, sem nenhuma forma de proteção. Pela mesma razão que fez a escalada livre do Half Dome no Yosemite e do El Capitán, em um dia, a primeira pessoa do mundo a conseguir a proeza. Pela mesma razão que começou a praticar *BASE jumping* quando estava com 30 e poucos anos, e passou a se lançar de pontes, edifícios e penhascos, abrindo seu paraquedas somente no último instante possível. Segundo ele, não é pelo esporte, nem pela aventura. Ele faz todas essas coisas em busca de iluminação. Em busca do *dharma*, das mais elevadas verdades da vida. As atividades são o seu caminho espiritual. Sua forma peculiar de zen.

"Quando estou saltando, escalando ou atravessando um cabo, é a verdade máxima", ele explica. "O que estou buscando, quando faço essas coisas, é me libertar de todos os meus apegos."

Alguns de seus colegas zombam disso. Potter é um homem controverso, especialmente desde que escalou sozinho o Delicate Arch [Arco Delicado], uma estrutura em arenito mundialmente famosa, no Parque Nacional dos Arcos, em Utah. Depois que correu a notícia dessa escalada, e de como tinha sido filmada e fotografada, ele recebeu uma verdadeira saraivada de críticas. Potter foi acusado de fazer essa subida por motivos estritamente comerciais e, pior ainda, de ter danificado irremediavelmente a frágil estrutura rochosa com seus cabos. Ele nega as duas acusações. As marcas visíveis no arenito, segundo ele, foram feitas por outros dois escaladores que tinham subido o arco alguns anos antes, em duas ocasiões distintas. E é de uma firmeza inabalável quanto à pureza de suas intenções.

"Morei durante dez anos a poucos quilômetros do Arco e um sem-número de vezes visualizei a minha escalada. Então, chegou um dia em que eu simplesmente me senti levado a subir. Não causei mais estragos ao Delicate Arch além de ter soprado um pouco da poeira nos apoios para as mãos e os pés. Para mim todas as rochas são sagradas. Escalar aquele arco, no fundo, não era diferente de escalar El Capitán, ou Cerro Torre, ou Trango Tower. Como sempre, minha motivação era me fundir com a natureza, usando a arte da escalada."

Além disso, seus motivos incluem correr riscos que o deixem escancaradamente aberto à possibilidade da morte — que é o seu medo mais profundo, mas, ele diz, um medo que é a única coisa que o leva ao uso máximo de seu potencial.

Os sociobiólogos que, nos anos 1970, aplicavam teorias evolutivas ao comportamento social, atribuem o fascínio do risco a nossa herança biológica desde os tempos pré-históricos. Segundo essa teoria, havia originalmente dois tipos de seres humanos: os que ficavam em casa, na caverna, guardando os filhotes, e os que se aventuravam no mundo selvagem em busca de alimento e de novos territórios. Os mais bem-sucedidos desses "aventureiros" foram os que desenvolveram as melhores habilidades de sobrevivência e, dessa maneira, puderam superar os maiores riscos. Estes viveram tempo suficiente para ter muitos filhos, transmitindo com êxito seus genes até que correr riscos passou a ser parte da natureza humana. Na sociedade moderna, as pessoas têm níveis variados de necessidade de exercitar seu cérebro primitivo envolvendo-se em atividades que as expõem ao medo. Para algumas, uma corrida rápida descendo uma encosta de neve preparada para essa prática satisfaz essa necessidade. Na outra ponta do espectro, estão aqueles que se sentem instigados a recriar o nível de perigo enfrentado por nossos distantes ancestrais.

Como Caitlin Perryman. Ela não atravessava simplesmente uma corda bamba; ela dançava, saltava no ar, fazia piruetas e voltava de novo direitinho para o que ela chamava de "a boa linha". Movimentos marcados pelo desafio de superar o medo. O tipo de medo que era "um jorro concentrado de energia", eletrizando o corpo de Caitlin da cabeça à ponta do pé.

"Meu corpo está calmo, mas a minha cabeça dispara", ela escreveu em 2003. "Por mais que eu tente controlar o medo, ele dispara faíscas pelo meu corpo, sacudindo os joelhos e os tornozelos. Estou lutando. É um salto simples, eu sei o que fazer: empurrar, estender, encolher os joelhos para cima, atirar os joelhos de volta para trás, retomar a linha e absorver o impacto. Empurro para fora da minha cabeça a imagem de uma falha na queda e então eu salto!"

Para ela, o medo era o eterno "e se" de cair da corda bamba.

"Assim que estou a salvo na outra plataforma", ela escreveu, "vem uma sensação de triunfo e exaltação. No meio se estende o cabo do risco. Um lugar de liberdade que só pode ser encontrado entre os dois extremos... Nesse espaço, o risco é lindo."

Em um cruel golpe do destino, Caitlin Perryman foi morta quando um carro a atropelou ao subir na calçada por onde ela estava andando em Montreal, a caminho de uma sessão de treino na corda bamba. Para honrar a memória da irmã, Benjamin Perryman agora encara o medo nas montanhas.

"Minhas pernas bambeiam, um pouco por antecipação, um pouco por medo do que tenho pela frente", ele escreveu sobre seus preparativos para descer de esqui um penhasco na cadeia montanhosa da costa da Columbia Britânica. "Meu coração está disparado, pois sei que um erro significa me arrebentar ou até mesmo morrer. Olho ao redor do pico, adiante, e lá embaixo. Parece alto como os edifícios no centro da cidade. Meu cérebro me envia uma última mensagem de bom senso, advertindo-me para o risco do que vou fazer. Mas essa mensagem é em vão; uma emoção muito profunda dentro de mim já tomou conta e me faz sentir ao mesmo tempo pregado no chão e forçado a seguir adiante. Finalmente, o ímpeto supera a restrição, e eu disparo pico abaixo, empurrado e orientado pelo medo."

No início dos anos 1970, o dr. Sol Roy Rosenthal, um médico pesquisador na Universidade de Illinois, cunhou a expressão "reação ao exercício de risco" em referência à excitação e à euforia que as pessoas descrevem durante a prática de esportes de alto risco. Pesquisas subsequentes demonstraram a bioquímica que desencadeia essa euforia, a cascata de substâncias químicas naturais no cérebro, entre elas a dopamina, as endorfinas e a serotonina.

Na década de 1990, vários estudos mostraram que as diferenças individuais na relação das pessoas com o risco estavam associadas a diferenças genéticas no neurotransmissor dopamina e seus receptores. Há muito tempo a dopamina é ligada aos centros neurológicos do prazer; a liberação dessa substância causa sentimentos de satisfação e bem-estar, e reforça aquelas atividades que induzem esses sentimentos, como comer e fazer sexo. Mas, como descobriram os pesquisadores da Universidade do Sul da Califórnia, a dopamina também é liberada como reação a estímulos negativos, estressantes e até mesmo dolorosos, ou seja, o tipo de estímulo a que os esportistas e atletas radicais se expõem regularmente. Esses estudos correlacionaram a personalidade "atraída pela excitação" a um gene específico — o D4DR — que codifica os receptores de dopamina no cérebro, e também sugeriram que a extensão da proteína D4DR afeta a intensidade da reação das células à dopamina. Nesse sentido, as pessoas que têm uma versão mais longa do gene D4DR são mais sensíveis às flutuações nos níveis da dopamina e, assim, começam a se sentir deprimidas quando a dopamina chega ao nível que normalmente estabilizaria as pessoas com o D4DR de tamanho médio. Por outro lado, quando os níveis de dopamina sobem, essas pessoas sentem mais intensamente a excitação e, por isso, querem mais momentos de aumento dessa substância.

A teoria de que existe um substrato genético em todos os comportamentos humanos é controversa. Alguns cientistas dizem que o ambiente e as circunstâncias de vida da pessoa têm tanto impacto sobre seu comportamento quanto a genética, ou ainda mais. Por exemplo, Benjamin Perryman não estaria descendo precipícios em seus esquis se sua irmã ainda estivesse viva. Também está claro que não são todas as atividades de risco que produzem repentinas explosões de dopamina. O montanhismo implica muitos períodos de monotonia, e para Dalya Rosner, uma cientista britânica, "a magnificência das montanhas... a aventura de explorar a grandiosidade da natureza, a excitação de experimentar os elementos que constituem nosso mundo" oferecem recompensas que são tão valorizadas e buscadas quanto as mudanças químicas no cérebro.

Embora tudo isso possa servir para explicar em parte por que os esportistas radicais vão até o máximo limite possível, ainda não esclarece como eles podem parecer tão à vontade nesses momentos. Seria porque essas pessoas são imunes ao medo ou têm um meio de controlá-lo e se servir dele? Seria porque se familiarizar com o medo abre caminho para uma experiência mística e espiritual gratificante?

✧ ✧ ✧

Segundo a tradição celta, a terra tem "pontos ralos" onde o espírito e a matéria se encontram, onde os humanos podem contatar o divino e onde a presença do sagrado é sentida com mais força. Quando o cristianismo substituiu o paganismo na Irlanda e na Escócia, esses lugares continuaram a ser reverenciados e ainda atualmente constituem locais de peregrinação. Muitos deles são pontos altos e rochosos, açoitados pelo vento e por tempestades: topos de montanhas, como Croagh Patrick, ou ilhotas que se erguem isoladas em mar aberto, como Skellig Michael. Esses são lugares de difícil acesso, expostos aos elementos em toda a sua força. Lugares em que até os céticos afirmam sentir uma energia que não conseguem explicar.

Uma extensa tradição de autores dedicados à natureza aceita que a perspectiva mística é "imanente", que Deus está em tudo e que passar algum tempo na natureza, prestando atenção a seus detalhes e suas qualidades numinosas, permite entrar em contato com o divino. Henry David Thoreau e Annie Dillard descobriram a dimensão mística em suas detalhadas observações da flora e da fauna.

"Nossa vida é um tênue vestígio na superfície do mistério", relata Dillard, para descrever seus momentos de iluminação na natureza como "um enorme poder que desliza sobre mim com suas asas claras, e eu vibro em resposta, como um sino que tivesse sido tangido".

Em *The Gentle Art of Tramping*, Stephen Graham também tenta descrever sua experiência. "Quando você se senta na encosta de um morro, ou se deita de costas sob as árvores, em uma floresta, ou se esparrama com as pernas encharcadas na margem pedregosa de um riacho na montanha, a grande porta, que não parece uma porta, se abre." Para algumas pessoas, encontrar essa porta exige mais do que apenas perambular. Elas precisam ir até os "pontos ralos" do mundo. Precisam se forçar para se abrir ao medo do próprio extermínio. Então, se tiverem sorte, dão com sua recompensa: os "momentos ralos" por onde atravessam para outra realidade.

"Como qualquer atividade física exigente, escalar arrasta a pessoa cada vez mais para dentro, para o fundo do seu território interior", escreve a montanhista Maureen O'Neill, "um território que costuma ser tão estreito quanto o fio de gelo azul de um desfiladeiro. Como recompensa por esse extraordinário sacrifício da energia, o escalador recebe visões da terra. No momento que antecede um movimento difícil, a pessoa pode girar a cabeça diante daquilo que tem diretamente à frente, e a beleza — ou será o medo? — se descortina à sua frente. Seus olhos são os olhos de Deus. E a terra flui nela e através dela e para fora dela, como um rio".

O dr. Joseph LeDoux, um neurocientista da Universidade de Nova York e do Center for Neural Science, passou anos estudando como o cérebro responde ao medo. Para compreender como funciona nosso sistema do medo, segundo ele, é importante entender os sistemas neurológicos que evoluíram como "soluções comportamentais aos problemas da sobrevivência". O ponto central desses sistemas é a amígdala, uma estrutura em formato de amêndoa, situada no sistema límbico, uma antiga parte do cérebro. Aprender com os estímulos que nos alertam para perigos e reagir a eles é um processo que ocorre ao longo de trajetos neuronais que não passam pelas regiões do cérebro envolvidas com pensar; assim, as informações são enviadas diretamente para a amígdala. Isso provoca mudanças no funcionamento dos órgãos e glândulas, as quais produzem as respostas de luta ou fuga: aumento dos batimentos cardíacos, da pressão sanguínea e da sudorese; os músculos são prontamente abastecidos por nutrientes; a salivação e a produção de lágrimas são inibidas. Usando a ressonância magnética funcional por imagens (fMRI), o método de escanear o cérebro que registra as mudanças localizadas no fluxo de sangue cerebral, relativas à atividade neurológica, LeDoux estuda a reação da amígdala a situações de perigo. Nos seres humanos, quando os sistemas do medo começam a reagir, o cérebro racional tenta avaliar o que está acontecendo e o que fazer a respeito. Mas os trajetos que conectam o córtex à amígdala são muito mais tênues do que aqueles que ligam a amígdala ao córtex. De acordo com LeDoux, isso poderia explicar por que, quando uma emoção é desencadeada, ela é difícil de ser controlada, e por que antigos medos continuam conosco, como se tivessem sido impressos nos trajetos neuronais.

Mas, se Elizabeth Phelps, professora de Psicologia e Neurociência na Universidade de Nova York estiver certa, a reação de medo pode não ser aprendida. Phelps testou essa teoria escaneando o cérebro de voluntários enquanto lhes eram mostradas imagens ao mesmo tempo em que recebiam choques elétricos moderados para induzir medo associado às imagens. Sua reação de medo — indicada pelo suor, pelo ritmo dos batimentos cardíacos e pela pressão sanguínea — foi medida por um condutor galvânico na pele. Os voluntários foram então informados que um aspecto do experimento iria mudar. Eles viram as mesmas imagens, várias vezes, sem a aplicação concomitante dos choques. Quando compreenderam que os choques não seriam mais aplicados, sua resposta galvânica da pele retomou o nível normal. Enquanto isso, o escaneamento cerebral mostrava que tanto a amígdala como o córtex pré-frontal acendiam nos monitores, durante seu processo de superação do medo.

"Nós, humanos, tentamos ativamente controlar nossas emoções", Phelps disse à BBC. "Sabemos como não ficar ansiosos em determinadas situações e como ficar, em outras. Quando vemos um tigre no zoológico sabemos que não deveríamos sentir medo. A questão a ser respondida agora é: como regulamos isso?"

Seria possível que "treinos de medo" regulares e intensos — em resposta a níveis reais e significativos de ameaça — sejam capazes de alterar nossos trajetos neuronais? Que o medo, depois de enfrentado e controlado, poderia ser proveitosamente usado para proporcionar uma sensação espiritual de imenso bem-estar?

Uma das mais antigas lembranças de infância de Dean Potter é um sonho muito intenso e repetido no qual alguns amigos lhe diziam como voar. Ele estava tentando fazer isso saltando da borda de um penhasco. A queda prosseguia até ele se sentir indo rapidamente ao encontro de uma árvore morta, lá embaixo. Logo antes da colisão, ele acordava. Esse sonho se repetiu regularmente até ele se tornar adolescente, e então ele ficou convencido de que era uma premoniçao de sua morte. Em 1998, quando já era um consagrado escalador de paredes rochosas, ele estava no vale do Yosemite, preparando-se para realizar algumas subidas de grandes paredões. De repente, vislumbrou o penhasco e a árvore de seus antigos sonhos.

"Era um paredão chamado Rostrum, uma escalada incrivelmente difícil. A árvore estava lá embaixo. No mesmo instante em que vi aquele lugar, fiz a ligação."

Ele começou a ter o sonho de novo. Era a fonte de seu maior medo: o medo da morte. Ele decidiu enfrentá-lo. Naquele mesmo ano, ele escalou sozinho o Rostrum. Várias vezes ele escalou seu sonho — um paredão de

240 metros com oito lances de pura e impenetrável rocha — sem nenhuma forma de proteção.

"Fiz isso para dominar meu medo", ele disse. "Mas não parece que isso tenha acabado. Já faz algum tempo que não tenho o sonho, mas penso nele com frequência e me pergunto qual será seu significado. Em parte, o motivo pelo qual faço isso é para captar o que tenho preso dentro de mim. Quero descobrir isso e ter algum controle, me tornar capaz de usar isso do jeito que eu quiser. Talvez seja possível voar. Talvez me expondo regularmente a esses eventos realmente poderosos aos quais me obrigo, alguma coisa estale dentro de mim e eu fique mais próximo da ideia de ser capaz de fazer qualquer coisa. Mas li que muitos *swamis* indianos fazem pouco das incríveis peripécias de algumas pessoas, como aquelas que podem andar sobre o fogo, por exemplo. Eles dizem que é pura perda de tempo em seu caminho rumo à iluminação, um obstáculo, na verdade. Eu penso muito nisso tudo."

Kristen Ulmer, antiga campeã mundial de esqui radical, também acredita que o medo é necessário ao crescimento espiritual, embora sua relação com essa emoção tenha sido complicada. Como pioneira do estilo de esqui livre — descendo por precipícios, realizando enormes piruetas no ar e descendo encostas quase verticais ou gargantas nas montanhas —, ela afirma ter vivido pelo menos umas vinte experiências de quase morte. Durante dez anos correu riscos extremos como forma de ganhar a vida e, com sua boa aparência e cabelos louros, além de um temperamento destemido, tornou-se a representante oficial do esqui radical, aparecendo em numerosos filmes e revistas sobre o esporte. Ela enfrentava o medo — que ela descreveu como "uma vibração no meu corpo, parecida com a do diapasão" — "inspirando energia boa e expirando o medo". Superar seu medo, tornar-se destemida, foi para ela, por muito tempo, o meio de alcançar sua realização espiritual.

"Esquiar por alguma encosta perigosa ou escalar pelas trilhas mais difíceis é, para pessoas como eu, realmente uma busca disso. Há um século apenas, as pessoas estavam descobrindo novos territórios a bordo de vagões de trens que atravessavam o país. Agora, todo mundo trabalha em cubículos e leva vidas limitadas. As coisas ficam muito tediosas em pouquíssimo tempo. Os seres humanos querem se sentir vivos e experimentar emoções profundas. Querem situações intensas em suas vidas. Pode ser que a turma dos esportes de aventura tenha de passar por experiências um pouco mais intensas para viver isso. E qualquer coisa intensa será, no fim, uma vivência espiritual para nós, humanos."

O medo sempre a atraiu. Encará-lo de frente foi a maneira como venceu suas inseguranças infantis, como terminou se definindo como pessoa. Se não tivesse se tornado esquiadora, ela acha que teria se transformado em uma *stripper*, se afundado nas drogas, ou as duas coisas.

"Há em mim um lado realmente agressivo, maníaco, que precisa de algum tipo de foco. Escolhi o esporte e foi essencial para alguém com a minha personalidade encontrar uma coisa realmente radical. A gente sai para arrancar grandes nacos da carne crua da vida, o sangue pingando do seu queixo. Eu precisava de alguma espécie de atividade enlouquecida para me expressar, e uma parte de mim simplesmente adorou as experiências de quase morte. Elas não me deixaram traumatizada. Depois eu ia para casa me sentindo revigorada."

Muitos atletas radicais se descrevem, em tom de gozação, como portadores do distúrbio de déficit de atenção e reconhecem que estão sempre necessitando de estímulo. Ulmer admite que é uma radical entre os radicais. Há alguns anos ela estava no Alasca, fazendo um filme e uma sessão de fotos em esquis a partir de um ponto que só um helicóptero alcança. Durante nove dias o tempo ficou péssimo, o que a obrigou a ficar sentada no quarto do hotel, entediada e desmotivada. Finalmente, decidiu que iria para casa. Ela precisava ir ao aeroporto para resolver a questão da passagem. A distância do hotel até lá era de 46 km, e como estava sem carro foi para a estrada e começou a pedir carona.

"Um homem em uma caminhonete parou e me levou até lá. Ele parecia uma pessoa muito decente. Quando chegamos ao aeroporto, ele disse que não tinha mais nada para fazer e se ofereceu para esperar e me levar de volta para hotel. Assim, entramos de novo no carro e tínhamos andado apenas alguns quilômetros quando ele anunciou que tinha acabado de sair da cadeia. Eu disse: 'é?! E como foi lá dentro?' Ele se transformou. Começou a berrar comigo, dizendo que me viu pedindo carona na beira da estrada e que tinha certeza de que eu não passava de uma mulher com algum dinheiro. Que a gente estava no fim do mundo e que não havia nada que pudesse impedi-lo de me violentar, me degolar e depois jogar o meu corpo no mato, onde ninguém nunca iria encontrar. Ele ficou falando coisas violentas e vulgares por um bom tempo, me ameaçando."

E qual foi a reação dela a essa agressão?

"Pensei '*ainda bem que tem alguma coisa interessante acontecendo, afinal*'. Adorei aquilo, do começo ao fim. Foi uma experiência insólita."

Evidência de uma viciada em dopamina? De um erro nas conexões entre a amígdala e o córtex? Ulmer não tem certeza, mas sabe sem dúvida alguma que sua reação foi o que lhe salvou a vida. "Ele ficou berrando comigo durante quase 45 km. Pensei em saltar da caminhonete, mas não tinha para onde ir. Fiquei só fazendo comentários sem importância, dizendo coisas como 'você tem razão, ninguém vai achar meu corpo, e é mesmo terrível que você tenha passado por tudo isso na cadeia'. Com isso, ele nunca chegou a sentir que tinha poder sobre uma vítima, que era o que ele estava buscando. Já perto da zona urbana, ele finalmente se acalmou. Acabou me levando de volta até o hotel e me deixou sair."

Ulmer estava começando a perceber que sua necessidade de sentir medo estava perigosamente desequilibrada, ameaçando tirar sua vida em vez de enriquecê-la. Na primavera de 2001, a revista *Skiing* a enviou a Chamonix, para pesquisar um elemento do esqui radical, especificamente a descida de desfiladeiros verticais — estreitos trechos de neve entre penhascos. Os Alpes franceses, e a região de Chamonix em particular, oferecem aos esquiadores uma área de prática esportiva enorme e potencialmente perigosa. Em 2006, 53 pessoas morreram ali, esquiando ou em *snowboards*, principalmente fora das pistas preparadas. Ulmer e seus dois companheiros quase entraram para a estatística. O plano do grupo era descer por uma das encostas mais expostas e radicais da área, na face norte da Agulha do Meio, que faz parte do maciço do Mont Blanc. Foram de teleférico até o alto da montanha e depois cruzaram até o ponto de onde começariam sua aventura. Ulmer, que não era fácil de ficar acuada, olhou horrorizada para o precipício. O alto da encosta fazia uma inclinação de 50 graus antes de terminar abruptamente em um penhasco de gelo puro, de 300 metros. Eles teriam de esquiar pela direita, passando pela beirada do precipício, depois fazer um rapel de 300 metros até chegar ao desfiladeiro que, nas palavras de Ulmer, "era tão fininho que mal existia... e tinha uma extensão aproximada de 36 metros na vertical absoluta".

Durante duas horas ela e os companheiros discutiram se deveriam mesmo seguir adiante e fazer aquela descida. Finalmente, firmaram bem o equipamento e conferiram todos os fechos. Perder um esqui naquela descida seria a morte certa. O começo de seu percurso era "uma queda repentina a 50 graus, que dava em um monte sem fundo de neve solta". Eles chegaram ao precipício de gelo. Atravessaram um labirinto de fendas profundas. Fizeram rapel para descer o desfiladeiro, inclinado a 60 graus e cuja largura mal ultrapassava o comprimento de um esqui. Um perfeito nicho de avalanche. Nessa altura, o sol tinha saído e estava brilhando sobre as encostas cobertas de neve acima de onde eles estavam.

A primeira avalanche passou a poucos metros à direita do grupo. Eles ficaram firmes na corda fixa, um acima do outro, em plena garganta, um pisando na cabeça do outro, empurrando o corpo e o rosto contra a neve. As avalanches ocorreram a intervalos de 5 minutos uma da outra, aumentando de tamanho a cada vez, provocando golpes de vento que cobriam os esquiadores com blocos de neve. Durante os próximos 60 minutos, ficaram sendo diretamente atingidos. Paredes de neve com cinco andares de comprimento despencando a 180 km. O que salvou esses esquiadores de serem arrancados daquela montanha foi uma pequena protuberância rochosa bem acima de onde estavam, que desviava as avalanches o suficiente para que a neve caísse em suas costas e não sobre suas cabeças. Entre cada uma das vezes que a neve vinha deslizando, os companheiros de Ulmer gritavam um com o outro em francês, aterrorizados, sem que ela participasse da conversa. Aquela experiência a havia levado a outro lugar, em que as avalanches eram como lindos anjos brancos, trovejando em torno dela como ondas gigantescas que quebravam contra as rochas, causando imensos borrifos de plumas brancas. Finalmente, veio a grande. Com sete andares de altura. Ensurdecedora. Uma violenta pancada que se estendeu por 20 segundos. O medo de Ulmer era tão forte que a garganta dela se fechou e ela não podia mais respirar. Sabia que estava para morrer. Então, por que estava sorrindo?

"Quando o helicóptero chegou e nos resgatou, meus amigos estavam muito traumatizados, mas eu não", ela conta. "Eu tinha curtido aquela experiência. Enquanto íamos embora voando, eu pensava *isso está realmente muito mal. Preciso parar com isso antes de acabar me matando*".

Então ela parou com tudo. Montou uma empresa que oferece cursos de esqui e exercícios espirituais. Em suas clínicas de quatro dias de duração, os participantes ampliam suas habilidades nos esquis praticando em terrenos desafiadores, fazendo ioga e recebendo ensinamentos de Genpo Roshi, um mestre zen. Em seu *website*, ela afirma que as clínicas oferecem às pessoas a chance de ter "uma interação não filtrada com a natureza... e... intensos vislumbres de estados transcendentais".

Ulmer diz que ela começou as clínicas porque queria entender o que tinha aprendido como esportista radical. E, principalmente, queria trabalhar sua relação com o medo.

"Antes de começar essas clínicas, eu empurrava o medo para o fundo, e ele aparecia de volta nas lesões e nos machucados. Eu ficava tão esgotada de combater o medo que acabava estourando o joelho só para conseguir tirar uma folga."

Atualmente, ela enxerga o valor do medo. Ela quer ter medo em sua vida. Quer que os outros também tenham. Quando está a céu aberto, nas encostas, com os participantes, ela os ensina a inspirar seu medo e expirar a possibilidade de nunca se livrarem dele.

"Nós, humanos, temos vozes interiores que ignoramos. Durante anos, ignorei totalmente o medo. Ele não ia me ajudar a conquistar o posto de a melhor esquiadora do mundo. Sem medo, sem medo — era como ter uma criança berrando no porão, desesperada para escapulir. Em algum momento, isso começa a dilacerá-la por dentro. Somente quando você acolhe o medo é que ele pode relaxar. É como uma criança que precisa ser ouvida. Assim que é ouvida, ela se acalma."

Ela chama seus *workshops* de Esquiar para Viver. Seu caminho espiritual, agora, é viver a vida e não cortejar a morte. Mas às vezes ela tem uma recaída.

"Outro dia, eu estava fazendo *kite-boarding* e indo realmente muito rápido. Não me segurei direito na barra e parecia que eu ia me arrebentar. Entrei em um estado de foco intenso, onde eu sabia que, se fizesse alguma bobagem, poderia me machucar bastante mesmo — e fazia muito tempo que eu não entrava nesse estado. Foi uma coisa muito louca. Ainda sinto falta desses momentos."

Mas ela está descobrindo novos modos de vivê-los. Ela foi ao Burning Man Festival, onde trabalhou como "calmante", ajudando a tranquilizar e reorientar as pessoas que tinham tomado drogas demais ou estavam exageradamente excitadas por algum outro motivo.

"Foi uma 'viagem' como a do esporte", ela diz, "porque você tem de ficar muito focada, muito mesmo. É a vitalidade de ter um propósito."

Se você perguntar aos montanhistas por que eles escalam, quase certamente eles lhe dirão que é porque isso os faz "sentir que estão vivos". Alguns não vão além disso; outros, como Stephen Koch, que escalou e esquiou nas montanhas mais altas do mundo, interpretam esse sentimento em termos espirituais.

"Se Deus está em toda parte, está nas montanhas. O lugar que deixa você se borrando de medo: para mim, é aí que Deus está. É por isso que a gente vai e manda ver. Eu comecei a praticar um alpinismo ainda mais forte e fui ao Alasca com Marko Prezelj, um exímio escalador esloveno. Começamos a subir por uma rota no Denali, com a intenção de ir em um só tiro, sem parar. Foi tão lindo fazer isso, compartilhar aquela ligação com ele, com o mundo e com a montanha."

Poucos escaladores desenvolveram a ideia do medo e da espiritualidade tão cabalmente quanto Willi Unsoeld. Em 1960, ele liderou a primeira escalada do Masherbrun, um pico de 7.680 metros no Himalaia. Três anos depois, ele foi elevado ao *status* de lenda da escalada quando, juntamente com Tom Hornbein, realizou a primeira subida da crista oeste do Everest. Eles também completaram a única travessia da montanha, descendo pela crista sudoeste. Com isso, quebraram ainda outro recorde, quando acamparam a uma altitude de 8.400 metros com seus tubos de oxigênio totalmente vazios.

"Você escalou a montanha mais alta do mundo", disse Unsoeld, quando voltou à América do Norte. "O que resta? Você precisa mirar algo mais alto do que o Everest."

Ele passou o resto da vida discursando para quem quisesse ouvir que é essencial que a pessoa se abra às forças da natureza e reconheça quanto ela é sagrada. Ter perdido nove dedos dos pés porque congelaram no Everest não esmoreceu seu entusiasmo pelas grandes montanhas, nem a arrebatadora certeza que elas lhe transmitiam de fazer parte integrante do "manto contínuo" da natureza. Ele defendia que as pessoas se entregassem à natureza "para experimentar o sagrado... para recuperar o contato com o cerne das coisas, com o que realmente está aí, a fim de nos permitir regressar ao mundo das pessoas e atuar com mais eficiência. Busquem primeiro o reino da natureza para que o reino das pessoas possa ser realizado".

Unsoeld falava muito da necessidade de se sentir "em casa" — não só nas montanhas, mas no Universo. Nossos distantes ancestrais, segundo ele, estavam tão ligados ao ambiente que a sensação de estar em casa acontecia naturalmente para eles. No mundo moderno, todavia, terminamos nos distanciando de nós mesmos, de nossas emoções e, principalmente, da natureza. A soma desses distanciamentos, segundo Unsoeld, resulta na perda do sentido de vida. O caminho de volta ao significado de existir passa por um retorno à natureza selvagem, de coração aberto, "para senti-la como um mistério... como algo totalmente fora de seus padrões comuns de pensamento. O Outro Sagrado".

Em 1951, Unsoeld se formou no Oregon State College com bacharelado em Física. Mais tarde, recebeu outro título de bacharel em Teologia, da Pacific School of Religion, em Berkeley, e tornou-se doutor em Filosofia pela Universidade de Washington.

"Cheguei onde estou por meio da ciência", ele disse. "Depois, passei para a filosofia e a religião. Não foi por falta de mudanças radicais. E ainda não obtive uma resposta."

Mas ele nunca parou de procurar, e o local em que procurou com mais afinco foi nas montanhas, desde o tempo em que começou a escalar, aos 12 anos, passando pela época em que ficou no Nepal como diretor da Força de Paz, e durante suas expedições ao Himalaia e nas montanhas próximas de onde morava, no Estado de Washington.

Enquanto estudava Teologia, Unsoeld ficou fascinado com os ensinamentos de Rudolph Otto, mais conhecido por sua análise da experiência que, em sua opinião, subjaz a todas as religiões e crenças espirituais. Otto chama essa experiência de "numinosa" e diz que ela tem três componentes: *mysterium tremendum et fascinans* — um fascinante e assustador mistério. Como *mysterium*, o numinoso é o "totalmente outro", vivido com um deslumbramento vazio, com estupor, algo inteiramente diverso de tudo que conhecemos na vida comum. Como *tremendum*, o numinoso provoca terror porque se apresenta como um poder avassalador capaz de despertar a percepção de que somos nada. Finalmente, o numinoso é *fascinans*: a despeito do medo e do terror, ele é irresistível, na plenitude de todo o seu fascínio.

Para Unsoeld, isso era verdadeiro a respeito de todas as suas experiências de montanhismo.

"Angústia, temor existencial, medo da dissolução radical... ser anulado por uma absoluta subjugação. Quantas pessoas, atualmente, alguma vez sentiram isso?... Você não se dimensiona em relação ao sagrado. E não se dimensiona porque não existem calibrações pequenas o bastante para notar você... contra o numinoso somos inteiramente insignificantes. E foi essa qualidade que encontrei nas montanhas... atrelada à presença do risco físico."

Eu estava com 16 anos, num *pub* na costa oeste da Irlanda, quando os astronautas deram seus primeiros e inesquecíveis passos na superfície da Lua. O bar estava lotado de gente, todos espremidos ombro contra ombro, nos esforçando para enxergar o aparelho de TV instalado na parede acima do bar. Durante os minutos de espera para a transmissão, a atmosfera era de excitação, rodadas e mais rodadas de cerveja saíam do balcão, a fumaça de todos os cigarros descia do teto e já estava no nível das nossas orelhas, e as pessoas gritavam umas com as outras por cima do burburinho. Mas, quando a fantasmagórica imagem de Neil Armstrong fez uma breve pausa no último travessão da escadinha e depois piscou com sua bota no pó lunar, um silêncio reverente se impôs a todos ali. "Jesus, Maria e José", murmurou alguém colado no meu ombro. "O homem está perto de Deus."

Como os montanhistas, os astronautas ultrapassam os limites do que é humanamente possível e, para alguns, isso significa ultrapassar também os limites de sua consciência. O autor Frank White realizou diversas entrevistas com vários astronautas. Com base em seus dados, cunhou a expressão *overview effect* [efeito da revisão] para descrever a mudança paradigmática de consciência que muitos deles mencionam depois de terem visto a Terra do espaço. O relato mais dramático foi o de Edgar Mitchell, o sexto homem a pisar na Lua. Em 1971, dois dias depois de já estar na viagem de volta para casa, deitado no console da *Apollo 14*, ele estava monitorando os sistemas da espaçonave e contemplando sossegadamente o panorama através da minúscula janelinha da cápsula. Como não existe atmosfera no espaço, quase dez vezes mais estrelas são visíveis a olho nu do que quando se olha o céu, da Terra. Conforme a cápsula ia girando, milhares de estrelas e planetas, incluindo a Terra, entravam e saíam de seu campo de visão, e ele experimentou uma arrebatadora sensação de "estar enfaixado pelo cosmos". Sentia-se tranquilo e relaxado, seguro após sua incursão pela inóspita superfície lunar. Então, sem o menor sobreaviso, aconteceu algo que mudou o curso de sua vida.

"De alguma maneira me senti sintonizado com algo muito maior do que eu mesmo, algo muito maior do que o planeta visível pela janela. Algo incompreensivelmente grande. Até hoje, aquela percepção ainda me tira o fôlego... olhando mais além da Terra e enxergando a magnificência do panorama todo, tive um instante de compreensão de que a natureza do universo não era o que tinham me ensinado. Minha noção da separação e da distintividade, da relativa independência do movimento daqueles corpos cósmicos, foi feita em pedaços. Fui inundado pela sensação de uma nova compreensão, associada à experiência de uma harmonia generalizada, à sensação de uma interligação com os corpos celestes em torno da nossa espaçonave... Eu fazia parte de um processo natural muito maior do que eu havia anteriormente entendido, um processo que estava completamente a minha volta, dentro desse módulo de comando, durante a jornada de volta à Terra, atravessando 384.000 km de espaço negro e vazio."

Portador do título de doutor em Aeronáutica e Astronáutica, Mitchell ficou inicialmente constrangido de falar sobre sua experiência com os colegas. Para tentar captar o sentido do que lhe havia acontecido, foi em busca da literatura mística das religiões orientais e ocidentais. Logo se convenceu de que havia tido um clássico *savikalpa samadhi* — um momento em que alcançara um estado superior de consciência, percebendo o tempo, o espaço e o Universo de um novo modo.

"Lembro-me vividamente de saber que eu estava separado das estrelas e dos corpos planetários, mas ao mesmo tempo saber que eu era uma parte integrante do mesmo processo... Não somente havia uma sensação de união e totalidade com o cosmo, mas também de dualidade. O cisma entre minha educação religiosa anterior e meu trabalho científico posterior passou de maneira significativa por uma repentina e silenciosa reconciliação."

Ele acredita que esse tipo de epifania é um fenômeno natural, acessível a todo ser humano. É uma súbita reorganização das informações, uma síntese de ideias que produz um novo *insight*.

Como Unsoeld, Mitchell sentiu-se compelido a relatar e investigar ainda mais suas experiências. Assim, fundou o Instituto de Ciências Noéticas, instalado na Califórnia, o qual se tornou um importante fórum para cientistas e físicos quânticos da Nova Era, dedicados à missão de estudar a natureza da consciência humana.

Será mesmo necessário para quem gosta de correr riscos ir a extremos para vivenciar essas "viagens" metafísicas? Não, segundo Royal Robbins. Nos anos 1960, sua impetuosidade e seu destemor nas altas paredes do vale do Yosemite, na Califórnia, serviram para redefinir o que era possível em temos de escalada em rochas. Ele foi o primeiro americano a subir uma rota 5.9, o primeiro a fazer a subida do grande paredão Nível VI, o primeiro a encontrar e definir novas rotas para escalar El Capitán — e fez tudo isso com ferramentas muito rudimentares: cabos de aço passados por porcas de máquinas, pítons feitos de pedaços de eixos de velhos veículos Ford. Mais tarde, ele começou a praticar caiaquismo em corredeiras e quase morreu quando ficou preso em um buraco fundo, enquanto descia um rio no Chile.

Quando Robbins era bem pequeno seu pai abandonou a família. Ele diz que escalar rochas assumiu o lugar de seu pai, por ensinar-lhe o que ele precisava saber a respeito de como se tornar um homem. Agnóstico praticamente por toda a sua vida, em 1984 Robbins de repente encontrou Deus. Não, como se poderia pensar, no alto de um maciço rochoso ou voando rio abaixo em um caiaque pipocando nas águas de alguma corredeira. Tudo aconteceu em um ensolarado dia de junho, enquanto ele remava por um braço tranquilo do rio Salmon em Little Fork, algo que tinha feito muitas vezes antes.

"Eu só estava flutuando ao sabor da correnteza, relaxando", ele lembra. "Ali o cenário é típico de Idaho, com as encostas de mata cerrada pontuadas por pinheiros e espruces. Não era nada espetacular, exceto que tem uma determinada aura que sempre me leva a ir até lá de novo. No dia anterior, eu tinha decido por uma correnteza, nada sério demais. Mas não havia ligação entre isso e o que aconteceu. Do nada, senti a presença de Deus. Era inconfundível. Estava ali, logo acima do meu ombro esquerdo. Foi uma experiência muito forte e poderosa."

Quando lhe pedi que tentasse descrever a experiência com mais detalhes, a voz traiu sua emoção. "Foi como ter crescido sem um pai, de quem você só ouviu falar, e de repente ele aparece de novo e você se dá conta de quanto ele lhe amou. Foi isso que senti." Nada, em todas as suas aventuras escalando ou descendo rios de caiaque, alguma vez lhe havia proporcionado a mesma "viagem" espiritual que essa epifania, no rio Salmon. "Pensei que aquilo era fantástico, que queria senti-lo de novo, sentir-me perto de Deus, porque é forte demais."

Ele esperava passar novamente por essa experiência enquanto estivesse em um ambiente totalmente natural. No entanto, não muito tempo depois desse momento, ele ouviu uma voz que lhe dizia que ele encontraria Deus em Jesus Cristo. Por isso, é aí que desde então ele tem procurado. Tornou-se luterano. Agora está pensando em se converter ao catolicismo romano. Ele ainda escala e anda de caiaque, mas, para Royal Robbins, Deus está na igreja. E nos mais tranquilos recessos da natureza.

De onde vem a noção de "Deus" para as pessoas? David Wulff, professor de Psicologia no Wheaton College, em Massachusetts, disse que, porque as experiências espirituais são tão consistentes através das culturas, do tempo e das crenças, que existe a possibilidade de "um centro comum, provavelmente um reflexo de estruturas e processos do cérebro humano".

A religião e a ciência em geral se digladiam, porém, mais recentemente, surgiu uma profusão de pesquisas em busca desse centro comum, mapeando as mudanças neuronais durante experiências espirituais, um campo novo chamado neuroteologia.

Um dos pioneiros dessa área é o dr. Andrew Newberg, um radiologista da Universidade da Pensilvânia. Na década de 1990, ele começou a utilizar técnicas de obtenção de imagens cerebrais para estudar os padrões neurológicos de freiras franciscanas durante a oração e de monges tibetanos durante a meditação, escaneando o cérebro dos religiosos, antes e no auge de sua vivência transcendental. Durante esse pico vivencial, as imagens mostraram que o córtex pré-frontal — a parte do cérebro envolvida nas emoções positivas — estava intensamente ativo. Ao mesmo tempo, e o que foi mais importante, ocorria um substancial declínio da atividade neural nos lobos parietais. Estes estão associados a duas funções: orientação do corpo no espaço e a percepção do espaço. O lobo parietal superior esquerdo cria a percepção dos limites físicos do corpo e o lobo parietal superior direito cria a percepção do espaço físico fora do corpo. Newburg chama isso de "área de associação da orientação" e acredita que uma diminuição de sua atividade é altamente significativa na busca das raízes da experiência espiritual. Sem estímulos sensoriais que delineiem as fronteiras entre o "eu" e o mundo, Newburg conclui que o cérebro não tem escolha senão perceber o "eu" como "interminável e intimamente entrelaçado a todas as pessoas e a tudo que a mente capta".

Durante a meditação ou em uma concentração intensa, esse entorpecimento da percepção espacial poderia explicar o que Newburg chama de "estado hiperlúcido de ser unitário, frequentemente vivido como um estado místico". Entretanto, ele adverte que "não existe modo de determinar se as mudanças neurológicas associadas à experiência espiritual significam que o cérebro está efetivamente causando essa experiência, ou se de fato está percebendo uma realidade espiritual".

Registrar qual a parte do cérebro que fica mais acesa durante uma intensa vivência espiritual, porém, não explica por que isso acontece, por que a experiência tem um impacto tão profundo ou por que a consequência desses momentos é querer muito vivê-los de novo. Tampouco esclarece por que estar na natureza — especialmente nos "pontos ralos" — costuma induzir esse tipo de êxtase.

Nos primeiros tempos da história do mundo ocidental, as áreas selvagens e em particular os pontos mais elevados eram locais temidos. Os gregos antigos, quando atravessavam florestas e montanhas, temiam encontrar o deus Pan; o termo "pânico" tem sua origem no terror que eles sentiam ao ouvir seus estranhos gritos na natureza e acreditavam que eles indicavam a aproximação de Pan. No início do século XVII, um cientista suíço chamado Jacob Scheuchzer organizou um compêndio das espécies de dragões que viviam nos Alpes. No século seguinte, os escaladores que chegaram a Chamonix foram alertados pelos locais para a existência de bruxas nos glaciares. Aos poucos, esse medo dos locais selvagens começou a diminuir conforme se difundia uma nova doutrina, a de que o mundo em todos os seus aspectos era uma imagem dada ao homem por Deus, o que *sir* Thomas Browne, cem anos antes, tinha chamado de um "manuscrito universal e público", no qual a grandeza de Deus poderia ser decifrada. Contemplar a natureza era ser elevado espiritualmente. Esse movimento ajudou a mudar a noção das paisagens agrestes como forças malévolas.

Simon Schama escreve: "As montanhas foram finalmente admitidas no universo da natureza abençoada... A contemplação instruída da natureza tornou-se não apenas compatível com o assombro perante o Criador, mas uma maneira de reafirmar sua onisciência... para oferecer um vislumbre de sua engenhosidade".

O movimento romântico, que começou na Alemanha e na Inglaterra na década de 1770, via a natureza como uma manifestação do espírito no Universo. Em *Tintern Abbey*, Wordsworth resumiu esse pensamento da seguinte maneira:

A sense sublime
Of something far more deeply interfused
Whose dwelling is the light of setting suns,
And the round ocean and the living air,
And the blue sky, and in the mind of man:
A motion and a spirit that impels
All thinking things, all objects of thought,
*And rolls through all things.**

Os românticos e os transcendentalistas que os seguiram acreditavam que, na contemplação da natureza, a mente pode atingir momentos inten-

* A sublime sensação / De alguma coisa muito mais profundamente infundida / Cuja morada é a luz dos pores do sol, / E o oceano redondo e o ar vivo, / E o céu azul, e na mente do homem: / Um movimento e um espírito que impele / Todas as coisas pensantes, todos os objetos do pensamento, / E circula através de todas as coisas. (N. T.)

sificados de espiritualidade e iluminação. Que Deus pode ser sentido e que, por meio da natureza, podemos comungar com Ele. Essas ideias influíram nos aventureiros daquela época, como o escalador alemão Leonard Meiser, que, ao alcançar um passo alpino em 1782, foi arrebatado pela sensação de uma nova concepção do espaço. "Inspirado, ergui meu rosto para o sol; meus olhos beberam o espaço infinito; fui sacudido por um divino tremor; e, tomado da mais profunda reverência, caí de joelhos."

Em meados da década de 1880, o mundo selvagem não era mais um lugar a ser temido. Mas resquícios do antigo pânico permanecem. Todo escalador que subiu Ben MacDhui, a segunda montanha mais alta da Escócia, na ilha de Skye, já ouviu histórias de seu fantasma *Yeti*, o Grande Homem Cinza. As pessoas que afirmam terem topado com ele descrevem-no como um gigante, uma figura imponente, dando passadas estrepitosas, e dizem que se sentiram totalmente em pânico. Os mais famosos relatos foram fornecidos por montanhistas como Alexander Tewnion que, em 1943, escreveu que puxou uma pistola e atirou na aparição.

De acordo com o escalador e autor britânico Andy Roberts, a maioria das vezes em que se veem fantasmas não é fácil comprovar o ocorrido, mas o que costuma ser relatado por quase todas as testemunhas é um súbito e inexplicável sentimento de pânico. Pesquisando na literatura sobre montanhismo, Roberts descobriu que a experiência comum do chamado "pânico da montanha" era relativamente popular nas áreas selvagens ou montanhosas. Ele diz: "talvez se pudesse dizer que a solidão, o esforço intenso e o frequente sentimento de assombro pela grandiosidade do lugar, ao lado da percepção, consciente ou não, de ser uma entidade frágil em um cenário extraordinário e, em última análise, incognoscível, dominariam o ego racional ou heroico. De fato, as pessoas que vivenciam essas coisas terríveis de repente percebem a grandiosidade e a potência da natureza de uma maneira que é aterrorizante".

Ele afirma que o pânico na montanha é o oposto da experiência benigna de se sentir uno com a natureza, descrita pelos escritores românticos. Ele também salienta que nossos ancestrais, com suas cosmologias baseadas na natureza, não teriam tido nenhuma dificuldade para explicar essas experiências. Tudo na paisagem tinha uma presença espiritual que dava a cada local sua atmosfera específica.

Roberts pergunta: "será que é isso que essas testemunhas perceberam, o *genus loci* de determinados lugares, enfurecidos com a invasão humana? Ou tudo não passa de imaginação?"

Para os tradicionais caçadores inuit do extremo norte canadense, o sobrenatural — espíritos, premonições, estados de transe, transcendência — era, na realidade, natural, uma parte do mundo normal. Um mundo de ventos, gelo, frio, animais selvagens e perigo constante. Quando o explorador ártico da década de 1920, Knut Rasmussen, perguntou ao seu guia no que os inuits acreditavam, o homem disse: "nós não acreditamos. Nós temos medo".

Sob a beleza da natureza, está o terror sempre presente. William Finnegan entende isso. Ele fala que a experiência de surfar ondas grandes parece um sonho, mas que nesse sonho é essencial estar muito acordado. "Terror e êxtase vêm e vão sem parar em torno da beirada das coisas", ele escreve. "Uma beleza extraterrena preenche o mundo, as cenas que se desenrolam parecem míticas... O surfe em ondas realmente grandes é um campo de força que lhe deixa como um anão, e você só sobrevive ali se fizer uma leitura cuidadosa e caprichada. Mas o êxtase de realmente surfar ondas gigantescas exige que você fique rente ao terror de ser tragado por elas: o filamento que separa essas duas condições torna-se mais fino do que um nanopelo."

Sob a beleza, o terror.

Em uma de suas primeiras viagens ao Himalaia, Willi Unsoeld ficou tão deslumbrado com sua primeira visão da linda montanha Nanda Devi, a Brilhante Deusa da Bem-aventurança, que deu esse nome a sua filha. Nanda Devi Unsoeld cresceu e se tornou uma escaladora também, e, em 1977, viajou até a montanha do mesmo nome que o seu, na companhia do pai, para escalá-la com ele. No Campo 4, porém, ela ficou muito doente e morreu nos braços de Willi. Ele decidiu deixar o corpo da filha na montanha. Com seus companheiros de expedição, ele o carregou até a borda de uma imensa parede vertical, na face noroeste. Willi fez uma prece de agradecimento, "pela radical beleza das montanhas... e pelo constante elemento de perigo sem o qual a experiência de estar nas montanhas não dominaria da mesma maneia a nossa sensibilidade". Então, ele empurrou o corpo da filha sobre a borda, assistindo enquanto ele caía em meio à neve que rodopiava no abismo, rumo "ao colo de Nanda, a Deusa da Bem-aventurança".

Willi e Nanda Devi Unsoeld tinham ouvido falar das lendas da deusa que mora no topo da montanha. Que sua benevolência pode rapidamente se transformar em uma ira formidável. Que os locais a apaziguam com sacrifícios de bodes e búfalos. Mas os habitantes da aldeia e os carregadores que Nanda Devi tinha conhecido durante a expedição reafirmaram, posteriormente, que a montanha não a havia reclamado por uma questão de raiva. Eles disseram que, quando Willi tinha dado o nome da montanha à própria filha, a Deusa da Bem-aventurança havia entrado no ser da criança e encarnado nela. Que ela não estava de fato morta. A deusa a havia levado para casa e ali ela viveria para sempre.

Willi Unsoeld continuou voltando a esses "pontos ralos" nas montanhas. Mais do que nunca, eles eram pontos de consolo para ele. Dois anos depois da morte da filha, ele estava no monte Rainier, guiando um grupo de estudantes do Evergreen State College. Eles tinham passado a semana ali e alcançado o Campo Muir a 3.540 metros e tentado, sem sucesso, chegar ao topo. No fim da noite de sábado, despencou uma tempestade. No domingo, Unsoeld tomou uma decisão estratégica e chefiou o grupo em uma descida em meio a ventos fortes e uma pesada nevasca. Em um trecho de nome lamentável, o Passo do Cadáver, ele escolheu seguir por uma rota que era ligeiramente mais perigosa do que a outra opção, mas um caminho mais rápido até a cabana na montanha, que estava a apenas poucas centenas de metros. Talvez ele só tivesse tido azar. Talvez tivesse ficado desatento por um instante. Talvez o medo tivesse tomado a dianteira na série de decisões que devia tomar. Ao começar a andar, com três alunos atrás dele, presos ao cabo comum, ele provocou uma avalanche de placa que varreu os quatro pela encosta e os enterrou sob muitos metros de neve. Dois deles sobreviveram. Foram 45 minutos até encontrarem Unsoeld e uma moça chamada Janie Dienpenbrock. Quando foram localizados, os dois já tinham morrido sufocados. No velório, quando a família de Unsoeld se reuniu à volta dele, ficaram surpresos ao ver como seu corpo estava intacto. Nenhum osso quebrado. Seu rosto estava relaxado, em paz.

Sob o terror, a beleza.

Capítulo 3

Foco

Estar em êxtase significa ser arremessado para fora de seu ser habitual. Quando você está extasiado, seus sentidos estão perfilados e batendo continência. Mas existe também um estado em que a percepção não funciona, em que a consciência se dissolve como a febre sensacional que ela é, e você se sente livre de todas as amarras em seu corpo, de repente tão livre delas que você nem se percebe como alguém livre mas vigilante, o olho que enxerga, sem julgar, a história ou a emoção. É esse lançamento para fora do tempo o momento culminante de tantos esportes, que se costuma sentir — e às vezes ficar viciado nele —, enquanto se faz uma coisa perigosa.

DIANE ACKERMAN, On Extended Wings

Ed Lucero realmente ama descer cachoeiras. Em termos leigos, isso quer dizer remar um minúsculo caiaque em meio a paredes gigantescas de água que despencam de penhascos muito altos. Até o momento, a cachoeira mais alta de onde ele já desceu — e estabeleceu um recorde na época — tinha 317 metros. Ou o equivalente aproximado a um edifício de dez andares.

No verão de 2003, um amigo convidou Lucero para uma viagem de carro até Slave River, na região dos Territórios de Noroeste, no Canadá, a fim de surfar suas ondas gigantescas. Mais ou menos quatro horas antes de chegarem ao Slave, pararam para contemplar Alexander Falls, no rio Hay.

"É uma cachoeira muito, muito, MUITO grande", Lucero comenta. "Olho para ela e penso, *eu podia descer isso aqui e sobreviver e seria a maior cachoeira que alguém já desceu.* Como uma oferenda. É como se ela estivesse dizendo *Ed, esse é aquele momento na sua vida em que você deve descer por minhas águas*".

Ele e o amigo examinaram a cachoeira de todos os ângulos. Depois seguiram viagem e ficaram brincando nas ondas de Slave River durante uma semana. Mas Lucero não conseguia tirar da cabeça a imagem de Alexander Falls. "Eu ficava pensando, foi para cá que os rios me trouxeram. É para eu descer essa cachoeira. Eu tenho de descer."

Sem demora, montou uma equipe — um pessoal de resgate e um time de filmagem — com outros caiaquistas que estavam lá em cima, em Slave River. Todos voltaram para a cachoeira onde Lucero passou uma semana, estudando a "linha perfeita da ondulação" que flui pelo lado esquerdo e visualizando a descida. No dia 31 de julho ele estava pronto. Afivelou o colete salva-vidas como uma armadura, desenhado por ele mesmo para o seu esporte. Entrou no caiaque, fechou a proteção sobre o *cockpit* de sua pequena embarcação e lá se foi.

O câmera o acompanhou, enquanto remava rio abaixo, em torno de ondas chamadas "buracos" que caem sobre uma pedra ou sobre uma laje, criando um rodamoinho de refluxo semelhante ao ciclo de enxágue das máquinas de lavar roupa. Passando por ondas altas convergindo em ângulos, causando um efeito de acúmulo de águas caóticas e instáveis. Aproximando-se da borda da cascata.

O rio troveja por ali milhares de toneladas de água em queda livre. Uma visão aérea mostra Lucero chegando perto da queda. Seu caiaque parece um graveto que, sem dúvida, se partirá ao meio. Seus braços parecem as asas de um moinho enquanto ele tenta manter seu curso. De repente, ele despencou. Desapareceu. Os segundos caem um a um. Colunas consistentes de borrifos sobem daquele ponto em que a cachoeira atinge o leito do rio. É impossível. Ninguém poderia sobreviver a isso. Então uma voz, o homem atrás da câmera de vídeo, está gritando: "Ele saiu! Ele subiu! Ele está bem!".

Bem longe, lá embaixo, um pontinho de nada, brilhante. Lucero, pipocando à tona, o caiaque logo atrás.

Como é que foi despencar daquela altura? Lucero tenta se recordar o momento.

"Certo, estou indo na horizontal, com a correnteza do rio. Agora, estou perto da borda e indo cada vez mais rápido, acelerando, acelerando. O som é ensurdecedor, mas se você ouvir com cuidado há uma oscilação. Dá até para ouvir gota por gota da água. Estou mais perto agora e simplesmente mantenho o foco no ponto aonde estou indo. Não vejo mais as pessoas nas margens, estou só concentrado na minha linha. Já estou quase lá agora, e tudo realmente se simplificou. Não estou pensando em nada mais além de onde está caindo o remo, estou olhando para o 1,5 metro que tenho adiante, é só isso que existe. Daí, vou pro hiperespaço, em um *flash* estou em outro plano. Ainda no rio, só que agora a água cai na vertical, em queda livre."

Ele para para retomar o fôlego.

"Aí é que tudo se torna realmente calmo. E ondulante. E *silencioso*. Tudo se solta. Sinto-me leve e sossegado. A queda continua, continua — e depois, quando me disseram mais tarde que foram só 3 segundos, eu nem conseguia acreditar. Então BUM, e dou um encontrão com a tensão superficial da água, ondas de choque me atravessam o corpo e a minha cabeça se enche com um som de sino. A água me segura por vários segundos. O impacto me tirou quase todo para fora do bote. Meu primeiro pensamento foi *Estou machucado?* Se eu tivesse me inclinado à frente só mais um pouco por causa do impacto, teria fraturado a coluna. Mas agora estou subindo, flutuando e me mexendo devagar para ter certeza de que tudo ainda estava funcionando."

Em 2007, outro caiaquista desceu a Alexander Falls. Como, ao sofrer o impacto com a superfície do rio, ele se manteve dentro do bote, segundo as regras do esporte, ele então alegou ser detentor do recorde mundial. Mas, para Lucero, descer a corredeira e a cachoeira não era só uma questão de bater recordes. Essa foi uma das mais profundas experiências de sua vida. Uma experiência da qual ele veio se aproximando ao longo de vários anos. Em sua infância, sua família viveu por algum tempo nas Ilhas Marshall, onde ele ficava horas e horas na praia, observando como, toda vez que uma onda lambia a areia, ela lentamente a filtrava conforme o peso, criando padrões perfeitos.

"Comecei a acreditar que os seres humanos também devem viver esse mesmo processo", diz Lucero. "É como se tudo e todos estivessem constantemente interagindo com a natureza, assentando em seus respectivos lugares. Quanto mais liberdade eu tenho para andar pelo mundo, mais me assento em um lugar, que é o meu nicho especial."

Os rios são o nicho dele. Ali, ele se sente como se estivesse em um vaso sanguíneo da Terra, navegando em sua grande pulsação. E cair de cachoeiras faz com que ele entre em um estado de "hiperatenção", o que lhe proporciona uma satisfação profunda.

"Tudo o mais some, não estou pensando sobre o passado, só sobre o agora, o imediatamente presente. E é isso que parece o início do apaziguamento. Para mim, isso é muito espiritual, o jeito como a gravidade faz você focalizar o momento presente."

Os psicólogos chamam esse estado por vários nomes: "experiência de pico", "estar na zona", "fluir". Ele se instala quando um conjunto de habilidades trabalhadas com mestria é sintonizado com um foco de atenção absoluto em uma única ação, calando a usual "falação mental" e produzindo uma sensação exultante que, segundo os autores White e Murphy, "se aproxima da riqueza da vivência despertada pela prática religiosa".

Prestar atenção no que está acontecendo no momento presente é um preceito central da maioria das tradições espirituais. Para Hui-neng, um dos fundadores do zen, "a absoluta tranquilidade é o momento presente". Para o sufismo, o ramo místico do islamismo, "o sufi é o filho do tempo presente". Para Meister Eckhart, místico do século XIII, "só existe o instante presente... um Agora sempre e sem fim é, em si, novo". Para o mestre espiritual contemporâneo Eckhart Tolle, vivenciar "o Agora" é a única maneira de ultrapassar os limitados confins da mente. Seja de que modo for descrito, esse é um estado que os esportistas radicais devem atingir a fim de sobreviver ao que fazem. E que muitos deles acabam ansiando reeditar na via cotidiana.

Para Dolores LaChapelle, pioneira do esqui na neve fofa na década de 1940 e uma das primeiras vozes do movimento da ecologia profunda, o esporte que ela praticava era "a vida plenamente vivida em um assomo de realidade... Depois que se experimenta essa espécie de vida, ela se torna a única maneira de viver".

LaChapelle começou a esquiar nas montanhas de 4.200 metros próximas de sua casa em Denver, escalando-as com um par de esquis militares de madeira, de 2,10 metros, amarrados às costas, para então descer encostas de avalanche de 50 graus de inclinação. Ela conseguiu continuar viva enfrentando aquele tipo de terreno — bolsões de neve no interior do país, altamente propensos a avalanches — somente porque mantinha a atenção constantemente focalizada.

"Eu me deslocava com muito cuidado pela borda do cume onde estava, onde os ventos sopravam com força", ela escreve sobre uma excursão para esquiar nas montanhas de San Juan, "muito atenta para a possibilidade de ocorrer uma fratura e um bloco gelado se despregar e deslizar a qualquer momento... Eu descia suavemente do cume, escolhendo uma linha com neve perfeita. Sem nenhum esforço, só indo a favor da gravidade, com o sol e a neve — perfeição —, como sempre é. Mas, ao mesmo tempo, havia uma total atenção, cuidando para ver se não surgem de repente pequenas fissuras indicativas na neve... Atenção total era uma coisa obrigatória."*

"*Si tu tombes, tu meurs*" — Se você cai, você morre — era o mantra do falecido Patrick Vallencant, um dos pioneiros franceses do esqui radical. Nos anos 1970, ele enfrentou as encostas dos Alpes e de montanhas sul-americanas que tinham parecido impossíveis aos esquiadores. E o fez no estilo "puro", descendo somente com esquis em encostas que ele primeiro tivesse podido subir usando ganchos. Sua margem de erro era zero e, segundo um jornalista, seu nível de controle "beirava o sobrenatural".

"No início de toda descida em velocidade", Vallencant descreve, "uma concentração de incrível intensidade me invade... o mundo desaparece... Esquiar por uma encosta muito íngreme é maravilhoso; ali é puro, difícil, vertical, luminoso em uma dimensão que, por sua natureza, a gente não conhece; apesar disso, eu me torno uma parte dessa dimensão cósmica... Depois de uma descida, tenho a impressão de deixar cair todas as limitações: meu coração está aberto e livre, a minha cabeça funciona com clareza... toda a beleza do mundo está dentro do ritmo louco do meu sangue".

---

* Falecida em 22 de janeiro de 2007 [http://www.wildsnow.com/589/dolores-lachapelle-dies-yesterday/] (N.T.)

✧ ✧ ✧

O mestre espiritual Tenzin Palmo escreve: "a prática do *dharma* não é uma questão de aprender cada vez mais e de estudar cada vez mais... É uma questão de se esvaziar, de se despojar de uma camada depois da outra. Nós já estamos tão atulhados de lixo, tão estufados até a tampa, que primeiro precisamos nos esvaziar... Precisamos começar a nos desvencilhar de todas as nossas opiniões, ideias, espertezas e simplesmente ficar bem despidos, só no momento presente, apenas enxergando as coisas como elas são, como as crianças".

O explorador Peter Matthiesen se recorda de ficar observando o filho, Alex, 3 anos, nesse estado.

"Alheio a todos os brinquedos, [ele] fica totalmente concentrado, durante quase 1 hora, em sua caixa de areia no quintal, enquanto pombos e tordos vem e vão ao vento cálido, as folhas dançam, as nuvens passam, exalam o canto das aves e o doce aroma das rosas e das alfenas. Aquela criança não estava observando; ela estava em repouso no próprio centro do Universo, uma parte das coisas, alheio a começos e fins, ainda em uníssono com a natureza primordial da infância, deixando toda a luz e todos os fenômenos serem vertidos através dele... não existia o 'eu' para separá-lo do passarinho ou do galho."

É a esse estado pueril intacto que atletas radicais como Ed Lucero retornam em seus momentos de foco extremo. O estado que existe antes do acúmulo de experiências e lembranças e que, segundo Susan Greenfield, uma das mais importantes neurocientistas britânicas, nos torna conscientes de "nós", cientes de nossa separaçao em relaçao aos outros e ao mundo.

Ao nascer, o cérebro da criança tem aproximadamente 100 bilhões de neurônios. Conforme ela vai crescendo, o número de neurônios continua o mesmo, mas as ligações entre eles — as sinapses, nas quais transitam os neurotransmissores — se desenvolvem toda vez que uma nova experiência é examinada contra as anteriores. Aos poucos, uma configuração exclusiva de conexões neuronais personaliza o cérebro, permitindo que a criança interprete o mundo à luz das experiências já vividas. São esses processos de pensamento e essas associações, decorrentes de recordações e experiências acumuladas, que Greenfield diz que constituem o "eu".

Tornar-se consciente de si leva tempo. Se um bebê de 18 meses se olha ao espelho e vê uma marca de sujeira na bochecha, o mais provável é que tente limpá-la na imagem refletida. Quando está com 2 anos, ele se reconhecerá ao espelho, mas só aos 3 é que compreenderá que o "eu" que enxerga no espelho dura no tempo. Os pesquisadores da Universidade de Louisiana gravaram em videoteipe um grupo de crianças pequenas brincando e, em certo momento, colaram sem serem percebidos grandes adesivos na parte de trás da cabeça das crianças. Quando as crianças assistiram ao vídeo mais tarde, no mesmo dia, os que tinham mais de 3 anos colocaram a mão na parte de trás da cabeça para saber se o adesivo continuava lá, reconhecendo que o "eu" do vídeo era seu eu presente. As crianças mais novas não fizeram essa ligação.

Essa autoconsciência, contudo, não é fixa. Ela surge e desaparece, de um momento para outro, conforme as emoções mudam. No medo, na raiva, no êxtase ou em momentos de foco intenso, o "eu", a autoconsciência, é esquecido. Isso pode acontecer durante uma festa, na igreja, esquiando, dançando, durante o sexo, escalando um penhasco ou descendo uma corredeira. Nesses momentos, Greenfield escreve: "nosso cérebro pode temporariamente se reconfigurar de outra maneira, reverter àquele estado em que nossa vida cuidadosamente controlada, nossa realidade pessoal, vai aos poucos se dissolvendo para abrir lugar para o momento imediato, com aquela sensação sem contexto, sem sentido, em que literalmente nos entregamos e deixamos ir".

Como as crianças pequenas acumularam um número relativamente pequeno de experiências, é mais fácil para elas entrar no estado em que vivenciam o mundo no nível sensorial, sem interpretá-lo. Conforme envelhecemos, porém, essa sensação de deslumbramento e o poder da imaginação se tornam obscurecidos. Krishnamurti, ao estudar o funcionamento da mente humana, há mais de um século, escreveu: "Uma mente complexa não pode encontrar a verdade do nada, não pode descobrir o que é real, e essa é a nossa dificuldade. Desde a infância, somos treinados a nos conformar e não sabemos como reduzir a complexidade à simplicidade. É só a mente muito simples e direta que pode encontrar o real, a verdade". Conforme o tempo passa para nós, a verdade vai sendo substituída pela análise e pela compreensão, até que as emoções mais fortes a abolem.

Quando estava com 8 anos, o filho de Matthiessen já estava "deixando de fora o lado selvagem do mundo", tal como ele mesmo havia feito quando criança. Mas algumas situações reativam lembranças residuais daquele estado. Em 1954, Peter Matthiessen estava de vigia na proa de um navio da Marinha, no Pacífico, durante uma forte tempestade. O marujo que deveria rendê-lo ficou muito enjoado e Matthiessen então teve de passar uma noite extenuante e estressante ao leme.

"Várias vezes seguidas as ondas vinham quebrar no convés, até que de repente o ar, a água e o ferro se tornaram uma coisa só", ele escreveu. "Estressado, exausto, perdi a noção de quem era, o batimento cardíaco que eu ouvia era o coração do mundo, comecei a respirar com as monstruosas subidas e descidas da terra, e essa evanescência me pareceu menos ameaçadora e mais extasiante."

Greenfield diz que não é surpreendente que "a perda da noção de quem se é", em momentos de intenso foco, seja tantas vezes igualada a uma vivência espiritual. Assim como uma fuga das preocupações corriqueiras da vida diária, também se experimenta a sensação de um afastamento do mundo físico. E o bem-estar que todas essas substâncias químicas produzem? "O prazer é, literalmente, um momento sensacional da vida", ela escreve. "Um plano mais elevado de prazer pode frequentemente ser identificado com a alegria e, por sua vez, com experiências religiosas."

E essas experiências, como sabe Sam Drevo, são altamente viciantes. Como caiaquista profissional do Oregon, ele e um grupo de remadores radicais tinham acabado de realizar a até então inédita descida de um trecho de 16 km do rio Jimenoa, na República Dominicana. Foi o que ele chamou de "verdadeiro redemoinho": corredeira, cachoeiras, ondas laterais, um labirinto de rochedos com grandes buracos de retenção atrás deles, fortes quedas em valas, linhas de contracorrente subindo a correnteza, as margens do cânion passando em disparada. Finalmente, alcançaram um cânion íngreme, profundo e estreito onde a água se mantinha tranquila. Atrás, Drevo continuava ouvindo o trovejar da água, como uma pulsação estridente, mas o cânion se mantinha calmo e silencioso. Ele simplesmente seguiu boiando, contemplando as paredes rochosas, intensamente consciente dos milhões de anos e das imensas potências que haviam esculpido aquele local. De repente, uma sensação se apoderou dele, um misto de euforia e de profunda paz.

"Era como se eu tivesse chegado a um ponto em que a clareza, a intuição, o esforço e o foco tivessem todos se integrado para me elevar a um plano mais alto de consciência", ele descreve. "Nesse nível, eu não era mais eu, era parte do rio. Foi uma experiência extraordinária; definitivamente, ela me chama de volta."

A sensação de unicidade, de ausência de limites, uma ligação com o mundo inteiro — sensação "oceânica" nas palavras de Romain Rolland, colega de Freud que o chamou de narcisismo infantil, um estado de ego puro, nos termos freudianos, em que a criança é incapaz de distinguir entre o "eu" subjetivo e o mundo externo objetivo. Um estado que se assemelha à "perda do eu" de Greenfield.

"Os homens têm medo de esquecer a própria mente, receando cair no vazio onde não existe nada a que possam se agarrar", escreveu o mestre Cha'an Huang-Po. "Eles não sabem que o vazio não é realmente vazio, mas o verdadeiro reino do *dharma*... Ele não pode ser buscado nem procurado, compreendido pela sabedoria ou pelo conhecimento, sequer explicado em palavras."

Quando o "eu" desaparece, também somem as dúvidas e, com elas, os receios e ansiedades que inibem o potencial humano, tanto físico como mental. Deixar a esfera da mente pode abrir caminho para o que parece impossível, como a força sobre-humana que Alan Burgess encontrou nas encostas de Lhotse Shar, no Himalaia. Burgess, um montanhista britânico que atualmente vive em Utah, estava na montanha com seu irmão gêmeo, Adrian, e outro escalador, Dick Jackson. Os três estavam atados ao mesmo cabo, com Alan à frente, a uma altitude de aproximadamente 6.800 metros. Tinham acabado de superar um trecho de seracs com 45 metros de extensão, e Alan começava a atravessar uma encosta de neve inclinada em 30 graus. O sol estava aquecendo a neve, e ele sabia que estava na hora de começar a voltar, mas estava ansioso para alcançar um ponto de onde pudesse enxergar as encostas mais altas da montanha e o restante do trajeto que tinham planejado percorrer. Assim que tinha vencido cerca de um terço do caminho, ouviu um estalo bem forte. Sob seus pés, a encosta inteira começou a deslizar. Uma maciça placa de gelo, com cerca de 60 metros de largura e 1,5 metro de espessura, tinha se despregado bem acima de onde ele estava.

"De repente fui engolfado", ele diz. "Alguma coisa passou por cima da minha cabeça, cobrindo toda a brilhante luz do dia: deve ter sido uma onda de neve. Fui jogado para o lado esquerdo e pensei *então, morrer é desse jeito*. Depois a luz reapareceu e eu estava olhando diretamente encosta abaixo na direção do meu irmão e de Dick. Estava enfiado na neve até a cintura, sendo levado ladeira abaixo pela avalanche."

Foi quando ele fez o impossível. Depois de livrar o quadril, ele conseguiu se soltar e suspender até a borda da placa de neve. Como um astro de Hollywood que conhece artes marciais, ele deu um salto mortal para trás, desvencilhando-se de milhares de toneladas da neve deslocada pela avalanche. E então segurou os outros dois escaladores.

"Caí batendo a parte de baixo das costas no chão, e nesse momento o gelo da encosta era a camada dura. Abaixo de mim, Adrian e Dick estavam afundados na neve, deslizando para a beirada das placas. Eu estava amarrado a eles. Tinha de segurar os dois. Era uma quantidade massacrante de peso. Eu estava na neve perfeita, usando ganchos, meus pés estavam afastados na largura dos quadris, e o cabo estava esticado reto até embaixo. Lembro-me de ter sentado no gelo, totalmente focado em segurá-los enquanto a avalanche escorria por meio deles. A parte da frente das minhas coxas parecia aço, mas queimando."

Adrian Burgess e Dick Jackson acabaram parando na beirada do precipício. Lutaram para conseguir se colocar em pé, espanando a neve do cabelo e dos olhos, espantados pelo que Alan tinha conseguido: "Ficou fincado perfeitamente em pé", segurando o peso de dois homens e de grandes massas de neve. "Só o que fiz foi reagir", ele disse, "e aplicar o que o treinamento tinha me ensinado".

Treinamento. Com treinamento suficiente, seria possível entrar em contato com aquela espécie de controle, e usá-lo quando fosse preciso? Hans Lindemann, um médico alemão, acreditava que sim. Em 1955, depois de cruzar o Atlântico em uma canoa esculpida a mão a partir de um tronco de árvore, ele acabou chegando em uma praia do Haiti. Ao longo dos dois meses que passou na ilha, ficou fascinado pelo vudu, e isso aumentou sua crença de que o exercício da concentração profunda pode dissolver medos e dúvidas. Quando resolveu que iria atravessar o Atlântico de novo, dessa vez em um caiaque, seu único treino físico foi nadar todos os dias 12 km. Mas seu treinamento psicológico foi rigoroso. Ele se forçou a ficar sem dormir e, durante uma semana, conseguiu se controlar dormindo apenas 5 minutos por noite. Estudou o treinamento autógeno, um método desenvolvido pelo psiquiatra e neurologista alemão dr. Johannes Schultz, para ensinar sua mente a manter a calma e o foco. O treinamento autógeno consiste em entrar em um estado meditativo ou de "concentração passiva" durante o qual a pessoa repete "autossugestões" e focaliza a atenção em diferentes partes do corpo. Dessa maneira, Schultz dizia, o indivíduo consegue obter controle sobre o estado do sistema nervoso autônomo, desenvolvendo calor no plexo solar, desacelerando o ritmo cardíaco e dissolvendo emoções como o medo.

Sabendo que o medo, a dúvida e a hesitação seriam seus principais inimigos em uma travessia oceânica, durante meses Lindemann repetia regularmente uma série de autossugestões: "Eu vou conseguir", "Eu vou fazer isso", "Nunca desista, continue seguindo para oeste", "Não aceite nenhuma ajuda". Aos poucos, sua confiança aumentou assim como uma profunda convicção de que ele alcançaria seu objetivo. "Eu tinha a sensação de uma segurança e de uma proteção cósmicas, e a certeza de que minha viagem chegaria a bom termo."

No dia 20 de outubro de 1956, ele partiu de Las Palmas nas ilhas Canárias. Seu caiaque era um Klepper, dobrável, com 5,10 metros de comprimento e 50 cm de largura, em estrutura de madeira aglomerada e casco recoberto de lona e borracha, com tubos de ar embutidos, uma viga externa para garantir a flutuação e um traje de navegação. Ele não poderia se deitar de comprido no bote e, a menos que sobreviesse uma calmaria, precisaria manobrar com os pedais o tempo todo.

Depois das primeiras 24 horas, como escreveu em seu diário, "começou a tortura". Para aguentar, ele passou a aplicar suas autossugestões e a meditar, a fim de manter baixo o ritmo de sua pulsação. Para aliviar as câimbras nas pernas e nádegas, ele passava 15 minutos diariamente focando essas partes do seu corpo e visualizando o fluxo de sangue quente irrigando-as.

Passaram-se 36 dias. Ele estava pescando e comendo peixes crus: a carne para ingerir proteína e o sangue para ter líquido. Apareceu um cargueiro que se aproximou do caiaque dele. Um jovem oficial chamou lá de cima da ponte, perguntando se Lindemann queria comida e o convidou a subir a bordo para repousar um pouco. *Não aceite nenhuma ajuda.* Ele recusou ambas as ofertas.

Após quarenta dias viajando, teve início uma série de tempestades. Depois de horas lutando contra ventos fortes e verdadeiras paredes de água despencando sobre ele, começaram as alucinações. As ondas passaram a falar com ele. Um serviçal negro transportou-o por uma estrada a bordo de um riquixá. Seu estribo externo era um africano com quem ele tinha longas conversas. Cavalos passavam galopando. Ele teve a sensação de que seu bote estava indo para trás. Durante esse período, sobreviveu "concentrando-se no nada, tornando-se uno com a natureza, incapaz de ver ou ouvir, sem nem saber meu nome embora sabendo isso eu certamente tivesse um... Eu me sentia imensamente feliz e contente, como se estivesse em outro mundo no qual não sentia nenhum desconforto me mantendo sentado, onde eu não ouvia mais o vento uivando e não tinha a mais pálida noção do desespero da situação em que eu estava".

No 56º dia de sua travessia, despencou a pior borrasca de todas. Os ventos sopravam com força 9, criando ondas gigantescas que faziam seu caiaque virar. Durante horas ele ficou agarrado ao casco emborcado, com ondas de 6 metros caindo às suas costas. O frio e a exaustão minaram suas forças até ele começar a experimentar períodos de perda da consciência. Mesmo assim, em nenhum momento largou o bote ou o remo.

"Fiquei maravilhado com a intensidade do meu reflexo de preensão", ele escreve. "Meu espírito esmoreceu e parecia querer abandonar meu corpo, mas em todos esses momentos críticos *eu vou conseguir* e *nunca desista* vieram à tona repetidamente e me ajudaram a persistir."

Com o raiar do dia, a tempestade cedeu. Ele desvirou o caiaque, removeu a água que tinha acumulado ali dentro e recuperou o que pode de seu equipamento danificado. Ele estava certo de que havia sobrevivido ao pior. Infelizmente, estava enganado. Em poucas horas, despencou outra tempestade. Ela durou dias, enfurecida, fazendo seu bote virar muitas vezes. Durante toda essa provação ele manteve sua mente focada apenas em se manter vivo. Todo o seu treinamento para a viagem, incutindo firmemente em seu subconsciente as autossugestões que iriam ajudá-lo, de modo automático, em seus momentos de dificuldade, tinha enfim mostrado seus frutos.

Ele escreveu: "eu estava vazio. Uma concha, sem pensamentos, que só se mantinha funcionando porque me concentrava nas palavras *continue indo para oeste, nunca desista, eu vou conseguir*".

Setenta e dois dias depois de ter saído das Canárias, ele surfou com seu caiaque as ondas que quebravam em uma praia da ilha caribenha de Saint Martin. Pisou na areia, 25 quilos mais leve do que ao partir, trêmulo como um ancião, mas capaz de andar sem apoio. Mais tarde, ele escreveu que a viagem toda poderia ser vista como uma prática de meditação. Uma aula de foco.

Como foi que Lindemann conseguiu? Os cientistas do Instituto Weizmann de Ciência, em Israel, afirmam terem observado o cérebro no ato de perder seu "eu". A fim de investigar o processamento sensorial e a introspecção, eles pediram a voluntários que olhassem para figuras e ouvissem música enquanto executavam tarefas variadas. Enquanto isso, seu cérebro era escaneado. Os pesquisadores descobriram que o processamento sensorial ativava o córtex sensorial e as tarefas introspectivas ativavam o córtex pré-frontal. É importante observar que a atividade da zona pré-frontal era silenciada durante um processamento sensorial intenso.

Um dos pesquisadores, Ilan Goldberg, afirmou que "a conclusão que tiramos dos resultados presentes é que, durante um intenso envolvimento da percepção, todos os recursos neuronais são focalizados no córtex sensorial e que a zona cortical relacionada ao 'eu' — alheia ao processamento sensorial — está inativa. Com isso, a expressão 'se perder' tem aqui seu evidente correlato neuronal".

Um colega de Goldberg no Instituto, Rafael Malach, realizou um estudo semelhante no qual os voluntários assistiam a um filme popular altamente envolvente enquanto seu cérebro era escaneado. Em praticamente todos os casos, houve "uma robusta e generalizada ativação da maior parte da zona posterior do cérebro". Malach comenta que esse fato é "curiosamente relacionado a temas recorrentes da filosofia oriental que enfatizam o 'silenciar' do 'eu' durante momentos de intenso envolvimento".

Portanto, quando o cérebro precisa executar uma tarefa exigente, ele tem a capacidade de desligar o "eu". Segundo Goldberg, esse pode ser um mecanismo de proteção. Quando a encosta sob os pés de Alan Burgess começou a despencar, ele não ficou ali em pé, em plena avalanche, ponderando como estava se sentindo a respeito daquela situação; seu subconsciente entrou instantaneamente em um estado de foco extremo, e ele tomou a atitude necessária.

"A razão pela qual algumas pessoas adoram praticar atividades perigosas como escalar montanhas", na opinião de Eckhart Tolle, "é que isso as força a entrar no Agora, nesse estado intensamente vivo que é livre de tempo, de problemas, de pensamentos, do fardo da personalidade. Então, desviar-se do momento presente por um só segundo que seja pode significar a morte".

Entretanto, nos momentos de foco extremo, o "presente" pode assumir um significado inteiramente diferente. A percepção do tempo muda de maneira acentuada. Jim Buckley se recorda nitidamente de uma queda que levou enquanto escalava no gelo, no País de Gales, há quase trinta anos. Ele estava no Cwm Glas, na área de Snowdon. O frio tinha sido longo e intenso e o gelo estava sólido. Usando ganchos e um martelo de gelo emprestado, ele começou a escalar um leito de rio congelado, em uma inclinação de 57 graus. Rapidamente entrou no ritmo, balançando o martelo para que ele fincasse no gelo. Em um desses movimentos, contudo, o martelo só ricocheteou no lençol duro de água congelada. Buckley perdeu o equilíbrio e caiu para trás. Na fração de segundo transcorrida antes de ele começar a cair, ele se lembra de ter tido uma "extraordinária sensação de clareza, em que o tempo parecia ter parado". Depois, enquanto caía aos trambolhões pela encosta, o tempo voltou a se alongar.

"Primeiro, me veio a ideia de que eu estava prestes a morrer. O resto foi uma sensação perfeitamente clara de uma multiplicidade de fios que haviam tecido o caminho até aquele momento preciso. Fios como a minha professora da escola que me disse, quando eu contei que ia sair um fim de semana para escalar: "tome cuidado, Jim". Meu amor por minha mulher, Ronwen, e nossos filhos. O remorso por ter confiado em um martelo de gelo emprestado. A percepção de que nos últimos cinco minutos o martelo já estava me parecendo que não funcionava direito. Era uma avalanche de sérias advertências vindo em minha direção. A constatação de que eu estava prestes a pagar o preço por ter tão infelizmente deixado de dar valor a todos os sinais. E um sentimento de curiosidade: será que vou morrer mesmo? Como será que vai ser?"

Ele não estava com capacete. Instintivamente, cobriu a cabeça com os braços. Ele se lembra do choque contra o solo, de ter quicado, saltado por cima de um trecho pedregoso, depois dado uma trombada em uma encosta nevada mais rasa e mais macia.

"Pensei *uau! Estou me saindo bem.* Mas eu sabia que havia despenhadeiros logo ali embaixo e que se eu caísse em um deles seria o meu fim. Então, pensei *ah, tenho de executar uma meia parada com o martelo. E como é mesmo que se faz isso?*"

Rolando para ficar de barriga no chão, ele levou o martelo até a altura do ombro, cravou-o na neve e conseguiu parar. Poucos centímetros mais e ele estaria na borda do penhasco. Sua queda — durante a qual tinha se lembrado do conselho de uma antiga professora, de seu amor pela esposa e a família, a situação do martelo emprestado, os detalhes de uma manobra de autossalvamento — tinha levado apenas alguns segundos.

O que determina essa alteração na percepção do tempo? Essa é uma questão complicada para os cientistas pesquisarem por causa da própria natureza do tempo ser tão pouco compreendida. Uma das antigas discussões sobre o tempo foi apresentada por Santo Agostinho, teólogo e bispo argelino que viveu no século III d.C. Quando falamos de um evento ou de um intervalo de tempo ser curto ou longo, o que está sendo de fato descrito? Não pode ser o que se passou, pois isso já deixou de ser, e o futuro é inexistente. Mas tampouco pode ser o presente, já que este não tem duração. Sua resposta a esse enigma foi que aquilo que mensuramos ao medir a duração de um evento ou um intervalo de tempo está na memória. Com isso, o tempo propriamente dito é algo mental. E a percepção da duração temporal é um elemento de nossa lembrança de um evento que nos permite elaborar uma opinião a respeito de sua duração.

No final da década de 1880, William James retomou a teoria de Santo Agostinho e a refinou. Como professor de Filosofia em Harvard e um dos fundadores da moderna Psicologia, James dizia que estamos constantemente cientes de uma relativa duração do tempo, variando de poucos segundos a provavelmente não mais do que 1 minuto. Ele chamava isso de o "presente especioso", o protótipo de todo o tempo que percebemos. A experiência do "presente" é especiosa porque, diversamente do presente objetivo, é um intervalo que tem uma parte anterior e outra posterior. O presente "real" deve ser isento de duração, sem partes anteriores ou posteriores. Mas, como a ciência desde então já constatou, esse presente "real" simplesmente não pode existir. Se levarmos em conta as velocidades finitas da luz e do som, eventos vivenciados como algo presente serão, de fato, passado.

Fazer estimativas precisas quanto à duração de breves intervalos de tempo, de 300 milissegundos a 10 segundos, é uma habilidade crucial para a maioria dos aspectos do comportamento humano. Teorias contemporâneas da estimativa de intervalos breves supõem a existência de um sistema de acompanhamento do tempo dentro do cérebro, mas a identificação desse sistema até agora tem-se mostrado imprecisa e controversa. O cerebelo, uma estrutura que ajuda a coordenar a movimentação e o equilíbrio, é há muito tempo uma região teoricamente envolvida pela percepção do tempo. Em 2001, porém, uma pesquisa conduzida por Stephen Rao, da Faculdade de Medicina de Wisconsin, desafiou esse pressuposto e corroborou sugestões anteriores de que os gânglios basais, situados profundamente na base do cérebro, e o lobo parietal, na superfície do lado direito do cérebro, são duas regiões essenciais ao sistema de estimativa do tempo. A pesquisa de Rao baseou-se em imagens escaneadas em fMRI de voluntários que se dispuseram a participar de várias tarefas auditivas.

"A ativação dos gânglios basais ocorria logo e exclusivamente associada à codificação de intervalos de tempos, o que sugere sua participação em outros processos, além do de estimar explicitamente o tempo", escreve Rao.

As células dos gânglios basais contêm o neurotransmissor dopamina. Os portadores do mal de Parkinson, que sofrem de uma redução anormal da dopamina, geralmente apresentam problemas com a percepção do tempo, um sintoma que melhora em parte quando seu nível de dopamina é aumentado. As drogas que aumentam o teor de dopamina, como cocaína e metanfetamina, parecem acelerar o relógio interno, assim como ocorre em momentos de alto estresse, quando a dopamina e outros neurotransmissores inundam o cérebro, e o tempo parece ficar suspenso ou andar em ritmo incrivelmente lento.

David Eagleman, de 9 anos de idade, estava escalando sem permissão uma casa em construção quando alcançou um pedaço de papelão duro alcatroado que se projetava na lateral do telhado, achando que aguentaria seu peso. Não aguentou, e ele caiu de uma altura de dois andares, até bater contra o piso de tijolos de um pátio interno. Durante a queda, ele achou que o tempo tinha desacelerado de um modo semelhante ao que Jim Buckley tinha descrito quando narrou sua queda ao longo da encosta da montanha em Gales. Já adulto, Eagleman se recorda: "a sensação é que aquilo duraria para sempre. Uma das coisas interessantes, subjetivamente, foi que não havia medo, só um jeito calmo de calcular. Ficava pensando se eu teria tempo para esticar as mãos para tentar agarrar o papelão. Se seria melhor virar para esse lado ou para aquele lado, enquanto eu caía. Em uma certa altura, me lembrei da história de Alice no País das Maravilhas, caindo pelo buraco do coelho. Eu estava vendo o chão se aproximar e continuava pensando *deve ter sido parecido com isso para ela também*".

Enquanto crescia, ele muitas vezes pensava naquele tombo, que o deixou fascinado com a natureza do tempo. Hoje em dia, lecionando nos departamentos de neurociência e de psiquiatria do Baylor College of Medicine, ele dirige o Eagleman Laboratory, trabalhando no que chama de "problema das ligações temporais". Ele tenta compreender como o cérebro interliga as informações sensoriais, permitindo-nos vivenciar como simultâneos eventos temporais diferentes. Por exemplo, se você tamborilar seu dedo na mesa, como a luz é mais rápida do que o som, o cérebro deverá registrar a visão do movimento alguns milissegundos antes que o som, mas para nós eles serão simultâneos. A teoria de Eagleman para explicar isso é que o cérebro "coleta muitas informações, espera, e então costura uma história só".

Ele também está tentando descobrir o que acontece no cérebro durante experiências de alto estresse, como cair de um telhado ou despencar montanha abaixo. Será que a percepção da pessoa desacelera o suficiente para ela absorver informações extras? William James dizia que a percepção do tempo é composta de rápidos "instantâneos" do mundo, do mesmo modo que um filme é feito de sequências rápidas de quadros imóveis. Seria possível que a sensação de desacelerar o tempo, em momentos de alta adrenalina, fosse o resultado desses "instantâneos neuronais" passando com mais velocidade? Ou será que o cérebro "costura uma história só" com os detalhes depois do acontecimento? Ou o tempo fica mesmo mais lento?

Em busca de respostas, Eagleman elaborou um projeto peculiar de pesquisa. Ele montou um equipamento com 45 metros de altura, como os usados em *bungee jumping*, e os homens são suspensos do alto, em posição ereta. Quando as travas se soltam, eles caem de costas em uma rede, descendo em uma velocidade aproximada de 100 km/h. O próprio Eagleman passou pelo procedimento três vezes.

"É totalmente seguro, mas aterrorizante", ele diz. "Quando a pessoa está caindo de costas, ela não pode se virar. Cai para baixo em linha reta. Eu precisava colocar as pessoas em uma situação em que sentissem medo de morrer, mas não saíssem machucadas, assim eu poderia averiguar essa questão do tempo e ver se elas experimentavam o mundo em câmera lenta, enquanto acontecia a queda."

Eagleman também criou um dispositivo chamado cronômetro perceptivo, ou Eagle Eye [Olho da Águia], pequeno o suficiente para ser colocado no punho dos homens. Cada uma de suas quatro minúsculas telas em LED apresenta números em sequências aleatórias, alternando entre imagens positivas e negativas, pretas contra fundo branco ou brancas contra fundo preto. Assim que o ritmo das trocas alcança uma determinada velocidade, é impossível ler os números. Antes de cada homem ser ligado ao SCAD, Eagleman confirma o limiar em que ele ainda é capaz de reconhecer os números e então ajusta a velocidade das alternâncias apenas ligeiramente mais rápido do que esse limiar. Em circunstâncias normais, eles não seriam capazes de ler os números. Enquanto estão caindo do alto do SCAD, a tarefa dos homens é tentar identificar os números.

Eagleman esperava que, se o mundo realmente desacelera em situações de alto estresse, os homens fossem capazes de ver os números e identificá-los. Mas, dos 23 testes que ele realizou até o momento, não conseguiu obter nenhum resultado. As pessoas não foram capazes de ler os números durante a queda. Elas não estavam de fato vendo o mundo em câmera lenta, como ele achava que tinha acontecido quando ele mesmo tinha caído do telhado. Uma série de experimentos que conduziu no laboratório trouxe os mesmos resultados.

"O mundo que você vivencia é uma construção do seu cérebro", ele concluiu. "Como órgão, o cérebro é um vasto universo, processando dados com muitos truques de edição a fim de apresentar o mundo com a aparência que ele tem para você. O cérebro pode separar completamente vários aspectos da experiência do tempo. No laboratório, podemos montar alguma coisa para que você ache que aquilo durou muito mais sem que, porém, existam prolongamentos temporais concomitantes atuando de outro modo."

Como ele explica a experiência de Dean Potter, em seu *BASE jump* no México, no *Sótano de las Golondrinas* — Sótão das Andorinhas?

No começo de uma manhã em 2003, na selva mexicana, Potter estava na beirada de um sumidouro de calcário, a mais profunda caverna vertical do mundo. Com o formato de um cone invertido, mede entre 50 e 90 metros no topo e 360 lá embaixo, e é grande o bastante para conter todo o Empire State Building. Potter tinha ouvido as lendas locais falando de maus espíritos que moravam na caverna, atraindo os aventureiros para a morte. Ele sabia que não eram verdadeiras, que ali só viviam periquitos e andorinhas, 50 mil aves, o que dava o nome ao local.

Uma hora após o nascer do sol, as aves subiam em massa de seus poleiros esculpidos nas paredes de calcário. Um tufão de asas batendo criou correntes de vento em volta de Potter e a sólida nuvem de pássaros tapou o sol, enquanto subia em espiral por aquele buraco, rumo a mais um dia em busca de alimento.

Agora era a sua vez de voar. Caindo na direção do ventre da terra, em queda livre, durante 6 segundos, em uma aceleração que atingiria 160 km/h, antes de acionar o paraquedas no último segundo possível. Daí flutuaria até o fim do trajeto, evitando as paredes e pousando entre pedras pontiagudas e cascalho e montes de guano no chão da caverna. Guardando o paraquedas e sendo içado de volta à superfície para repetir tudo de novo, e mais outra vez... até que as sombras das árvores vizinhas se alongassem sobre a boca do buraco e as primeiras andorinhas começassem a retornar.

Potter estava no Sótão das Andorinhas com equipe de apoio e outra de filmagem, que queria gravar sua travessia da boca da caverna. Durante a semana em que ficaram ali, vários integrantes dessas duas equipes saltaram com ele, todos os dias. Eles saltavam até quando o tempo ficou ruim, com chuvas torrenciais e cascatas que se formavam pelas paredes do sumidouro. Na última manhã, Potter e seu amigo Jimmy Pouchert estavam juntos no chão da caverna, após aquele que deveria ter sido seu último salto. Pouchert queria ficar ali mais tempo. Ele ficou contemplando a água que escorria em grandes volumes, ouvindo os sons amplificados, a sensação do ar. Mas Potter estava inquieto. Ele queria saltar mais uma vez. Queria ser içado de volta e pegar um paraquedas que já estava preparado. Ele não sabia que tinha ficado sob a chuva por alguns minutos e que uma parte dele estava molhada. Ele vestiu o equipamento. Contemplou as camadas de névoa úmida que boiavam sobre a boca da caverna e então deu um passo adiante e mergulhou no espaço.

Um segundo. O ar úmido pincela seu rosto e suas orelhas. Ele está atravessando a nuvem em direção à luz brilhante.

Dois segundos. Ele examina as partículas de poeira em suspensão, iluminadas pelo sol.

Três segundos. Ele analisa as cores das paredes que parecem subir ao seu lado: dourado e vermelho, por causa dos óxidos, branco por causa do guano.

Quatro segundos, cinco segundos. O chão da caverna sobe acelerado na sua direção.

Seis segundos. Ele estende a mão para trás para acionar o piloto do paraquedas.

Sete segundos. O piloto aciona o paraquedas principal e o equipamento se abre.

Oito segundos. Seco de um lado, molhado do outro, o paraquedas se retorce de modo irregular e as linhas se embaralham.

Nove segundos. Ele se contorce e chuta com as pernas, tentando desemaranhar os cabos. A caverna ressoa com a voz de Jimmy trovejando um alerta: "FIQUE LONGE DAS PAREDES!"

Dez segundos. Ele está prestes a sofrer um impacto quando os cabos se desemaranham. Agarrando os manetes de comando ele faz um movimento acentuado para a esquerda e se afasta da parede.

Onze segundos. Ele dá uma cabeçada forte no cabo usado para içá-lo. O paraquedas afunda.

Doze segundos. Dobras de tecido caem sobre sua cabeça e tronco, e ele não vê mais nada. Ele tenta alcançar o cabo de içamento e então o agarra com as duas mãos.

Treze segundos. Ele ouve um som sibilante quando a corda corta sua pele e a carne. Suas mãos queimam de dor. Urrando de dor ele contrai o corpo todo e detém a queda. A voz de Jimmy ressoa: "AGUENTA AÍ!"

Catorze segundos. Ele está deslizando até o fundo, a corda afunda o corte e atinge os músculos, a dor é insuportável.

Quinze segundos. Com toda a força de que ainda é capaz ele interrompe a queda mais uma vez.

Dezesseis segundos. Uma voz sobe até onde ele está: "VOCE ESTÁ A 3 METROS DO CHÃO, CARA, SOLTA!"

Dezessete segundos. Ele despenca no solo.

O que David Eagleman fala desse episódio?

"Notável."

Mas ele ainda defende sua teoria. Segundo Eagleman, Dean Potter não estava vivenciando uma desaceleração do tempo durante a queda. Estava apenas em um estado de foco radical.

"Ele estava canalizando todos os imensos recursos do cérebro para a solução desse único problema. O que é uma coisa que praticamente nunca fazemos. O cérebro está sempre tentando alcançar um equilíbrio entre as várias questões com que lida ao mesmo tempo. Mas existe um mecanismo que, sob condições extremas, permite que o cérebro encaminhe todo esse poder de processamento para enfrentar diretamente uma só questão. A amígdala intervém e avisa *Muito bem, todo mundo, estão todos trabalhando para mim a partir de agora.* Essa é a experiência que ele descreve. Você tem de se colocar em situações extremas para que o cérebro faça isso. E, quando isso acontece, são revelados seus extraordinários recursos."

Mas pode haver outra explicação. Talvez, quando ele estava caindo, Potter tenha entrado no que a autora britânica Jay Griffiths chama de "tempo selvagem". Baseado na natureza e não mensurável por nenhuma espécie de relógio, o tempo selvagem nos permite transcender as limitações ordinárias do tempo. Segundo Griffiths, antigamente a maior parte do mundo era a natureza em estado bruto, cercando pequenos bolsões de grupos humanos. Hoje é o inverso. Da mesma maneira, os seres humanos antes estavam imersos no tempo selvagem, mas depois começaram a mapear o tempo, medi-lo em minutos e horas, comprá-lo e vendê-lo. Assim como a Humanidade passou a dominar a natureza, a maneira especificamente ocidental de marcar o tempo tornou-se a norma, e o tempo selvagem, a exceção. Somente as crianças pequenas vivem naturalmente no tempo selvagem, mas conforme vão crescendo são ensinadas a considerar o tempo algo definido e concreto.

"Fala-se da *terça-feira* como se fosse esculpida em pedra", Griffiths escreve, "de um *prazo* como se se tratasse de uma parede e de uma *década* como se fosse um reservatório de água. Nós nos emparedamos dentro de uma casa de tempo que, depois, passamos a achar claustrofóbica".

Na vida adulta, o "tempo domado" passa a ser tão opressivo que tentamos escapar a ele redescobrindo o tempo selvagem. Uma maneira de conseguir isso é indo ao encontro dos bolsões de vida selvagem que ainda nos restam a fim de resgatar o que a autora chama de "a imagem visível do tempo selvagem".

Como uma criatura urbana que vive em Londres, Griffiths teve sua primeira experiência com a verdadeira vida selvagem, ou a "natureza sem plateia", durante uma excursão de *rafting* pela bacia hidrográfica de Taku, no Alasca e na Colúmbia Britânica. Essa bacia se estende por uma área de 4,5 milhões de acres de montanhas vulcânicas, glaciares, grandes cânions, cachoeiras altas, grandes extensões de abetos e pastos forrados de salva, morangos silvestres e juníperos. Griffiths se sentiu profundamente tocada por essa viagem e pelo contato imediato com o tempo selvagem.

"A natureza selvagem é uma intoxicação feroz que arrebata a pessoa e a inunda com uma energia de vitalidade depuradora, desnudando-a perante o vívido, com seus sentidos tão faxinados que chegam a brilhar. Esse é um lugar virgem que mexe profundamente com você e que depois, quando a paisagem exterior se torna seu cenário interior, faz a pessoa se sentir eufórica, assombrada e imensamente modificada."

Eufórica, assombrada, imensamente modificada. Esse estado poderia ser chamado de transcendência por algumas pessoas. O que Dean Radin, psicólogo e pesquisador de fenômenos psi descreve como a "luminosidade da experiência". É algo que a ciência não pode descrever plenamente — nem como acontece, nem por que é tão arrebatadora que algumas pessoas fazem as coisas mais inacreditáveis para vivê-la.

Capítulo 4

Sofrimento

*Assim que a dor dá seu aviso de precaução... está na hora de reduzir a velocidade; algum grande perigo, alguma tempestade se aproxima, e o melhor é "pegarmos" o menor vento possível. É verdade que existem homens que, com a chegada de uma dor intensa, ouvem o tipo exatamente oposto de chamado imperioso e nunca parecem mais orgulhosos, mais marciais ou mais felizes do que quando a tempestade está se armando; inclusive, a dor lhes proporciona seus momentos supremos. Estes são os homens heroicos, os grandes portadores da dor da humanidade... Eles são as forças da maior importância para a preservação e a evolução da espécie, nem que seja porque apenas se opõem ao conforto do isolamento e não disfarçam sua repulsa por essa espécie de felicidade arredia.**

Friedrich Nietzsche, Gaia ciência

Quando Joe Tasker ficava em casa, na Grã-Bretanha, era decididamente favorável ao "conforto do isolamento". Ele adorava o calor e o conforto, boa comida e bons vinhos. Afirmava ter horror à ideia de estar de volta às montanhas, a temperaturas abaixo de zero, subsistindo à base de comida desidratada pelo frio extremo, sem companhia feminina, durante meses a fio. Apesar disso, muito tempo antes de eu me tornar sua namorada, fora nas montanhas que ele tinha passado metade de sua vida. Nas mais altas do mundo, que escalava sem oxigênio suplementar, estabelecendo

* Tradução livre do trecho. (N.T.)

novas rotas e correndo riscos impensáveis. Foi assim que criou a fama de um dos maiores montanhistas do mundo. Desconfio que também era algo a que ele estava visceralmente ligado.

Certa vez ele me contara uma história sobre as cinco montanhas sagradas da antiga tradição taoísta. Quatro estavam situadas nos quatro cantos do Universo e a quinta ficava no centro do mundo, na China. Elas ligavam o terrestre ao divino. Do pico de cada uma delas, era possível contemplar não somente o panorama da Terra, mas a essência de seu espírito. As montanhas eram guardadas por monstros, e apenas os verdadeiros adeptos do Tao poderiam escalá-las em meio a transes místicos alcançados por meio da dor, do sofrimento e da autoabnegação. Lembro-me de ter divagado em voz alta e perguntado se ele não era um monge taoísta reencarnado. Joe riu. Uma só vocação religiosa já tinha sido bastante para ele.

Nós dois tínhamos sido criados dentro da religião católica romana. Quando eu estava com 15 anos, parei de me confessar e comungar. Uns dois anos depois me afastei totalmente da Igreja. A ruptura de Joe foi ainda mais radical. Ele tinha passado a adolescência inteira em um seminário, estudando para se tornar sacerdote. Acordando pouco antes do raiar do dia, várias vezes por semana, para assistir à missa em uma igreja gélida. Longas horas de estudo nas salas de aula, com latim e catecismo bombardeados nos seus ouvidos pelos professores jesuítas. Mais serviços religiosos ao entardecer, seguidos por horas e horas de deveres acadêmicos. Depois, alguns momentos de lazer na sala comum, folheando revistas e jornais dos quais imagens de mulheres e artigos minimamente picantes haviam sido cuidadosamente recortados. "Eu ficava matutando quem teria feito esses recortes", ele comentou um dia. "Todos nós queríamos fazer esse serviço." E, naturalmente, o celibato que, mais do que qualquer outra coisa, terminou por levá-lo a sair dali e entrar no mundo.

Então por que, depois disso tudo, ele resolveu viver observando os rigores e a autodisciplina exigidos pelo montanhismo de altas altitudes?

Em algumas ocasiões eu tinha conversado com ele sobre como minha apostasia havia deixado não só um legado de culpa, mas um vazio espiritual, uma solidão existencial. Um "buraco com o formato de Deus". Eu tinha tentado tapar o buraco com pedaços variados de umas poucas tradições espirituais obscuras, mas nada tinha servido direito. Joe dizia que não tinha nem tentado fazer uma coisa dessas. Para ele, agora, não havia Deus. Não havia vida após a morte. Quando viesse o fim, seria a aniquilação. A vida era material, não espiritual. Mas eu me perguntava, como ainda me pergunto, se a insaciável necessidade que ele demonstrava de se testar nas montanhas não estaria relacionada a algum vazio espiritual, talvez ainda mais profundo do que o meu. Se seus anos como seminarista, o isolamento em relação à vida, o preparo mental para os desafios do sacerdócio não haveria reconfigurado seu cérebro para enfim sentir necessidade de privações, e então buscá-las a fim de se sentir completo e em paz.

Nos meses que antecederam sua última expedição, em 1982, ele escreveu *Savage Arena*, seu segundo livro, um relato envolvendo a maior parte de sua carreira escalando montanhas. Esse texto também era uma meditação sobre o que o instigava a escalar rotas difíceis em grandes montanhas e por que isso valia tanto sofrimento. Sobre sua expedição de 1978 a Kanchenjunga, ele disse: "não fui capaz de responder às minhas indagações sobre se eu estava ali porque realmente queria estar, ou se porque achava que tinha de me obrigar a seguir adiante, apesar de todo o sofrimento que isso representasse... Fiquei pensando se escalar uma das montanhas mais altas do mundo me tornava uma pessoa melhor, se me daria coragem e força em outros setores da minha vida. Eu só poderia responder a isso alcançando o topo, e não sabia mais qual tinha sido a motivação que me levaria a colocar um pé na frente do outro quando só houvesse dor, falta de ar e nenhum prazer ou contentamento".

Minha mãe uma vez me disse que o sofrimento é um grande nivelador. Além de ser bom professor. Ele nos lembra da nossa fragilidade e nos despe de nossos fingimentos. E, como acreditam alguns, leva-nos para mais perto do divino.

Em agosto de 1979, um grupo de montanhistas britânicos estava a caminho do topo do monte Kenya quando cruzaram com um homem que estava descendo a encosta. Nos pés ele estava usando apenas meias de lã. Trazia um pedaço de corda de cânhamo e uma sacola com um pequeno pacote de comida, um cobertor fininho, uma faca de pão e uma Bíblia. Como resposta às perguntas que o grupo lhe fez, o homem descreveu seu método de escalar: ele amarrava a sacola na ponta da corda e depois a arremessava sobre as rochas para servir de âncora; então, cavava pontos de apoio no gelo usando sua faca de pão e ali se seguraria. Ele disse que tinha ficado apenas cinco dias no pico, e que Deus o havia mandado até lá para rezar pelo mundo. Os montanhistas britânicos lhe recomendaram que seguisse com cuidado e foram em frente. Quando estavam de volta, procuraram em vão por aquele homem. Fizeram um boletim de seu desaparecimento, e grupos de resgate subiram a montanha, mas tampouco encontraram vestígios de sua passagem. Consideraram-no morto. Alguns dias depois, ele foi finalmente localizado em uma aldeia ao pé da montanha. Ephraim M'Ikiara, de 52 anos, cristão devoto e seguidor do animismo kikuyu nativo, afirmou que aquela havia sido sua terceira vez subindo a montanha.

O sofrimento é, desde há muito, um componente de muitas tradições religiosas e frequentemente praticado em locais inóspitos e selvagens. Milarepa, um místico tibetano que viveu no século XI, passou muitos meses vagando pelo Himalaia, protegido apenas por um fino lençol de algodão e se alimentando de urtigas. Os xamãs da Manchúria, no século IX, testavam-se nadando sob o gelo de um rio congelado, entre buracos para ar abertos a longos intervalos. Errar um desses buracos significava morrer. Os xamãs tamang, ou *bombos*, do Nepal, completavam sua iniciação com transes provocados por um jejum de sete dias conduzido em um *gufa*, um barril instalado no alto de um poste. No século I d.C., Simão, o estilita, da Síria, passou 33 anos empoleirado em um pilar elevado, e São João de Rila viveu uma grande parte de seus dias em cavernas e nas raízes de árvores, nas encostas da montanha de Rila, na Bulgária.

No início do século passado, Igjugarjuk, membro da tribo inuit caribu, do norte do Canadá, foi arrastado em um trenó até uma região remota por seu professor, Perqanaq, e trancado em um iglu. Por um mês. No auge do inverno. Igjugarjuk queria se tornar um *angakoq*, ou xamã, e essa foi sua iniciação, que mais tarde ele descreveu para o etnógrafo dinamarquês Knut Rasmussen. Ao longo de seus trinta dias de solidão, ele não tinha roupas, comida, quase não tinha água e apenas um pedaço de pele sobre o qual se deitar. Ele disse que seu sofrimento foi tão grande que às vezes ele "morria um pouco". Mas esse foi só o começo de uma vida inteira de jejuns e privações que, como percebeu, eram essenciais para ele acessar os poderes xamânicos.

"Toda a verdadeira sabedoria só pode ser encontrada longe das moradias do homem, na vasta solidão, e só pode ser alcançada por meio do sofrimento", Igjugarjuk disse a Rasmussen. "O sofrimento e a privação são as únicas coisas que podem abrir a cabeça do homem para o que está escondido de seus semelhantes."

Os esportistas radicais e os aventureiros compreendem o que é essa necessidade de sofrimento: para eles, é um meio de aumentar sua resistência e um campo de provas de suas capacidades.

Philippe Petit, equilibrista que caminha sobre cabos de aço, escreve o seguinte: "Quando a gente treina, deve ser ao ar livre, em uma região costeira inóspita, e é preciso estar inteiramente só. Para aprender o indispensável, é importante ter sido traiçoeiramente derrubado pelo ar salgado do mar. Ter saltado de volta para o cabo com um movimento animal. Ter-se imobilizado de tanta raiva, ter enfrentado a fúria do vento para conseguir manter o equilíbrio. É preciso ter suportado longas horas sob a chuva e debaixo de tempestades, ter explodido de felicidade com cada relâmpago, ter soltado berros e gritos capazes de empurrar a borrasca para trás".

Como parte de seu treinamento para corridas de longa distância pelo Vale da Morte, na Califórnia, onde as temperaturas durante o dia ultrapassam 50 °C, o ultramaratonista Marshall Ulrich corre no lugar durante horas, dentro de uma sauna. A fim de se preparar para sua escalada solitária de Nanga Parbat, em 1953, o lendário montanhista austríaco Hermann Buhl ia para toda parte com bolas de neve nas mãos até sua pele ficar congelada, com o intuito de aumentar sua capacidade capilar e, com isso, tornar-se mais imune às ulcerações produzidas pelo frio extremo. Mas não Carlos Carsolio, o montanhista mexicano que, aos 33 anos, já havia subido todos os catorze picos mais elevados do mundo. Quando era menino, no México, ele se treinou a suportar o frio e a sede mantendo as mãos imersas em gelo por longos períodos e propositalmente se deixando desidratar. O alpinista americano Mark Twigiht cuidou de sua resistência para escaladas exigentes socando paredes de concreto até suas mãos sangrarem e subindo escadas correndo até sentir ânsias de vômito. Ele acreditava que, para se tornar um grande escalador, precisava de muita disciplina e da fortaleza interior que só se constroem com "o sofrimento e a recompensa que ele proporciona".

Michael Fournier, paraquedista de altas altitudes, era conhecido* por passar períodos dentro de uma câmara resfriada a -45 °C e permanecer sentado diante de uma parede nua, com fones de ouvido que eliminavam todos os ruídos. Ele fazia isso como parte de seu treinamento para o que esperava ser uma tentativa bem-sucedida de quebrar o recorde estabelecido em 1960 por Joe Kittinger, que tinha realizado um salto em queda livre da altura de 30.840 metros (25,6 km).

Tão motivada quanto Michael Fournier para quebrar o recorde é Cheryl Sterns, uma aviadora que é a atual [em 2008] campeã norte-americana de paraquedismo, título que já conquistou por 22 vezes. Como piloto da Força Aérea dos Estados Unidos, ela obteve o grau de mestre em Ciência Aeronáutica e foi a primeira mulher a integrar o grupo de paraquedistas de elite do Exército dos Estados Unidos, o Golden Knights. Com seu cabelo cacheado cortado curto e um estilo discreto e conservador de se vestir, Sterns parece mais uma professora de escola dominical do que uma pessoa preparada para correr o risco de ficar congelada e imóvel, ou ser estraçalhada em pedacinhos durante alguma queda no espaço. Ela mora em uma bela casa rural, em uma propriedade de 6 acres perto de Fort Bragg, na Carolina do Norte, com sua parceira, onze gatos e um cão. O ambiente é confortável, mas conforto não é o que importa para ela. Em 1995, ela saltou de um avião 352 vezes em um único dia, quebrando o próprio recorde mundial, registrado no Guinness. Até para o que ela considera normal foi uma experiência massacrante. Cada vez que chegava ao solo, precisava mirar em um pequeno disco e apoiar nele um dos calcanhares. Depois, ela era geralmente arrastada no chão pelo paraquedas. Apesar das cinco camadas de roupas, ela diz, "no fim, não tinha mais nada de pele sobrando no meu traseiro".

---

* Cf. informações na Wikipédia, em página atualizada em 1º de outubro de 2010, Fournier faleceu em dezembro de 2008 e aparentemente não realizou o projeto previsto para maio daquele ano, destinado a quebrar o recorde de queda livre, saltando de um balão atmosférico sobre a planície de Saskatchewan, no Canadá. As tentativas enfrentaram problemas diversos que impediram o êxito da iniciativa. (N.T.)

Ela havia começado essa aventura às 5 da tarde de um dia e às 2 da manhã do dia seguinte estava liquidada. Todos os ossos do seu esqueleto estavam doendo, as costas tinham travado e as mãos estavam retorcidas pelas câimbras de tanto puxar os cabos do paraquedas. Então ela decidiu parar.

"Mas aí eu pensei que teria de encarar a imprensa, dizer para todos que não conseguia continuar. Percebi que isso seria mais difícil do que apenas dar um jeito de me colocar de novo em pé e ir duas vezes mais depressa e fazer minha equipe funcionar duas vezes mais depressa. Então, segui em frente."

Ela não consegue explicar o que aconteceu a seguir. "De repente, saí do meu corpo. Nas dezessete horas seguintes, não houve dor, nem frio, nem indecisão."

Quando ela concluiu seu salto final, os jornalistas a rodearam, empolgados, quando a viram com tanta energia. Mas depois que todos partiram uma sensação estranha tomou conta dela. "Eu me vi voltando para dentro do meu corpo. No mesmo instante, comecei a doer em todos os lugares e não conseguia me mexer."

A equipe teve de carregá-la até o carro e dobrar suas pernas para que ela pudesse se sentar ali dentro. No hotel, retiraram suas roupas, deram-lhe um banho, colocaram-na na cama. Nas duas semanas seguintes, ela sofreu com uma tendinite tão forte nas mãos que não conseguia abotoar a blusa. Mas, para Sterns, tudo valeu a pena.

"Você tem de sair de si mesma, ir para o lugar onde não existe dor. Você vai além da dor, entra no nível seguinte onde faz coisas que parecem impossíveis. Essa é a parte espiritual da coisa. A gente precisa desse nível de dor para chegar nesse lugar. A maioria das pessoas não consegue se forçar a esse ponto."

Masoquismo? Alguns atletas, como Tanya Streeter, que pratica mergulho livre, admitem que sim. Ela diz: "O rótulo de masoquista é algo com que concordo integralmente."

Streeter transborda de saúde e bem-estar. Cabelos louros brilhantes descem-lhe até a cintura. Pequenos brincos de diamante faíscam em suas orelhas. Tem dentes perfeitos, grandes olhos azuis, uma pele imaculada e corpo atlético e bem torneado. Mesmo assim, ela reconhece que a dor, o sofrimento e os castigos foram fundamentais para o seu sucesso como praticante de mergulho livre, detentora de vários recordes mundiais.

Debaixo d'água, com seu traje colado com a imensa nadadeira única, ela lembra uma graciosa sereia, mas essa imagem esconde o imenso esforço que custa a prática de seu exigente esporte. Após inspirar durante 30 segundos, ela retém esse ar durante quase 3min30seg, enquanto mergulha rumo ao fundo do mar, alcançando a profundidade de 120 metros com a ajuda de um cabo, e depois retorna à superfície. A descida leva 1min10seg. Durante essa etapa do mergulho ela suporta a pressão torácica representada pela compressão dos pulmões que ficam do tamanho do pulso e, para evitar seu colapso total, eles extraem plasma do sangue. Quando ela alcança sua marca, arranca uma etiqueta e depois começa a subida, que equipara a "um arranco de 2min30seg sem respirar". Nessa etapa, seu nível de oxigênio cai e o de CO_2 sobe tanto que seu corpo realmente começa a mandar que ela respire gerando contrações no diafragma, espasmos tão intensos que seu abdome é violentamente tragado, formando uma concavidade, e depois empurrado de novo para fora, como o pior tipo de soluço que se possa imaginar.

Enquanto isso, existe a pressão nos ouvidos. Ela pode "destampá-los" engolindo, forçando o ar pelas trompas de Eustáquio, porque está com pouco volume de ar nos pulmões. O resultado é uma dor de ouvido massacrante.

"Se você não consegue equalizar o espaço do ar dentro dos tímpanos com a pressão do ar de fora, eles vão se recurvar e quase chegam a estourar. Dói demais. Depois de atingir os 90 metros no mergulho, a dor nos tímpanos aumenta sem parar. É uma dor afiada, penetrante, e se você não consegue pressurizá-la e ainda quer continuar descendo, o jeito é aguentar."

Depois vem também a dor nos músculos, causada pelo acúmulo de acido lático. Essa substância causa queimação e extrema fadiga, e pode literalmente deixá-la aleijada. Além das picadas das águas-vivas com as quais lutar. "Quando você está querendo descer a 120 metros e um pouco mais e uma água-viva passa raspando pelo seu rosto, isso não é lá muito agradável", ela comenta.

O mergulho mais fundo de Tanya Streeter chegou a 157,5 metros. Com uma inspirada só, os batimentos cardíacos a uma taxa de cinco por minuto, o sangue saturado de nitrogênio. Como ela se sentiu depois disso?

"Fiquei em paz. Tinha alcançado o meu objetivo. Mas a ideia de alguma forma de castigo ser necessária para encontrar essa paz tem-me acompanhado com frequência, desde o princípio."

Quando começou a praticar mergulho livre, ela teve de passar por um meticuloso trabalho de preparação física para entrar em forma. Eram três horas por dia, cinco dias por semana. As sessões de treino eram massacrantes, e ela odiava cada uma delas. "Mas eu tinha essa ideia de que, se fosse capaz de aguentar aquilo que era tão difícil para mim e que eu detestava tanto, então seria capaz de superar o que me parecia possível fazendo o que eu mais adorava. Sábado era o dia da minha recompensa, era quando eu ia mergulhar. Eu me sentava na popa, a caminho do local de mergulho, e, toda vez que alguma dúvida ameaçava me abalar quanto a chegar à profundidade que eu me havia proposto, eu me tranquilizava pensando que seria capaz de fazer aquilo porque eu merecia. Porque me havia punido e sofrido tanto para ser capaz de chegar lá. E, quando eu completava o mergulho, era recompensada com uma profunda sensação de paz."

Domingo era o dia de descanso. "Então, limpa, repete e começa tudo de novo."

Lance Armstrong entenderia. Ele se refere ao seu esporte, provas de bicicleta de longa distância, como "autoviolência". Ele descreve a dor como "autorreveladora", seu "caminho escolhido para desvendar o coração humano". Quando o diagnosticaram com câncer, pedalar — e sofrer — tornou-se ainda mais importante para ele. Em suas palavras: "Pedalar é tão árduo, o sofrimento é tão intenso que se torna completamente depurador. Você começa carregando o peso do mundo nos ombros e, depois de um giro de seis horas aturando um alto limiar de dor, acaba se sentindo em paz. A dor é tão profunda e forte que uma espécie de cortina tolda o cérebro... O esforço e a fadiga decorrente são absolutos. Em uma atividade assim tão exigente existe uma simplicidade isenta de pensamentos".

Em 1996, quando o texano Armstrong, então com 25 anos e campeão mundial de ciclismo, recebeu o diagnóstico de que tinha câncer testicular, a doença já tinha metástases nos pulmões e no cérebro. Suas chances de sobreviver foram estimadas entre 20% e 50%. Ele passou por duas cirurgias e alguns tratamentos agressivos com uma nova versão experimental de quimioterapia. Outra forma de dor, que não proporcionava nenhuma paz espiritual. "A químio era um fogo correndo nas minhas veias, uma questão de estar sendo lentamente devorado por dentro por um rio de poluentes destruidores... A químio era uma tosse constante, arrancando do fundo do meu peito pedaços escuros de uma substância misteriosa com jeito de alcatrão... A químio parecia uma espécie de morte em vida."

Entre as sessões de quimioterapia, ele tentou manter algum nível de prática ciclística, mas cada vez ficava mais fraco e, no máximo, conseguia pedalar meia hora por vez. Certo dia, enquanto se aproximava de um morro, uma mulher na casa dos 50 anos em uma bicicleta pesada o ultrapassou, apesar de sua luta desesperada para acompanhá-la. Não obstante, dezoito meses depois ele estava correndo novamente em circuitos profissionais. Em 1999, venceu o Tour de France, um evento de três semanas considerado equivalente a correr uma maratona por dia, durante vinte dias. Para Armstrong, foi a primeira de sete vitórias consecutivas do Tour de France. Em 2005, após a vitória final, ele se aposentou do ciclismo profissional. Quando indagaram que prazer ele sentia em pedalar por tanto tempo, ele disse que não entendia a pergunta. "Não foi por prazer que fiz isso. Fiz pela dor... Na verdade, se eu não sofresse achava que tinha sido enganado."

E ele não é o único. Na prova do Tour de France de 2004, naquele ponto crítico em que os líderes se destacam do pelotão maior, Udo Bölts, o colega de equipe alemão de Jan Ullrich, gritava para ele a fim de motivá-lo: "Você tem de se torturar, desgraçado!"

Floyd Landis, vencedor do Tour de France de 2006 sob protestos, também tem um íntimo relacionamento com a dor. Ele é portador de osteonecrose, ou morte óssea, no quadril direito, causada pela interrupção da irrigação sanguínea na cabeça do fêmur na articulação do quadril. Esse problema é muito doloroso. Se a cabeça do osso então afunda, a subsequente incongruência no encaixe da articulação, em que a cabeça achatada do fêmur lembra uma cravelha quadrada em um furo redondo, provoca ainda mais dor com a artrite que se desenvolve. Landis manca para andar, e as escadas para ele são um desafio. Ele não consegue cruzar a perna direita sobre a esquerda. Sua dor, que descreve como algo que "mói... osso contra osso", às vezes o impede de dormir e, quando ele está pedalando para subir encostas íngremes, ela se torna insuportável. Ele manteve segredo sobre esse problema para seus colegas de equipe e patrocinadores o maior tempo que pôde, assim como não disse nada sobre seu plano de fazer uma cirurgia para a instalação de uma prótese de quadril depois da grande prova. Quando a história foi divulgada, o *Daily Telegraph* chamou-o de "o verdadeiro rei da dor", comentando que mais de 200.000 americanos recebem uma prótese de quadril por ano, mas que, em 2006, somente um deles tinha completado o Tour de France.

Com mais cinco irmãos, Landis nasceu em Farmersville, na Pensilvânia, no seio de uma comunidade menonita radical que proibia influências modernas como televisão, danças, filmes e tudo que causasse glória pessoal além de Deus. Quando Landis começou a andar de *mountain bike*, na adolescência, tinha de usar calças de agasalho, pois shorts eram proibidos. Seus pais acharam que sua nova paixão o estava afastando de Deus, então seu pai tentou impedir seus treinos obrigando-o a desempenhar inúmeros afazeres na fazenda, como cavar fossas sépticas, pintar o celeiro, consertar o motor do carro. Landis fazia tudo que lhe era ordenado e depois partia na bicicleta para treinar, no final da noite. Ele estava desesperado para escapar das limitações daquela comunidade e a bicicleta era o veículo para tanto. Quando tinha 17 anos, venceu o Campeonato Nacional Junior de *moutain bike*. Dois anos depois, saiu de casa para sempre e se mudou para a Califórnia, mas levou consigo as lições de sua adolescência: quando a vida exige muito de você, responda dando mais do que qualquer um poderia esperar.

Os participantes da Corrida Através da América — RAAM concordam, evidentemente. Com uma extensão de 4.867 km cobrindo da Costa Oeste à Costa Leste dos Estados Unidos, é justificadamente a mais longa e difícil prova mundial de ciclismo de enduro. Os períodos de descanso não são estipulados em regulamento; o relógio segue sem parar, do começo ao fim da corrida. Para vencer, o ciclista deve estar pronto para correr durante 22 horas por dia, atravessando desfiladeiros pelas montanhas e desertos, sob um sol escaldante e chuvas gélidas e torrenciais. Cada momento que não é gasto pedalando reduz as chances de sucesso; assim, enquanto continua andando na bicicleta, o atleta bebe, come, urina, muda de roupa e aplica protetor solar à pele e curativos nas bolhas. Alguns deles sofrem da síndrome de Shermer, o nome de um veterano das corridas da RAAM, usado para descrever o problema em que os músculos do pescoço não suportam mais o peso da cabeça. Diz a lenda que alguns ciclistas que tiveram esse problema no passado decidiram seguir adiante depois de colarem a cabeça com fita adesiva ou puxando-a com alguma corda para trás, para que ficasse na posição adequada.

A falta de sono, o esforço incessante e o estresse da competição cobram seu preço de outras maneiras também. O atleta esloveno Jure Robič, que venceu a RAAM cinco vezes, afirmou que seu recorde de tempo para concluir o percurso foi de oito dias, dezenove horas e trinta minutos, durante os quais disse ter dormido um total de oito horas.* Seu padrão consistia em ir se soltando progressivamente, ao longo da corrida. No segundo dia da prova, ele passava a falar em uma velocidade incomumente alta. No terceiro, mostrava-se volátil, às vezes descendo da bicicleta e caminhando agressivamente na direção de seu carro de apoio em um estado tão furioso que a equipe trancava as portas. No quarto dia, perdia a memória de curto prazo e sofria de ataques de choro. Finalmente, começava a ter alucinações; via lobos, ursos, marcianos e bandidos que o perseguiam com armas. Diziam que às vezes ele saltava da bicicleta para se engalfinhar com caixas de correio que o estariam ameaçando. Perry Stone, jornalista e também ciclista radical que acompanhou a equipe de apoio de Robič em 2004, escreveu que o sofrimento de Robič "era como se ele tivesse atravessado sua pele e vindo à tona como um novo homem, mais limpo, justificado".

Esses podem ser exemplos extremos, mas até mesmo ciclistas que só pedalam por recreação confessam certa medida de sofrimento nessa relação. Justin Harvey, de Whistler, na Columbia Britânica, compete anualmente na prova Samurai of Singletrack que se realiza nas montanhas da sua região. A corrida dura dois dias, com cerca de seis horas pedalando diariamente por subidas que chegam a 15 km, percorrendo trilhas perdidas na mata, esquivando-se de rochedos, raízes enormes e alguns declives assustadoramente íngremes. Harvey não para nas estações de alimentação; antes da corrida, ele esconde garrafas de água e pacotes de comida no mato, perto da trilha. E os períodos de descanso? "Paro, no máximo, por 30 segundos

---

* Segundo página da Wikipédia atualizada em 26 de outubro de 2010, Jure Robič (nascido em 10 de abril de 1965) faleceu em 24 de setembro de 2010. Considerado o melhor ultrafundista do mundo, conquistou a Race Across America em 2004, 2005, 2007, 2008 e 2010.

de cada vez. Salto, agarro a garrafa d'água e monto na bicicleta de novo." A cada ano os organizadores aumentam o grau de dificuldade da prova. Ainda assim, recusam a inscrição de participantes excedentes, e Harvey não se espanta.

"São esses os dias marcantes na sua vida. Você tem de se envolver profundamente em um evento desses para poder enfrentar todo o estresse e o desconforto físico. Você acaba se reconhecendo nesses momentos, quando cava fundo em si mesmo para poder seguir adiante." Seus passeios prediletos são os espontâneos. Como uma manhã, em que ele e alguns amigos partiram às 3 da madrugada de Whistler e pedalaram até o tipo da Black Tusk Mountain, cruzando um tremendo desfiladeiro no caminho, ainda no escuro. Foram quatro horas e meia de um ciclismo de alto esforço, atravessando florestas por trilhas pedregosas e mal discerníveis, antes do café da manhã. Então, a recompensa: pedalar encosta abaixo, com o sol nascendo.

Seria fácil desaparecer nas vastas áreas de encostas das montanhas nos arredores de Whistler e, para Harvey, essa é uma parte importante da equação.

"Estar no meio da floresta, desafiando o ambiente selvagem... ali você tem de ser autossuficiente, ser capaz de se safar de uma situação complicada, se for preciso. É uma grande aventura, mas a parte espiritual, essa é muito maior do que a física."

Assim como nas provas ciclistas em montanha, o número de corredores se inscrevendo para ultramaratonas tem aumentado exponencialmente e, hoje em dia, chega a mais de 70.000 por ano. Ultramaratona é qualquer corrida com um trajeto maior do que os 42 km da maratona, mas em geral ela é bem mais longa. Entre essas provas estão as ultramaratonas de 49,6 km de Sri Chinmoy, realizada anualmente em Nova York em uma pista de 1.600 metros, e a Trans America Footrace, outro evento anual, com 4.800 km de extensão, realizada em 64 estágios diários consecutivos de mais ou menos 7,5 km.

O esporte da ultramaratona tem raízes antigas. Em 1861, Edward Payson Weston fez uma aposta com um amigo a respeito da eleição presidencial que se aproximava. O perdedor teria de caminhar de Boston a Washington em dez dias corridos, chegando a tempo de comparecer à posse do novo presidente. Weston perdeu a aposta. Ele começou a caminhada de quase 750 km no dia 22 de fevereiro e, em pouco tempo, tinha entrado em um ritmo em que percorria praticamente 5 km por hora. Ele caminhou mesmo quando nevava ou a chuva parecia uma cortina. Não dormiu mais do que seis horas por vez, às vezes na beira da estrada, às vezes em celeiros ou sobre a mesa da cozinha de alguma casa de fazenda. Conforme ia se espalhando a notícia de sua aventura, começou a ser recepcionado por grupos de admiradores que o saudavam calorosamente. Ele chegou à capital no dia 4 de março às 5 da tarde, mas isso foi depois que Abraham Lincoln já havia sido diplomado. No entanto, foi a tempo de participar do grande baile de inauguração, onde recebeu um aperto de mãos do novo presidente, que o parabenizou pelo feito.

A caminhada de Weston e a fama que isso lhe trouxe motivaram-no a perseguir objetivos maiores. Em 1867, ele caminhou 1.920 km, de Portland, no Maine, a Chicago, ao longo de 26 dias. Dois anos depois, percorreu quase 1.700 km através da neve, cruzando a Nova Inglaterra em trinta dias. Então começou a competir com "caminhadores" profissionais, em eventos de seis dias, realizados em estádios em Nova York e Londres. Chegou a derrotar os melhores atletas britânicos ao cobrir 880 km em seis dias. Pelo resto da vida continuou se testando; quando estava com 72 anos, atravessou os Estados Unidos a pé, partindo de Santa Monica, na Califórnia, e chegando a Nova York depois de 76 dias. Nunca deixou de apregoar as vantagens de caminhar; dizia que os automóveis eram ruins, deixavam as pessoas preguiçosas. Ainda estava caminhando distâncias de até 40 km diários quando, aos 90 e poucos anos, foi atropelado por um táxi em Nova York; esse acidente custou-lhe o uso das pernas. Morreu dois anos depois, dormindo.

Nessa altura, já tinha sido desenvolvida uma bicicleta com corrente, rodas denteadas e pneus enchidos com ar. Em 1902, ocorreu o primeiro Tour de France. O sucesso dessa corrida, juntamente com a inauguração da Rota 66 ligando Chicago e Los Angeles, inspirou um empreendedor americano a organizar um enduro esportivo nos Estados Unidos: não uma prova ciclística, nem de caminhada, mas uma corrida que atravessasse o continente em toda a sua largura. Em 1928, houve a primeira edição da Cash and Carry Pyle United States Transcontinental Race. Era composta de 84 estágios de quase 60 km cada, e seu traçado levava os participantes através do deserto Mojave e das Montanhas Rochosas. De acordo com H. Berry, um jornalista que cobriu o evento, os atletas enfrentaram "montes de neve, granizo grosso, tempestades de areia", além do deserto e de terrenos íngremes e incultos, que serviram para ir peneirando os corredores mais fracos; dos 199 participantes originais, somente 55 cruzaram a linha de chegada em Nova York. Berry comentou que, "por um curto período, os atletas foram motivo de boas gargalhadas para muitos americanos, dada a insanidade dessa iniciativa".

Talvez, porém, essa iniciativa não fosse tão insana, afinal. As pesquisas do dr. Tim Noakes, professor de biologia humana no Sport Science Institute da África do Sul, indicam que os humanos evoluíram como animais de resistência. Dada a maior proporção humana entre o comprimento das pernas e o peso corporal em comparação com qualquer outro mamífero, o nosso tipo de esqueleto favorece a marcha e a corrida. Somos uns dos poucos mamíferos que usam a reação do suor como um dos meios essenciais para dissipar o calor corporal. E, embora o auge do arranque humano em corridas seja pior do que o de muitos outros mamíferos, nossa capacidade de aguentar o esforço muscular é maior do que a maioria das outras espécies.

"Os maratonistas de elite podem sustentar velocidades de corrida de 5,6 metros por segundo por mais de duas horas", escreve Noakes. "Esse desempenho é comparável à velocidade de corrida de 5,1 metros por segundo, sustentada por [uma das espécies de] antílopes africanos em migração, pelos gnus e... pelos cavalos postais que tradicionalmente transportavam a correspondência nos Estados Unidos, antes do advento das ferrovias... O único mamífero capaz de superar constantemente os humanos em termos de distâncias muito prolongadas é o cão da raça Husky que, sob temperaturas polares congelantes, pode correr sem esforço 1.700 km em oito dias, por exemplo, na corrida de trenó Iditarod, que acontece anualmente entre Fairbanks e Nome, no Alasca. Mas, sob calor, os humanos ainda resistirão mais tempo inclusive do que os cachorros, que também têm a limitação de não contarem com a reação de sudorese e de lhes faltar meios para perder rapidamente calor quando correm sob altas temperaturas."

Nos tempos pré-históricos, esses atributos eram cruciais à sobrevivência humana. Desde o desenvolvimento da mecanização, todavia, raramente temos necessidade de testar os limites da nossa estrutura evolutiva. Algumas pessoas, no entanto, escolheram deliberadamente não só testar, como forçar esses limites.

Todo ano, os organizadores da Western States Endurance Run, realizada na Califórnia, têm de recusar mais de metade dos que se inscrevem para a prova, não porque eles não preenchem as exigências físicas para enfrentar uma corrida através de 160 km de terreno montanhoso com todas as suas irregularidades, incluindo uma subida vertical com 765 metros logo nos primeiros 7 km, mas porque o limite de participantes foi estipulado em 369 atletas.

Eles também competem para serem aceitos na Maratona do Polo Norte. O número de participantes dessa prova é limitado pela capacidade do transporte aéreo e pela taxa de 11.900 euros. O *website* da corrida instrui os interessados a responder às seguintes perguntas: "Você tolera frio extremo? Você quer mesmo ir até o limite de suas capacidades?" Muitos dizem que sim. Em março de 2006, 54 pessoas iniciaram a prova e a concluíram, correndo sobre blocos de gelo a uma temperatura média de -22 °C.

Não obstante o impulso evolutivo, por que alguém se sujeitaria a essa espécie de punição?

Kirk Johnson muitas vezes se fez essa pergunta enquanto estava treinando para a Badwater Race, uma prova de 216 km sem paradas, que atravessa o Vale da Morte, três cadeias de montanhas e termina no monte Whitney, a 2.500 metros de altitude. Essa corrida é realizada todo mês de julho quando as temperaturas durante o dia podem alcançar a marca dos 54 °C no Vale da Morte e a camada preta de asfalto da pista irradia calor contra a sola dos pés dos corredores a uma temperatura próxima de 93 °C. Essa prova é considerada uma das corridas radicais mais difíceis do mundo. Somente 90 pessoas podem competir a cada ano. Essa cota sempre está preenchida, e há lista de espera.

O desafio físico de correr através do Vale da Morte atraiu Johnson como um "portal" para outra dimensão de experiências. "Se há um ponto final para a limitação humana — e também para as explicações, a razão e a ciência —, esse lugar é a Badwater Race. Ela é como um posto de observação de onde buscar as definições do que somos, do que nos faz parar, do que nos faz seguir em frente. Talvez 'espiritualidade' não fosse exatamente a palavra que eu estava buscando. Mas pelo menos eu era um buscador ou acreditava o suficiente para achar que deveria existir uma maneira — por meio da incomensurável selvageria pós-apocalíptica de correr no Vale da Morte — de tocar o véu e conhecer algo além de mim e da minha vida. De chegar a um lugar em que sofrimento e transcendência fossem tão profundamente entremeados que não pudessem ficar sem significado." Após quinze horas correndo em meio a um calor dilacerante, a noite desceu como uma benção.

"O mundo era surpreendente e repleta de maravilhas deslumbrantes; o simples ato de se movimentar em meio a ele se tornava uma fonte de contentamento. Acima de mim, o céu estava forrado de estrelas de uma ponta a outra do horizonte, mais do que eu já tinha visto antes. Meteoros eram regulares como metrônomos, tão regulares quanto as minhas passadas na estrada. A Via Láctea, como uma faixa que atravessava tudo, também era um caminho. O céu lá em cima era um reflexo do meu mundinho cá embaixo. Eu podia seguir pela Via Láctea ou pela Rodovia 190, era a mesma coisa. Tudo que importava era que eu estava em movimento."

Marshall Ulrich, um atleta radical do Colorado de 58 anos de idade, correu a Badwater treze vezes e venceu quatro. No total, cruzou o Vale da Morte a pé dezenove vezes, incluindo seu *quad crossing* solitário: quatro vezes ida e volta, sem parar, puxando um recipiente adaptado com água, gelo, e mudas de roupa, pesando mais de 100 kg, durante 77h46. Além disso, Ulrich correu mais de 116 ultramaratonas, cada uma delas com uma média de 160 km. Participou de doze corridas de aventura com perfil de expedições: eventos sem parada, ocupando vários dias seguidos, envolvendo múltiplas atividades, entre elas canoísmo, caiaquismo, escalada e ciclismo, além da corrida. A mais famosa dessas provas, a Eco Challenge, teve nove edições, e Ulrich completou cada uma delas. E, para finalizar, ele escalou a mais alta montanha de cada continente, no intervalo de apenas três anos. Em 2008, atravessou os Estados Unidos correndo.

Se você perguntar a ele como é a dor que a pessoa sente fazendo essas coisas, ele apenas encolhe os ombros. A parte mais difícil é ficar sem dormir. Ele sabe por que isso era usado como forma de tortura. Durante a segunda Eco Challenge, ele se aguentou dormindo apenas quinze minutos por noite, por cinco noites seguidas. Segundo ele, "isso pode ser desastroso. Você pode chegar a perder 20% de sua capacidade de raciocinar". Durante a Eco Challenge, ele estava seguindo de caiaque de Martha's Vineyard até Newport Beach quando ficou convencido de que um vertedouro de uma represa estava pouco adiante dos botes de seu grupo. Mas não havia represa. "Só que eu conseguia escutar o barulho da água despencando, todo mundo ouviu", ele disse.

Quando chegaram a Newport Beach, tiveram de trasladar os caiaques, um processo que levou duas viagens. Em circunstâncias normais, ir de uma ponta a outra da praia teria sido simples, mas na segunda vez percebeu que estava perdido. Apenas ficou ali em pé, sacudindo a cabeça, confuso. "Só de pensar já era penoso", ele disse. "Mas o pior foi com Tom Possard, da minha equipe. Quando voltou para casa, não reconheceu a esposa."

Ele acredita que todo esse sofrimento tem um propósito profundo. "Ele eleva os nossos sentidos. Nos faz sintonizar com os nossos recursos. Há momentos em que alcanço pontos especiais na minha cabeça e no meu corpo. Mais tarde fico pensando como posso voltar a esses pontos."

Wendy Sternberg, professora de Psicologia no Haverford College, na Pensilvânia, tenta descobrir como é a experiência da dor para atletas como Ulrich, que se esforçam até o limite máximo. A dor é percebida quando os nociceptores, minúsculos órgãos sensoriais na extremidade dos neurônios, detectam danos e enviam sinais através da medula espinhal para determinadas áreas do cérebro. Isso ativa a produção em cascata de neurotransmissores, inclusive endorfinas, encefalinas e dinorfinas, que são analgésicos naturais e conhecidos coletivamente como opioides endógenos. Esses opioides, os narcóticos do próprio corpo, se ligam a receptores distribuídos pelo cérebro, modulando a reação aos estímulos dolorosos.

Quando Sternberg submeteu seus voluntários a formas moderadas de tortura — como bater nas pontas dos dedos da mão com um facho de luz emissor de calor, ou mergulhar os braços em água gelada — ela descobriu que eles toleravam a dor de modo diferente, conforme o momento. Imediatamente após terem participado de competições de corrida, ciclismo ou caiaque, eles aguentavam a dor muito mais tempo do que dois dias antes ou dois dias depois das provas. Os resultados de seus estudos sugerem que o cérebro é capaz de controlar a influência da dor transmitida pelos neurônios por meio de uma "analgesia induzida por estresse", que embota os sinais enviados durante os momentos de grande estresse, perigo ou competição, permitindo que os atletas avancem seus limites muito mais longe do que eles achavam ser possível.

Os psicólogos do esporte defendem há muito tempo a noção de que a dor pode ser uma valiosa força motivacional e todos se baseiam em dados recentes divulgados por cientistas como Sternberg para estimular os atletas a melhorar seu desempenho "acolhendo" a dor ou "associando-se" a ela, ao invés de tentar ignorá-la. Atualmente, a pesquisa científica está demonstrando que a dor em si pode ser prazerosa. Embora já seja conhecido há muito tempo que o cérebro produz sua própria forma de alívio em resposta a estímulos dolorosos, as últimas pesquisas têm demonstrado que esse alívio é efetivamente produzido pelo trajeto da gratificação. O motor das respostas de gratificação é o *nucleus accumbens* que, em imagens do cérebro, parece "aceso" durante uma sensação de prazer e está ligado à liberação de dopamina. Em 2001, alguns testes efetuados no Massachusetts General Hospital mostraram uma ligação entre prazer e dor. Esse trabalho foi liderado por David Borsook, professor adjunto de Radiologia na Faculdade de Medicina de Harvard. Enquanto se submetiam a uma fRMI, os voluntários tinham as mãos suavemente aquecidas por pequenas almofadas térmicas que chegavam a 46 °C. A sensação de queimação registrada não era de fato acompanhada de danos à pele. Como se esperava, as sensações resultantes ativaram os já conhecidos circuitos no centro do cérebro que liberam os analgésicos naturais. Mas, pouco antes de isso ocorrer, as imagens exibidas mostravam atividade do *nucleus accumbens*, a área que geralmente reage a gratificações. Essas pesquisas sugerem a existência de um único sistema subconsciente no cérebro humano que reage a um contínuo de emoções, que vai da dor ao prazer.

Por mais que esses dados sejam interessantes, não explicam por que o sofrimento proporciona o que Lance Armstrong chama de seu "propósito superior", ou oferece a paz interior de que Tanya Streeter fala. Ou a razão pela qual seu vínculo com o mundo natural é tão importante. O ultrafundista Richard Askwith escreve sobre seu esporte predileto: "O homem que se sente verdadeiramente à vontade nas montanhas... pode perceber que nós nunca conseguimos nos divorciar completamente do ambiente à nossa volta; e quem tem a grande sorte de viver perto de lindas montanhas e pode ter um íntimo relacionamento com elas também está profundamente em contato consigo mesmo".

Para vivenciar esse íntimo relacionamento, Askwith afirma que é vital sentir "frio, ficar molhado, perdido, exausto, se machucar nas pedras, ficar coberto de lama... A questão não é o esforço físico envolvido, é o grau de envolvimento, de imersão na paisagem. Você tem de senti-la, de interagir com ela, de estar nela, não ficar olhando para ela de fora. Você tem de se perder, e é então que você se torna mais humano do que nunca".

Ele pensa que a dor física das corridas de longa distância focaliza o cérebro na questão mais importante que originalmente direcionou o nosso desenvolvimento: sobreviver. Todas as demais ansiedades ficam de lado. Ele diz que isso é "retomar a conexão com seu animal interior". Essa retomada lhe proporciona uma gratificação especial. Após completar a Borrowdale Fell Race no Lake District, na Inglaterra, ele se deitou em um riacho da montanha para se refrescar.

Então, ele escreve, "nunca senti tamanho conforto. As pedras lisas embaixo de mim, a suave massagem oferecida pela correnteza, a sensação, o aroma e o sabor da mais pura água de beber. Mas o cenário também era de uma perfeição sobrenatural: sombras líquidas espargidas cá e lá em primeiro plano; por entre as folhas, a visão de uma linha verde de montanhas faiscando contra o céu claro. Foi quando pensei que isso é o melhor da Inglaterra. E eu estava mergulhado naquilo tudo".

Para a maioria das pessoas, um prolongado período de solidão é uma forma árdua de sofrimento. Ao longo da História, entretanto, e em todas as culturas, o isolamento em sido usado como recurso para mergulhar nas dimensões espirituais do nosso ser. "O isolamento é diferente de se sentir só", escreve o autor irlandês John O'Donoghue. "Quando você está solitário, fica muito clara a percepção de quanto você está separado. O isolamento pode significar o retorno àquele ponto em seu interior ao qual você mais pertence."

Bob Kull, de Vancouver, escreveu uma tese de doutorado sobre o isolamento e seus efeitos físicos, psicológicos, emocionais e espirituais. Para sua pesquisa, ele passou praticamente todo o ano de 2000 em uma pequena ilha desabitada e remota no litoral sul do Chile, a 160 km e dez horas de travessia pela água do vilarejo mais próximo. Sua única companhia era um gato que o serviço de guarda florestal chileno insistiu para que ele levasse a fim de que o animal pudesse provar e experimentar os mariscos antes que Kull os comesse.

Ele tinha muito com que ocupar seu tempo. Teve de construir e manter sua cabana, caçar e coletar comida, manter suas leituras e anotações atualizadas, permanecer saudável. Todavia, uma parte crucial desse processo foi "se sentar em estado de meditação ativa naquele ambiente natural intacto". Permanecer imóvel a fim de aquietar sua mente.

No diário que escreveu ao longo daquele ano, ele descreve como os intensos golpes de vento que açoitavam sua cabana muitas vezes faziam "o terror existencial, sempre à espreita nas sombras" assomar em toda a sua estatura diante dele: o terror de que o destino final do homem é ficar só e sofrer. No meio daquela vastidão selvagem, ele se tornou agudamente consciente da morte e da impermanência de todas as coisas. Sentindo-se só, vulnerável aos elementos, exposto aos animais selvagens e às pressões de um isolamento radical, às vezes ele reconhecia o pânico começando a borbulhar. Antes, em alguns longos retiros de meditação de que participara, já tinha mergulhado intensamente em seu interior, mas aquilo era diferente.

"No ambiente controlado do retiro, o instrutor pode direcionar os alunos a como atravessar seus momentos de dificuldades pessoais, mas naquela solidão você tem de encarar sozinho os seus medos." Ele conclui que o exercício foi valioso. "O sofrimento é uma parte tão profunda da vida de todos nós que, se nos esforçamos demais para evitá-lo, acabamos evitando inteiramente a vida."

Tenzin Palmo passou treze anos isolada, em uma caverna a 3.960 metros no Himalaia. Ela nasceu em 1943, com o nome de Diane Perry, de uma mãe espiritualista que realizava sessões espíritas na casa em que a família vivia em Londres, na Inglaterra. Quando Diane estava com 18 anos, leu um livro sobre budismo. Um ano depois, viajou para a Índia e, aos 21, foi ordenada noviça pelo budismo tibetano e recebeu seu nome espiritual de monja. Nos sete anos seguintes, seu lar foi um monastério em Lahoul, instalado em uma encosta a 3.300 metros na fronteira tibetana, em um vale que o gelo e a neve deixavam isolado praticamente o ano inteiro. Então, um dia, ficou sabendo da caverna que ficava a uma hora de caminhada do monastério. Decidiu que iria para lá fazer um retiro.

Com a ajuda dos habitantes do povoado do vale, forrou de tijolos a frente e os lados da caverna, e construiu um pequeno depósito para alimentos ali dentro. Instalou uma porta e uma janela e um fogão que funcionava a lenha. Criou um pátio onde podia se sentar para contemplar a espetacular paisagem. Vista de fora, a caverna parecia uma bela casinha, mas a área útil interna era de apenas 1,8 m^2. Ali, havia ainda uma reentrância que servia de prateleira para seus livros. O ambiente era dominado por uma "caixa de meditação" de 75 cm^2, onde ela dormiria, sentada, todas as noites durante os próximos treze anos. O interior da caverna era sempre frio e desagradavelmente úmido, mas, mesmo nas piores condições, ela só acendia o fogão uma vez por dia, para a refeição do meio-dia.

Houve um inverno em que a nevasca foi notavelmente feroz. A neve se acumulou contra a porta e a parede de fora. Ela ficou aprisionada, com cada vez menos oxigênio. Aceitando que estava prestes a morrer, começou a rezar para seu mestre, pedindo que ele a ajudasse a atravessar os estágios da morte. Quando estava profundamente mergulhada na meditação, ela ouviu a voz dele, calma, clara e alta: "Comece a cavar um túnel!" Então, ela pegou uma tampa de panela e fez aquilo que muitos montanhistas já fizeram quando se veem presos em um buraco de neve: começou a escavar um caminho até a luz e o ar.

Tenzin Palmo acredita que não estamos na terra para ter conforto. Ela diz que estamos aqui para aprender e crescer, e enfrentar problemas e desafios é uma parte essencial do crescimento e do desenvolvimento. Descobrir a natureza da nossa mente e do que existe além dela exige muito trabalho e treinamento; não há um caminho fácil. Isso é essencialmente o que todo atleta radical teria a dizer sobre seu esporte.

Diferentemente de Bob Kull e Tenzin Palmo, contudo, os aventureiros radicais encontram seu crescimento espiritual não se sentando imóveis, mas se exercitando em atividades físicas voltadas para objetivos bem concretos. Em seu prefácio a *Annapurna*, Lucien Devies escreve: "O homem se supera, se afirma e se realiza na luta para chegar ao pico, na luta rumo ao absoluto. Na tensão extrema do esforço, na fronteira com a morte, o Universo desaparece e despenca abaixo de nós. Espaço, tempo, medo, sofrimento — tudo isso não existe mais. Tudo então se torna muito simples. Na crista de uma onda como no olho do furacão, tornamo-nos estranhamente calmos; não é a calma do vazio, mas o cerne da própria ação".

Quando Reinhold Messner estava fazendo sua subida solo pela face norte do Everest, em 1981, admitiu que a inatividade era seu maior inimigo. Instalado no glaciar de East Ronbuk, à altitude de 5.880 metros, ele contemplou a escalada que tinha pela frente. "Eu sei os perigos que me aguardam ali: fendas, avalanches, nevoeiros, tempestades. Conheço, acima de tudo, as minhas próprias fraquezas: a exaustão, o medo, a solidão. Com a inatividade, o meu entendimento de mim e minha autoconfiança encolhem. Talvez por isso eu fique tão admirado com a vida dos ermitões. É mais difícil suportar o deserto na ociosidade."

Acerca de escalar sem oxigênio suplementar a mais alta montanha do mundo, ele diz: "Cada ato se torna um triunfo, um pesadelo... Seja o que for que me impulsiona, está impregnado em mim muito mais fundo do que eu ou a lente de aumento dos psicólogos é capaz de detectar. Dia a dia, hora a hora, minuto a minuto, passo a passo eu me forço a fazer algo contra o que meu corpo se rebela. Ao mesmo tempo, essa condição só é suportável em atividade".

Isso é algo que Robert Falcon Scott teria entendido. Como demonstra o professor Noakes em suas análises comparativas do gasto de energia de atletas em vários eventos e atividades, ninguém pode se comparar aos níveis alcançados pelos exploradores polares do início do século XX. Segundo ele, o maior desempenho humano de todos os tempos foi realizado pela expedição em trenós que cruzou a Antártida, liderada por Robert Scott em 1911-1912. Scott resolveu que seus trenós seriam puxados por homens e não por cães, como seu competidor Roald Amundsen tinha feito, porque, como escreveu, "na minha opinião, nenhuma expedição já feita com cães pode se aproximar da altura da excepcional realização que ocorre quando um grupo de homens segue rumo a obstáculos, perigos e dificuldades, sem contar com ajuda em seus esforços, e durante dias e semanas de árduo empenho físico consegue resolver alguns dos problemas do grande desconhecido".

Scott e seus companheiros partiram do estreito McMurdo no dia 24 de outubro e alcançaram o Polo Sul no dia 18 de janeiro. Em sua viagem de volta, estavam a 17 km de um posto de reabastecimento quando as ulcerações causadas pelo gelo obrigaram Scott a parar de andar. A equipe resolveu ficar com ele, fadando à morte todos eles. Noakes argumenta que "por tracionar pessoalmente toda a carga da expedição, durante 159 dias consecutivos, dos quais os 60 últimos sob frio extremo, ao longo de um total de 2.500 km, o feito de Scott e companheiros é um dos dois maiores desempenhos humanos de resistência física sustentada de todos os tempos". A única performance capaz de se equipar ao feito de Scott e equipe, segundo ele, "é a de Aenas Macintosh e Frank Wild, membros da malfadada Expedição Antártica Transcontinental de Shackleton, de 1914-1916. Entre 1º de setembro e 18 de março, a equipe percorreu, sem a ajuda de cães, 2.513 km durante 160 dias".

Outro grande épico dessa época foi a expedição de Shackleton à Antártida a bordo do *Endurance*. De acordo com um relato não oficial, ele postou esse anúncio em um jornal de Londres para encontrar homens dispostos a formar sua equipe: "Precisa-se de homens para viagem perigosa. Baixo salário, frio intenso, longos meses em completa escuridão, perigos constantes, retorno a salvo duvidoso. Em caso de êxito, honras e reconhecimento".

Inspirado por essa história, em 1961 o explorador britânico Harold Tilman colocou um anúncio na *Times* a fim de encontrar homens que o acompanhassem em uma viagem de veleiro: "Precisa-se de tripulantes para longa viagem em pequena embarcação. Sem salários, sem perspectivas, pouco prazer". Obteve vinte respostas. Dentre essas, escolheu os três homens de que precisava. Talvez existisse alguma coisa mais que tanto ele como Shackleton poderiam ter oferecido, menos quantificável, mas igualmente valiosa: as recompensas espirituais do sofrimento.

Em 1992, meu marido e eu chegamos a Nova Delhi, na Índia, com a intenção de passar seis semanas no rio Ganges, descendo de caiaque de Haridwar a Varanasi. Praticamente todas as pessoas que encontramos na cidade tentaram nos dissuadir da ideia: poderíamos adoecer por causa da água poluída, dos cadáveres em decomposição boiando naquelas águas, da comida que teríamos pelo caminho. Seríamos atacados por bandos de saqueadores que vagavam pela planície alagada, roubariam todos os nossos pertences e nossas gargantas seriam cortadas. Embora tentássemos não nos deixar abater por essas advertências, quando partimos estávamos ansiosos e apreensivos.

Era a estação anterior ao período das monções, e o rio tinha secado um pouco, tornando-se um labirinto de canais semelhante a uma gigantesca meada emaranhada que serpenteava por uma vasta planície alagada com até 16 km de largura em alguns trechos. Com tantas curvas no rio e canais que simplesmente acabavam em terra, muitas vezes tivemos de voltar atrás e remar durante horas refazendo o mesmo percurso até o começo. Quando bancos de areia mal submersos capturavam o bote, tínhamos de descer para soltá-lo, às vezes afundados até o alto das pernas em pontos de areia movediça. Durante a primeira semana, o tempo se manteve frio e úmido. À noite, acampávamos na lama e o uivo das hienas e a preocupação com os bandidos não nos deixavam dormir. Um homem, com o rifle apontado na nossa direção, tinha vindo atrás de nós quando ignoramos sua ordem para descer do bote. Não estávamos mais ignorando os avisos que nos haviam dado em Nova Delhi.

Dia após dia, remávamos ao lado de cremações. Os hindus acreditam que o Ganges é a manifestação concreta de uma deusa, a Santa Mãe Ganga, que tem o poder da renovação espiritual e física. Ser cremado na margem do rio ou simplesmente se decompor em suas águas é o caminho direto para os céus, uma maneira de superar todos os dolorosos ciclos de morte e renascimento. Corpos nus e lambuzados com uma gosma indefinível estendiam-se sobre piras ardentes feitas de fezes e madeira. Se o vento soprava na direção errada, flocos de cinzas das fogueiras pousavam no bote e se prendiam em nossas pálpebras. Nossas narinas ficaram entupidas com o odor de pelos e gordura humana sendo queimados.

Quando pisávamos em terra, nossos pés esmagavam os restos torrados de ossos humanos. Acabamos nos acostumando a tudo isso, mas não aos corpos que passavam flutuando. Após dar trombadas em vários deles, aprendemos a identificá-los de longe, pelo fato de o tecido em que vinham embrulhados inchar como um balão à tona d'água, ou vendo os cães selvagens que vinham nadando na direção deles para arrancar bocados de sua carne putrefata. Alguns deles simplesmente não conseguíamos evitar: um velho de pele amarela e inchada tinha a metade do rosto comida; alguns mal encobertos pela água só evidenciavam suas nádegas ou os dedos dos pés; vimos o corpo de uma menina ser arrastado por um cachorro até a praia onde ele começou a mastigá-lo, seus dentes afundando na carne até os ossos, um vislumbre da cabeça do animal sacolejando o frágil cadáver de um lado para outro.

Em alguns locais, a presença de bandidos nos obrigou a encontrar refúgio em acampamentos de pescadores grosseiros, bêbados e armados até os dentes. Certa vez, quando os avisos de que ataques de bandidos se tornaram mais sérios do que o habitual, passamos a noite toda descendo o rio entre remadas vigorosas. Alguns canais eram tão estreitos que nos víamos a poucos metros de fogueiras armadas por pessoas cujas silhuetas passavam por perto. Pescadores? Assaltantes? Não sabíamos. Mas tínhamos certeza de que se nos ouvissem iriam se assustar e disparar as armas contra nós. Seguíamos boiando em silêncio, segurando o ar, as costas duras de tensão, rezando para não encalharmos em alguma ponta de terra firme. Aquela noite pareceu interminável, mas quando o dia finalmente começou a despontar no céu vimos um povoado à nossa frente. Depois de trazermos o bote para terra, sentamos no chão, de frente para o sol nascente, rígidos e com frio, mas profundamente aliviados e estranhamente felizes por termos deixado para trás aquela noite longa e difícil.

Toda vez que chegávamos a algum povoado ou a acampamentos de homens santos, as pessoas nos estendiam sua hospitalidade e ofereciam um lugar onde ficarmos — um quarto em uma casa de barro, uma cabana de palha onde ratos corriam sobre nossas pernas durante a noite. Traziam jarros de água para bebermos — sua água sagrada, diretamente vinda do rio. Não podíamos recusá-la, assim como não podíamos evitar a comida que nos davam, mesmo quando os bolinhos eram feitos de uma massa que tinha ficado preta por causa da nuvem de insetos pousados sobre ela.

Todos os dias ficamos extenuados. Eu ia dormir sem saber se não seria acordada por cólicas me rasgando as entranhas, ou pelo frio de um cano de espingarda cutucando o meu rosto. Mas os habitantes das aldeias e os homens santos insistiam o tempo todo que éramos peregrinos porque estávamos viajando pelo rio sagrado até um local sagrado em um bote vermelho, a cor sagrada do hinduísmo.

"Sua peregrinação irá proteger vocês", eles prometiam. "Purificará tudo que vocês comerem e beberem e os protegerá de todos os perigos que forem enfrentar."

Conforme iam passando os dias e semanas, comecei a acreditar nisso. O rio nos estava protegendo. Estávamos viajando na correnteza de suas bênçãos. Fiquei encantada com a dimensão elemental dos rituais realizados em suas margens. Mãos em concha segurando a água, erguidas ao nascer do sol. As libações de leite que lhe eram oferecidas. Os fiéis que se banhavam nela e bebiam daquelas águas. Todos rezavam com profunda devoção à Mãe Ganga, que todo ano levava a vida embora em suas enchentes e depois a devolvia nos ricos sedimentos que deixava para trás quando as águas recuavam.

Como os hindus, toda manhã eu tapava o nariz e mergulhava completamente três vezes no rio a fim de receber a benção da Santa Mãe Ganga. Também adotei uma dieta vegetariana estrita. Não fiquei doente uma única vez. Mas Dag, contrariando todos os meus conselhos, pediu um prato com carne em um restaurante em Alhallabad. E, por 48 horas, sofreu com uma terrível dor gastrointestinal.

Quando finalmente alcançamos Varanasi, sair da Mãe Ganga foi imensamente difícil. Agora eu era parte do rio e ele fazia parte de mim. Minha oferta final para Ganga foi um barquinho de folha de bananeira, cheio de cabeças de cravo e um incenso de cânfora aceso. Agachada no degrau de baixo de um *ghat*, eu o depositei na superfície do rio. Seis semanas antes, eu tinha participado do meu primeiro *puja*, com uma fria sensação de distanciamento. Agora, observando a correnteza transportar o barquinho e levá-lo embora, eu oferecia meus agradecimentos à Mãe Ganga por termos feito nossa travessia a salvo. Nossa viagem pelo rio tinha me virado do avesso, desafiado e esgotado, em todos os níveis do meu ser. Apesar disso, ela se destaca na minha memória como uma das mais impressionantes experiências da minha vida. Uma peregrinação acidental que me obrigou a ir além das minhas referências ocidentais e, por algum tempo pelo menos, entrar no plano da magia.

Capítulo 5

Apenas Se Conecte

No corpo do mundo, eles dizem, existe uma alma. É você.

Jelaluddin Rumi, *A Great Wagon*

Eram 6 da manhã. Eles armaram a barraca no relvado e se deitaram ali dentro, completamente vestidos. À sua volta, até onde a vista podia alcançar, estendia-se a vastidão selvagem do norte do Alasca. Eles tinham se deslocado durante a longa e leve noite do Ártico, atravessando a tundra com mochilas de 30 kg às costas. Ajustaram o despertador para dali a duas horas; não podiam se dar ao luxo de dormir mais do que isso, senão corriam o risco de perder o rastro do rebanho.

Durante três meses, percorrendo 1.040 km, Karsten Heuer e Leanne Allison vinham acompanhando o rebanho de caribus (*Grant's caribous*) em sua migraçao anual da primavera. Partindo de Old Crow, no Yukon, tinham seguido o trajeto dos animais através de rios frígidos e tempestades de neve, suportando temperaturas congelantes. Tinham passado esse tempo convivendo com temores constantes — de serem atacados por ursos, de ficarem doentes, de sofrerem algum acidente em um local tão remoto como aquele —, mas agora, com a chegada do verão, o que mais os preocupava eram as nuvens implacáveis de insetos. Estes também perturbavam os caribus, e eles tinham acelerado o ritmo de seu deslocamento, ansiosos para escapar daquela planície costeira infestada de mosquitos e alcançar as áreas mais altas, onde o vento era mais forte.

Desde sua partida do território em que ficou durante o inverno, o rebanho, com 123.000 animais, tinha se deslocado em bandos: as fêmeas grávidas na frente, os machos adultos e os animais jovens fechando o grupo. Agora, com os filhotes recém-nascidos e as moscas zunindo, todos os grupos deveriam se reunir para a marcha até as terras mais altas, um verdadeiro mar de animais conhecido como *post-calving aggregation* (agregação pós-crias). Para acompanhar o ritmo da rebanhada, Heuer, biólogo especialista em vida selvagem, e Allison, cinegrafista, dormiam em períodos de cochilos curtos, entre os estirões de nove horas de marcha, alimentando-se com lanches apressados. Viajando praticamente o tempo todo, dias e dias seguidos, chegaram ao limite de sua privação de sono e da exaustão física, e então foram mais além.

Seu objetivo era chamar a atenção do público para a ameaça que a exploração de petróleo e gás representava para os territórios de reprodução daquela subespécie de caribus, reverenciados pelo povo gwich nativo como "o local sagrado onde a vida começou". O projeto dos dois consistia em documentar as pressões e as lutas dos animais em sua longa migração anual a fim de relatar como o projeto de perfurações em pauta aumentaria ainda mais essas dificuldades e colocaria em risco o futuro do próprio rebanho. Pensavam em regressar com histórias sobre uma jornada física e fatos físicos. Mas, conforme a viagem se desenrolava, eles deixaram de ser observadores para se tornarem participantes. Coisas incomuns começaram a ocorrer, coisas que iam contra o treinamento científico de Heuer, de seus princípios racionais, analíticos. Por exemplo, os sonhos que começaram alguns dias depois de iniciado o período pós-crias, quando o casal de exploradores estava em marcha praticamente o tempo todo, dia e noite.

"Ainda não tínhamos avistado nenhum macho adulto naquela viagem", Heuer recordou. "Tiramos um cochilo e, quando acordei, me virei para Leanne e disse 'Acho que hoje vamos ver o nosso primeiro macho'. Descrevi para ela o que tinha visto no meu sonho: um macho com grande galhada aveludada e uma crista da montanha com uma encosta verdejante por trás, grandes rochedos à frente. Tínhamos de seguir em frente, então Leanne saiu da barraca e começou a empacotar as coisas. Alguns instantes depois, ela entrou de volta com a expressão de quem tinha se surpreendido ao máximo. E apontou para trás dela. Lá estava o primeiro macho, exatamente como eu havia descrito para ela, precisamente no mesmo cenário. Uma elevação rochosa em primeiro plano, uma encosta verdejante atrás e um macho solitário de galhada aveludada, caminhando naquela paisagem, acompanhando o topo de uma montanha rochosa."

Dois dias depois, foi Allison quem sonhou com o futuro. Tinham caminhado por mais ou menos 10 minutos depois de um cochilo, quando o maior grupo de caribus que já tinham visto até então surgiu por trás deles.

"Ao longe, pareciam ondas de calor. A luz era surreal, o vento levantava a areia e o cascalho do leito do rio lá embaixo, cobrindo toda a face da montanha. Leanne se virou para mim e estava transbordando de excitação quando disse: "Acabei de sonhar isso mesmo, durante o nosso cochilo!"

Se isso tivesse ocorrido no início da viagem, Heuer teria se mostrado cético. Mas agora não havia dúvida.

"E essas coisas começaram a acontecer cada vez mais. Acordávamos depois de ter tido esses sonhos muito nítidos e claros, contávamos um para o outro o que tínhamos visto e então aquilo acontecia."

Heuer e Allison acreditam que foi o extremo rigor da viagem que causou aqueles sonhos, assim como outros eventos inexplicáveis que passaram a acontecer. O isolamento, o perigo representado pelos ursos, estarem expostos aos elementos, o incessante trabalho de carregar mochilas pesadas sem parar, percorrendo um terreno difícil e irregular. O espaço e o silêncio.

"No mundo moderno, você precisa de distrações, camadas de proteção e maneiras de bloquear as coisas a fim de sobreviver", diz Heuer. "Em nossa viagem, foi justamente o contrário. Foi somente depois que nossas camadas, bloqueios e filtros tinham desaparecido que essas coisas começaram a ocorrer."

Como um monótono tamborilar. Heuer estava certo de que sempre estivera ali, mas que o haviam ignorado, deixando de fora da atenção auditiva do mesmo jeito que se faz com o barulhinho do motor da geladeira em nossa cozinha. Foi durante outro dos períodos de descanso que Heuer finalmente o reconheceu. Era mais uma vibração do que um som que subia do chão e entrava pelo corpo deles. Uma estranha melodia que não estava vindo exatamente de nenhum lugar e que de vez em quando desaparecia. Não era o barulho causado pelos cascos; a esse som eles já estavam acostumados. Era uma ressonância mais profunda, quase infrasônica, que oscilava no ponto mais baixo do limiar da audição humana. Allison também percebeu essa sensação. Primeiro, ela a situou dos dois lados de um grupo de caribus que estava vindo na direção deles dois. Logo em seguida, o tamborilar tinha desaparecido e fora substituído por "um caos de animais resfolegando, irritados, estalando seus tendões, conforme os mais primeiros chegavam ainda mais perto".

Eles então começaram a tentar discernir o tamborilar, concentrando-se ao máximo.

"Era aquele tipo de foco intenso que você tem na ponta dos dedos quando está agarrado a alguma saliência de rocha no meio de uma escalada por uma parede realmente difícil", diz Heuer. "Com aquela intensidade de foco éramos capazes de captar aquela vibração. Tínhamos a impressão de que nossos ouvidos eram enormes cornetas de gramofone. Depois de escutar aquilo por algum tempo, podíamos atribuir sua origem a uma direção aproximada."

Assim, começaram a usar essa sutil vibração e não mais os rastros no chão para acharem o melhor caminho até o rebanho.

"Uma coisa é ouvir aquele tamborilar", comenta Heuer. "Outra é reconhecê-lo, e outra ainda acreditar nele a ponto de investir nele sua energia e seu esforço para seguir como um sinal que você nem pode dizer realmente que existe. Ser guiado por uma coisa dessas e ter sua fé recompensada faz você começar a ver o mundo como um lugar cheio de uma imensa compaixão. Em vez de nos sentirmos constantemente receosos e inseguros, quando você abre mão de todas as barreiras, de todos os filtros e paredes de proteção, e realmente se abre, o mundo toma conta de você."

Heuer descreve o nível de consciência sensorial que desenvolveram no Ártico como uma "vaga memória do pertencimento". Ele acredita que é lembrança de um tempo anterior a termos aprendido a separar o possível do impossível, quando havia uma íntima união com o mundo e nos sentíamos a salvo dentro dele. Como seu filho, Zev, que, aos 18 meses de idade, abraçava os gravetos e conversava com as pedras e que, quando tinha 3 anos, dizia "olá" e "até logo" aos rios. Heuer entende que esse estado, em que todo nos encontrávamos antes, e sua perda nos deixam "carentes daquela sensação de pertencimento, que queremos então recuperar de variadas maneiras".

✧ ✧ ✧

A atleta americana de escalada em paredes de pedra, Lynn Hill, segue outro caminho para alcançar tal estado: subindo por faces rochosas de montanhas, encostas aquecidas pelo sol.

"Quando estou escalando, tenho a imediata sensação de me adaptar às forças e formas do mundo natural. Adoro o contato e a sensação com as rochas, sua estética e a estética das plantas e dos animais que vejo. Para mim, escalar é uma comunhão com a natureza."

Para Wesley Bunch, guia de montanhas em Exum, no Wyoming, essa comunhão se dá com a neve que acabou de cair.

"Esquiar na neve fofa: nada é mais espiritual do que isso. Você tem a sensação de não ter peso, de estar voando, sente a força da gravidade. Você salta no ar e depois cai em um leito de penas. Você sente a neve descendo em camadas à sua volta. O visual, a velocidade e o vento que passa zunindo nas suas orelhas... o tempo todo você fica de queixo caído, sem fôlego, com o coração aos pulos, repetindo 'Meu Deus, isso aqui é lindo demais!'"

Para Clay Hunting, isso acontece no mar, quando está surfando. Depois de dez anos de escaladas no gelo e de quase ter perdido seu melhor amigo em um acidente nas montanhas, Hunting retomou seu primeiro amor, o surfe, que tinha descoberto em uma viagem à Austrália ainda na adolescência.

"No surfe, você está em um ambiente móvel. Está utilizando a energia da onda para ir adiante. Pegar uma onda — aquela parede de energia que vem vindo de tão longe — no momento exato e surfar em sua crista por alguns segundos lhe dá uma sensação que não tem comparação."

Hunting agora vive no lado que dá para mar aberto na ilha Nootka, no extremo da costa oeste canadense. É um local selvagem e remoto que faz parte do "cemitério do Pacífico". A área recebeu esse nome por causa de todos os navios que as tempestades empurraram para terra e destroçaram contra as rochas do litoral. Instalado no pequeno hotel para surfistas que ele e a esposa mantêm, ele pode contemplar o oceano que se estende sem interrupções por milhares de quilômetros. Ele passa horas fazendo isso, quando não está surfando na *web* pesquisando as condições do tempo e das ondas no mundo todo.

"No outono passado, tivemos uma maré linda que veio desde a zona entre a Antártida e a Nova Zelândia", ele conta. "Lá ocorreu uma tempestade de grandes proporções, e a força da natureza veio empurrando essa maré por milhares de quilômetros até ela chegar aqui. Estávamos todos em nossas pranchas, esperando pela maré. Essa conexão que a gente sentia não era somente com o mar. Era também com as nuvens do temporal que tinham se formado naquela distância toda de onde estávamos. Com todos os diferentes elementos que impeliam uma imensa quantidade de energia através do oceano e nos ofereciam aquelas ondas. Quando surfávamos nelas estávamos conectados com a energia do planeta inteiro."

Escalar, esquiar, surfar, fazer *snowboarding*. Por que deve custar tanto esforço alcançar essa sensação de fazer parte do mundo? Porque, segundo o historiador cultural Morris Berman, "a fusão extática" com a natureza, que antigamente fazia parte da visão de mundo ocidental, foi perdida. Essa perda nos faz sentir alienados e nos faz sofrer, padecer de "uma doença da alma". Para algumas pessoas, é uma doença que só pode ser tratada indo para locais selvagens, expondo-se à natureza e fazendo coisas que parecem insanas e inaceitáveis. Coisas que ajudam a saciar não somente sua fome de adrenalina, mas também sua necessidade de se sentir à vontade e em íntima união com o mundo.

Até o século XVII, a visão de mundo ocidental sobre a natureza entendia que tudo que havia nela — pedras, árvores, mares, rios, o céu — tinha vida. Essa visão tinha sido fundamentalmente constelada pelos antigos gregos que acreditavam no conceito de *anima mundi*, uma "alma mundial" que mantinha as estrelas em seu lugar, era responsável pelos movimentos dos planetas e estava difundida entre todas as coisas da natureza. Os seres humanos não eram observadores alienados do cosmos, mas, sim, participantes integrais do drama cósmico, e a Terra era uma única entidade viva, que continha todas as outras entidades vivas, todas elas inter-relacionadas.

Aristóteles, cujas ideias influenciaram significativamente a história intelectual do Ocidente, afirmava que todo objeto era dotado de alma, não no sentido religioso ou sobrenatural, mas como o modelo invisível que dota o organismo de um propósito e impele a matéria à plenitude de sua realidade. A alma de uma planta, por exemplo, atrairia os brotos a se desenvolver até a forma madura daquele vegetal. Aristóteles denominava esse processo de enteléquia: "o fim que está em si mesmo".

Ele descrevia três níveis de almas. As plantas tinham somente um nível, o nutritivo. Os animais tinham mais uma, a alma animal, que integra as sensações, coordena os movimentos e está na base dos instintos e da capacidade do corpo de se regenerar ou curar. Os humanos têm um terceiro nível, a alma racional ou intelectual, dedicada à linguagem e ao pensamento. As três almas não existiam separadas; eram contidas em um sistema psíquico mais amplo que permeava o corpo todo. Assim, a totalidade da natureza era viva, e tudo que existia no mundo participava da vida no cosmos. O homem era parte da natureza e a natureza era parte do homem. Essa "consciência participante", como Berman a chama, deu origem a uma "totalidade psíquica" que prevaleceu até a mudança de paradigma imposta pela revolução científica.

Em 1619, René Descartes, um jovem soldado e filósofo francês, estava deitado em um quarto abafado em uma pequena cidade às margens do Danúbio, pensando sobre a natureza do Universo. De repente, teve a visão de um universo mecanicista, de um vértice rodopiante no qual todos os organismos eram máquinas e tudo se baseava em matemática. O sonho de Descartes, que ele afirmou lhe ter sido enviado por um anjo, e os escritos aos quais se dedicou em razão disso mudaram em caráter irrevogável o relacionamento de reciprocidade com o mundo que até então predominara no Ocidente. A natureza não tinha mais uma alma, só comportamentos. Agora, o homem moderno tinha de encontrar um propósito para si no Universo e perceber maneiras de controlar o mundo mecanicista da natureza. Esse se tornou o fundamento da ciência moderna. A antiga visão holista do homem como parte da natureza, em casa no cosmos, era e ainda é depreciada como uma ilusão romântica. No início do século XX, o sociólogo alemão Max Weber afirmou que esse processo, *die Entzauberung der Welt* [a "desmagnificação da natureza"] foi uma das características definidoras do mundo moderno.

Na costa oeste da Irlanda, os lavradores aram cuidadosamente o terreno em torno de monólitos dos tempos pré-celtas existentes em seus campos para não correr o risco de perturbar o poder que acreditam que reside ali. Os católicos deixam oferendas em antigos poços sagrados, locais que já foram pré-cristãos, e recolhem sua água porque ela tem o poder de curar. Esses resquícios de uma crença na magia da natureza são manifestações do que o autor Simon Schama descreve como "a memória das gerações". Ele afirma que nossas impressões e os valores da natureza se somam para construir "uma tradição baseada em um rico depósito de mitos, recordações e obsessões". Os elementos citados como evidência de uma forte conexão com a natureza nas culturas indígenas — montanhas sagradas, rios da vida, espíritos da floresta — estão, de fato, à nossa volta, dispersos em toda a nossa cultura.

"Nem as fronteiras entre o selvagem e o cultivado, nem as interpostas entre o presente e o passado são tão facilmente fixadas", diz ele. "Quer nos agarremos em encostas ou nos emaranhemos na mata, nossa sensibilidade ocidental contém um imenso volume de mitos e recordações."

Até mesmo nos ambientes mais urbanos, mitos e recordações estão vivos em superstições amplamente divulgadas. Em um restaurante em Vancouver, a garçonete que me atendia derrubou sem querer o saleiro enquanto limpava a mesa. Quando alguns grãos de sal saltaram sobre a mesa, ela pegou uma pitada com dois dedos e jogou por cima do ombro. Ela explicou: "Meu dia já foi ruim até agora. Não quero que fique pior". A crença de que derrubar sal atrai azar é muito antiga, dos tempos em que o sal era uma mercadoria altamente valorizada. Uma parte da terra, essencial à vida.

É essa carga milenar de crenças que leva tantos escaladores a colocar talismãs em suas mochilas quando vão enfrentar uma montanha, a fim de afastar a má sorte. Para o alpinista Tomaz Humar, é o sapatinho que seu filho usava quando era bebê; para o escalador de Seattle Steve Susted, era um dos ursinhos de sua filha; para Ed Viesturs, o primeiro americano a escalar as catorze montanhas mais altas do mundo sem oxigênio, era uma "sacola de *ju ju*" contendo um antigo postal enviado por sua esposa, uma carta de baralho da sorte e as pulseiras do hospital onde seus filhos tinham nascido.

No Himalaia, os sherpas empregados pelas expedições de montanhismo se recusam a começar a subir antes de terem realizado o *puja*, um ritual de orações e oferendas aos espíritos da montanha, pedindo-lhes que mandem bom tempo e o retorno do grupo todo a salvo. Os montanhistas ocidentais costumam participar dos *pujas*, como fez Stephen Koch antes de partir para sua tentativa de descer esquiando a face norte do Everest, em 2003.

O projeto de Koch consistia em escalar a encosta de 3.000 metros de uma única vez, em 36 horas sem interrupções, sem cabos fixos nem oxigênio suplementar. Então ele desceria de *snowboard*, ao longo de duas vertiginosas gargantas, a Hornbein e a Japonesa, dois desfiladeiros ligados, famosos como pontos de avalanches. No ano anterior, Marco Siffredi, um esquiador e montanhista francês, tinha escalado a montanha e depois descido até a borda da Hornbein. Mais tarde, os sherpas disseram a Koch que, quando Siffredi começou a descer em seu *snowboard,* as condições estavam boas, ele estava descansado e tinha uma garrafa cheia de oxigênio às costas. Nunca mais foi visto.

Agora, Koch estava no acampamento na base do Everest, esperando que o tempo melhorasse. Dez dias antes, com o fotógrafo Jimmy Chin e sua equipe de apoio com os sherpas Lakpa Dorge e Kami, ele tinha subido da base até a garganta Japonesa. Enquanto faziam um intervalo, ouviram algo que parecia "como uma batida de carro" seguida de uma explosão forte. Acima deles, um serac de grandes dimensões — um bloco pendente de glaciar — tinha despencado. Impotente, só restava ao grupo assistir àquela massa enorme deslizar pela encosta na direção deles, enquanto se fragmentava em pedaços do tamanho de geladeiras. A trajetória desse bloco de gelo só não os atingiu por uma questão de poucos metros, mas o golpe de ar foi tão forte que Chin foi lançado até a ponta de sua corda. Abatidos e já perto da hora de fazer a meia-volta e retornar ao acampamento, decidiram descer.

Enquanto esperavam que o tempo melhorasse, Koch, Chin e o administrador do acampamento de base, Erich Henderson, faziam visitas diárias ao pequeno santuário que haviam construído em um canto da barraca da cozinha.

"Os sherpas eram os primeiros a chegar e acendiam varetas de incenso", diz Koch. "Nós também fazíamos isso um pouco mais tarde. A gente se sentia bem de ter um local onde rezar. Todos pusemos ali várias coisas, objetos pessoais que eram significativos para cada um. Tudo aquilo tinha uma ligação com a cerimônia do *puja*, pedindo que fôssemos trazidos de volta em segurança."

No dia 30 de agosto, logo após escurecer, Koch e sua equipe partiram para outra tentativa.

"Nós quatro não estávamos atados em cordas e subíamos cada qual por si, com machados e ganchos. Era uma sensação de muita liberdade. Por volta de meia-noite, a lua apareceu sobre a montanha e demarcou um imenso caminho prateado por onde seguiríamos. Foi uma escalada maravilhosa."

De manhã, as coisas tinham mudado. A neve, que chegava à altura dos joelhos, estava se tornando perigosamente escorregadia e não consolidada. Por volta das 9 da manhã, ainda estavam a 1.974 metros abaixo do topo. Koch tomou a decisão de retornar. Enquanto o restante do grupo começava a descida, ele se afivelou a sua prancha e percorreu vários milhares de metros da "neve solta, funda e vertical" da face norte do Everest.

"Apesar dos transtornos e desapontamentos, ainda era um sonho que estava se realizando", ele lembra. "Afivelei a prancha e disse, ok, chega de brigar com a gravidade, agora vou deslizar com o mundo. E essa sensação de fluir, essa conexão, é algo profundamente espiritual."

Quando chegou ao acampamento da base, ele foi ao santuário, seu "local de culto", para agradecer por seu regresso em segurança. A que ou a quem estava agradecendo?

"À energia da montanha", ele disse. "Aos espíritos da montanha. Aos deuses da montanha."

Deuses e montanhas têm um relacionamento de longa data. Moisés recebeu os Dez Mandamentos de Deus no Monte Sião. Os antigos chineses acreditavam que o Monte Tai Shan era filho do Imperador do Céu e o canal de comunicação entre os humanos e Deus. Os doze principais deuses do panteão grego residiam no alto do Monte Olimpo. Todas as montanhas da cadeia do Himalaia são consideradas sagradas e muitas delas têm nomes em homenagem a divindades dos panteões hindu e budista, como Chomolungma, a deusa-mãe do mundo, que os britânicos mudaram para Everest. No Tibete, o Monte Kailash é o mais reverenciado. Para os hindus, é onde reside o deus Shiva. Os seguidores de Bom, uma forma do budismo tibetano, acreditam que é a morada da deusa celeste Sipaimen. Os jainistas reverenciam-na como o local em que os 24 tirthankaras alcançaram a libertação. Essa três tradições consideram-na a manifestação terrestre do Monte Meru, o centro espiritual do Universo.

Durante milênios, os ascetas budistas e hindus peregrinaram nas alturas das mais sagradas montanhas do mundo. Os montanhistas modernos estão seguindo o exemplo e visando chegar a altitudes ainda mais elevadas.

"Sempre honramos os locais elevados porque sentimos que são o lar dos deuses", escrevia o finado Rob Parker, um escalador-cinegrafista e mergulhador de cavernas. "Nas montanhas, existe a promessa de... algo inexplicável. Um local mais elevado de percepção consciente, um espírito que paira. Então escalamos... e, nisso, há mais do que uma metáfora: é um meio de descoberta."

A história do montanhismo indica que não é sensato ofender os deuses da montanha. Na década de 1880, G. W. Traill, um dos primeiros exploradores de Nanda Devi, a mais alta montanha da Índia, ficou cego enquanto tentava cruzar um desfiladeiro no flanco sudoeste. Os locais atribuem esse problema à ira da deusa Nanda que, para eles, reside no topo. Traill só recuperou a visão após fazer oferendas em um tempo dedicado à deusa, na estação de Almora. Quando outro explorador daqueles tempos, Adolph Schlagintweit, tentou cruzar a mesma passagem, ele e três homens de sua equipe sofreram ataques epilépticos. Os carregadores acreditavam que tinham sido possuídos por Nanda, mas, como Schlagintweit havia feito suas oferendas no templo antes da partida de sua expedição, todos se recuperaram.

Em 26 de agosto de 1936, o dia em que os exploradores britânicos Harold Tilman e Noel Odell escalaram Nanda Devi pela primeira vez, quarenta pessoas morreram afogadas no povoado vizinho de Tharali depois que as chuvas das monções causaram uma inundação do rio local. Matérias publicadas em um jornal indiano alegaram que a ira da deusa havia sido provocada e que ela então se vingara da violação de seu santuário, "de modo cego e terrível".

O dr. Charles Houston, hoje na casa do 90 anos, é o único membro sobrevivente daquele grupo de exploradores. Uma doença impediu que ele chegasse ao cume, mas ele ainda considera aquela expedição uma das maiores experiências de sua vida. Ele se lembra de ter ouvido falar dos afogamentos, mas não acredita que estivessem relacionados com a ação dos montanhistas.

"Escalamos Nanda Devi com o maior sentimento de respeito e gratidão", ele afirma. "Não houve violação. Nossa escalada era um tributo à montanha."

Seis décadas depois, Jamling Tenzing Norgay consultou o poder divinatório de um lama budista tibetano, Chatral Rinpoche, quanto à próxima temporada de escaladas do Everest. Jamling é o filho do homem que, em 1953, juntamente com Edmund Hillary, foi a primeira pessoa a ficar em pé no cume da mais alta montanha do mundo. Há muito tempo ele sonhava em seguir os passos de seu falecido pai e então, no início de 1996, haviam-no convidado para integrar uma expedição da IMAX ao Everest. Mas o lama não se mostrou animador. Disse que haveria obstáculos e dificuldades, e aconselhou Jamling a fazer oferendas às montanhas. Em um dia específico, escolhido pelo astrólogo da família de sua esposa, Jamling acendeu 25.000 lâmpadas na base da Grande Stupa de Boudhanath, em Katmandu, pedindo que os deuses concedessem à sua expedição uma travessia em segurança. Tinha trazido consigo os cordões abençoados do Everest para amarrar em volta dos pulsos e em redor de seu equipamento para a escalada, uma bolsinha com arroz abençoado para salpicar pela montanha quando se sentisse amedrontado e um amuleto de papel para proteção, contendo inscrições de desenhos astrológicos e símbolos religiosos, que pretendia usar junto da pele. Enquanto era um menino, crescendo nos Estados Unidos, Jamling havia recusado a maioria das crenças budistas de sua família, mas agora começara a adotá-las novamente. Ele sabia dos perigos que aguardavam por ele no Everest; ele precisava de toda a ajuda que conseguisse arrumar.

Jamling atingiu o cume da montanha e voltou a salvo, mas outros não. Alguns dos "obstáculos e dificuldades" previstos por Geshe Richen Sonam Rinpoche se revelaram como uma tempestade que cobriu o Everest nos dias 10 e 11 de maio e levou nove vidas. Após a expedição, Jamling passou a levar a sério o poder dos lamas, cuja conexão com a terra e seus deuses, como ele agora acredita, permite que façam previsões precisas.

"As médias confirmam que aqueles que desafiaram um alto lama, especialmente quando fizeram uma previsão, estão se colocando em sério risco", ele escreve. "De vez em quando os sherpas escalam, viajam ou fazem outras coisas que seus lamas os aconselharam a evitar e, na maioria dos casos de que tenho conhecimento, eles tiveram azar. Com uma correlação tão elevada entre previsões catastróficas e má sorte, não penso que nossa cautela nesse sentido possa ser fruto de mera superstição."

De acordo com Pascal Boyer, professor de Psicologia e Antropologia na Universidade de Washington, a crença de que tudo na natureza tem um espírito capaz de interagir com os seres humanos persiste porque a mente humana evoluiu ao longo de muitos milênios para ser receptiva a tais ideias. Segundo ele, é plausível que no ambiente imprevisível e frequentemente ameaçador do Pleistoceno, era um processo adaptativo para nossos ancestrais atribuir expedientes conscientes não só aos animais, fossem eles presas ou predadores, mas a tudo que causasse impacto em seu bem-estar e sobrevivência. Assim, dotavam os elementos, as montanhas, os oceanos e rios com espíritos que necessitavam ser aplacados.

Nas sociedades modernizadas, isso não é mais necessário. Compreendemos o comportamento animal, sabemos como se formam as tempestades e por que ocorrem as avalanches. Temos consciência de que passar debaixo de uma escada não traz má sorte e que usar um talismã não nos protege de males. Por quê, então, tantas pessoas ainda se apegam a suas superstições? Segundo Boyer, elas estão se envolvendo em condutas resultantes de um "evoluído sistema de precaução" que as faz sentir que devem tomar algumas medidas para garantir sua segurança ou assegurar seu êxito, em determinadas situações. As sequências de ação que adotam, que parecem intuitivamente apropriadas, são oriundas do que ele chama de "repertório evolutivo de precauções".

Segundo ele, "é comum a todos os domínios o importante fato de que a compulsão não exige uma explicação. As pessoas acham que devem realizar o ritual... o desvio em relação ao padrão estabelecido é intuitivamente percebido como perigoso, embora, na maioria dos casos, os participantes não tenham nem peçam nenhuma explicação de por que é daquele jeito".

Poderia haver alguma outra explicação, não motivada por medo nem compulsão? Não seria possível que, como o filhinho de Karsten Heuer, pudéssemos todos nós conversar com a terra? Para sobreviver, os escaladores devem desenvolver um relacionamento muito próximo com seu ambiente, afiando seus sentidos para assimilar tudo que está ocorrendo a sua volta. Eles precisam estudar os padrões climáticos, do vento e da neve, conhecer as características das rochas e do gelo. A atenção a todos os detalhes desenvolve uma intuição aguçada, uma conexão com a paisagem circundante. Dada a intensidade da conexão — uma questão de vida e morte —, talvez falar com as pedras e fazer oferendas aos espíritos da montanha ocorra com naturalidade, nessas circunstâncias.

Desenvolver essa ligação tão próxima com a terra, porém, exige bastante prática. Os antigos polinésios tinham uma profunda sensibilidade para o mundo em que viviam. Por volta do século IV a.C., já haviam formulado técnicas de navegação altamente sofisticadas que lhes permitiam encontrar o rumo em meio aos 25 milhões de km^2 de oceano e às ilhas salpicadas nessa vastidão de água. Estudando minuciosamente os tipos de ondas e sua direção, esses povos detectaram padrões de maré, observaram suas mudanças e identificaram onde ficavam os trechos de terra. Perceberam que as grandes ondas se tornavam refratadas quando passavam em volta das ilhas, dando origem a marés cruzadas a favor do vento em relação à ilha. Eles notaram as linhas de detritos que se acumulavam nos pontos em que se encontravam as correntes opostas e que os peixes voadores sempre seguiam para entrar na corrente quando voltavam à água. Calcularam a velocidade de seus barcos acompanhando as bolhas e as manchas da espuma que passava à tona d'água. Tomaram consciência de que as nuvens sobre as ilhas baixas eram visíveis antes que elas se tornassem visíveis. Usaram os trajetos de voo das aves marinhas em diferentes momentos do dia como uma indicação da distância a que estava a terra. Esse conhecimento de navegação era considerado secreto, de acesso restrito a poucos indivíduos selecionados, e imbuído de significação espiritual. Entre 300 d.C. e 1.200 d.C., com a ajuda de um grupo de navegadores altamente experientes e seus sacerdotes rituais, os polinésios reivindicaram como seu um território que se estendia desde o Havaí ao norte até a Ilha da Páscoa a leste e a Nova Zelândia, a sudoeste.

Seu conhecimento especializado não passou despercebido pelos exploradores europeus que vieram em sua esteira. Em 1769, o capitão Cook pediu a um sacerdote ritual do Taiti, chamado Tupaia, que o acompanhasse em sua viagem de descoberta do Sul. Além de ser um brilhante navegador, Tupaia realizava rituais para fazer os ventos soprarem favoráveis; com isso, guiou a *Endeavour* até a Nova Zelândia, a Austrália e, por fim, Batavia, em Java, onde morreu em decorrência de uma febre.

Querendo negar a reivindicação polinésia de territórios no sul do Pacífico, as potências coloniais insistiam que quando desciam em terra era porque tinham sido desviados do rumo pelos ventos, não porque estivessem deliberadamente explorando novos lugares. Ao mesmo tempo, proibiam a navegação sem bússola ou sem instrumentos mecânicos no Taiti e nas ilhas Marquesas. Por conseguinte, as habilidades e a credibilidade dos navegadores polinésios entraram em rápido declínio. Essas habilidades poderiam ter desaparecido para sempre se não tivesse sido por David Lewis, um aventureiro britânico nascido em 1917. Ele passou vários anos no Pacífico Sul, pesquisando e documentando as antigas técnicas de navegação, percorrendo 20.000 km sob as instruções dos poucos navegadores polinésios e micronésios remanescentes. Como resultado de seu trabalho, foi criada a Polynesian Voyaging Sociedade [Sociedade Polinésia de Viagens]. Em 1976, seus membros levaram Mau Piailug, um dos últimos navegadores tradicionais restantes, de sua casa nas ilhas Carolinas até o Havaí. De lá, em uma réplica das milenares canoas em que seus ancestrais viajavam, Piailug e uma equipe embarcaram em uma viagem de 3.840 km até o Taiti, usando as técnicas tradicionais de navegação. A canoa chegou no momento e no local previstos por Piailug, muito embora ele nunca tivesse navegado por aquelas águas, nem viajado tão longe antes.

"Nossos ancestrais nos ensinaram a ler os elementos", diz o surfista de grandes ondas Brian Keaulana. "Há tantos sinais diferentes que o mar e os céus transmitem que você só precisa saber o que está procurando." Keaulana também fala de seu relacionamento com o oceano, que coloca sua vida em equilíbrio. "O mar me alimenta, consola, me faz relaxar. É um lugar de trabalho e de prazer. É o minha razão de viver."

Tanya Streeter, campeã mundial de mergulho livre, concorda. Ela compreende o que o mar lhe comunica.

"É ali que estou completamente protegida, onde faço o que sei fazer melhor do que qualquer outra coisa na vida... No mar eu não sou julgada. Aquele é o único lugar onde posso me resumir à minha essência e aceitar a mim, minhas performances e capacidades."

Os praticantes de mergulho livre fazem o que outros esportistas radicais consideram *realmente* radical: descer a grandes profundidades no mar, de um fôlego só, ou boiar de barriga para baixo em uma piscina e segurar o ar até o recorde mundial de 8 minutos. Eles conseguem fazer isso redescobrindo e utilizando o reflexo de mergulho dos mamíferos, algo que eles acreditam que existe em cada um de nós como memória do tempo em que os humanos eram animais aquáticos. Quando o reflexo é reativado, o mergulhador experimenta as mudanças fisiológicas que ocorrem quando os mamíferos — sejam eles baleias, golfinhos ou, possivelmente, seres humanos —, seguram o ar e mergulham fundo. O ritmo cardíaco se desacelera, as veias diminuem de calibre para aumentar o envio de oxigênio para os pulmões, aumenta a contagem das células vermelhas do sangue e o tórax se enche de plasma para impedir que os pulmões e o peito afundem sob a pressão da água.

Quando está chegando o momento de um desses mergulhos radicais, Streeter afirma que não fica nervosa sobre ir tão fundo, nem se preocupa se vai ou não sobreviver. Ela tem mais receio de falhar diante das câmeras de TV ou de descobrir que não é tão forte quando achou que fosse. "Mas no momento em que entro na água esses sentimentos evaporam. Eu me escuto dizendo que esse é o lugar em que posso fazer qualquer coisa que eu queira, onde nunca fracassei."

Para Streeter é uma relação que vem desde sua infância nas ilhas Cayman onde o mar era melhor amigo, um santuário que a protegia dos problemas familiares. Quando ela estava com 9 anos, foi mandada para um internato na Inglaterra. Afastar-se do mar ao final das férias era sempre uma experiência dilacerante.

"A última coisa que eu fazia antes de ir embora era entrar na água usando uma máscara, soltar o ar e deitar no fundo olhando para o modo como a luz brinca na areia. Esse era o meu ritual: dizer adeus ao mar. Nunca me ocorreu que poderia ser um tempo muito longo para ficar deitada debaixo d'água ou que fosse uma coisa estranha. Eu me lembro de subir a cabeça à tona d'água e ouvir minha mãe gritando, da areia, que íamos perder o voo."

Quando dava adeus à família no aeroporto ela nunca chorava. Mas quando o avião decolava era outra história. "Eu partia ao meio no instante em que o avião estava alto o bastante para eu ver o mar lá embaixo. Eu me colava na janela e prometia a mim mesma que voltaria."

Até hoje, quando ela sai de Cayman e volta para casa, em Austin, no Texas, experimenta a mesma sensação de perda. "É o meu mar. Posso mergulhar em qualquer lugar, mas nunca é mesma coisa que em seu pedacinho de mar."

Quando ela está em um barco a caminho de um local de mergulho ou retornando de lá, ela encontra um ponto reservado onde pode se sentar e se "comunicar" com o mar. "Não é rezar... Não estou pedindo nada. Só estou conversando de algum jeito. Se é um mergulho importante ou difícil, e tenho êxito, depois de eu voltar à tona torno a afundar quase que imediatamente, sem a máscara. Fico muito comovida. E já tive momento em que fiz conscientemente uma promessa para o mar. A proteção que sinto na água é uma mensagem muito clara para mim e um nítido entendimento de qual é a minha responsabilidade, ajudar a proteger o mar, em troca. Eu sei a dádiva que é ser capaz de usar a minha vida e os meus talentos dessa maneira. Decidi retribuir a dádiva por meio do trabalho ambiental que faço. Foi isso que prometi."

David Abram diz que manter o diálogo com o mundo natural é uma habilidade essencial, atualmente perdida pela maioria dos ocidentais. Abram é ecologista, antropólogo e um mágico muito habilidoso. Começou a aprender os truques de magia ainda na adolescência e pagou a faculdade trabalhando como mágico do Alice's Restaurant, em Massachusetts. Mais ou menos no meio da faculdade, passou um ano viajando pela Europa como mágico de rua. Quando enfim decidiu voltar a estudar, tinha desenvolvido um novo interesse pela ligação entre magia e medicina e, em seguida, viajou extensamente pela Indonésia, pelo Nepal e o Sri Lanka, entrando em contato com os curandeiros tradicionais, a maioria dos quais se considera mágicos. Para eles, a magia não era entretenimento. Ainda assim, embora os resultados finais fossem diferentes, os meios eram muito parecidos com os empregados pelos mágicos ocidentais.

"Quando o mágico consegue fazer uma pedra desaparecer e depois a faz reaparecer do nada", diz Abram, "isso nos deixa sem uma referência de explicação. De repente, estamos flutuando naquele espaço aberto da experiência sensorial direta, de fato indo ao encontro do mundo sem pré-concepções, mesmo que somente por um instante. O mágico é aquele que liberta nossos sentidos dos padrões estáticos aos quais nos acostumamos, mantidos à custa de suposições e de modos obsoletos de pensamento, de velhas fórmulas de fala e discurso".

Ele descobriu que a prestidigitação apareceu originalmente como parte dos recursos de trabalho dos xamãs cujo *modus operandi* consiste em alterar a percepção das pessoas. Os xamãs e curadores que Abram conheceu são os intermediários entre sua comunidade humana e o que ele chama de "o mundo mais-do-que-humano" dos animais, plantas, pedras, águas e clima — tudo que existe no meio ambiente. A tarefa deles é garantir que exista um equilíbrio entre essas duas comunidades oferecendo orações, elogios e mostras de respeito a esse mundo mais-do-que-humano como retribuição pelo fato de os humanos usarem seus recursos. Esses mágicos são "guardiães do limite", garantindo que haja um fluxo de ida e volta entre os dois reinos e impedindo ou atravessando barreiras que deixem de fora do campo da nossa consciência esses poderes "mais do que humanos".

No Ocidente, todavia, o papel real da mágica sofreu um desvio. Em nossa corrida em busca da modernização, como escreve Abram, a humanidade perdeu "a humildade e a graça que decorrem de fazer plenamente parte de um mundo em torvelinho... a elegância de viver em um relacionamento de vários níveis com miríades de coisas, com miríades de seres que nos rodeiam perpetuamente".

Ele diz que é essencial que a humanidade recupere seu relacionamento recíproco ancestral com o mundo natural, não retomando os velhos costumes, mas, em vez disso, completando o círculo "ao assentar nossos novos conhecimentos nas bases dadas pelas formas mais antigas de experiência, unindo nossos lados racionais e cognitivos com uma maneira mais sensorial de ser".

Essa foi uma maneira de ser que ele descobriu por acaso. Enquanto fazia uma trilha por um cânion em Bali, Abram ficou retido por causa de um forte temporal que provocou uma inundação momentânea. A caverna em que ele se havia refugiado logo se tornou uma cela assim que uma cachoeira começou a despencar pela encosta da montanha, fechando a entrada. Seu nervosismo inicial de ficar preso lá dentro logo se transformou em fascinação quando ele reparou que várias aranhas tinham começado a tecer suas teias bem perto da parede de água. Durante horas ele ficou ali, hipnotizado pela sobreposição dos complexos padrões que se estavam formando entre ele e a torrente. De súbito, percebeu que a cortina de água tinha se tornado totalmente silenciosa. Ele tentou ouvi-la, mas não conseguiu: "Meus sentidos estavam em transe." Veio a noite e a chuva continuava caindo sem cessar, mas Abram não sentia nem frio nem fome, "somente uma sensação notável de paz e de estar em casa". Estendendo-se no chão de musgo da caverna, caiu em um sono profundo. Quando despertou, o céu estava aberto, o cânion se mostrava banhado pela luz do sol e as teias tinham desaparecido.

Aquelas aranhas foram sua introdução ao reino dos espíritos e à magia que ele acredita fazerem parte da natureza.

"Foi com aquela experiência que percebi pela primeira vez a inteligência escondida na natureza não humana, a capacidade que uma forma estranha de senciência tem de ecoar a nossa sensibilidade, de instilar uma reverberação na gente que desorganiza temporariamente as nossas maneiras habituais de ver e sentir, deixando-nos abertos para um mundo plenamente vivo, acordado, consciente."

Karsten Heuer e Leanne Allison experimentaram esse eco, essa reverberação. Viajando há quatro meses, eles se encontraram literalmente imersos no rebanho de caribus que estavam acompanhando. No início da migração, os animais tinham-se mantido distantes, sempre guardando uma distância de 100 metros daqueles dois humanos. Agora tinha havido uma mudança. Os caribus passavam a poucos passos deles. Um filhote se deitou à distância de um braço e então adormeceu. Um dia, depois de terem andado durante cinco horas, Heuer falou com a esposa que, até poucos instantes, tinha estado bem perto dele, às suas costas. Quando ela não respondeu, ele se virou para descobrir que ela parara para filmar alguma coisa. No lugar dela, havia um caribu macho. Heuer se virou novamente para frente. Quando um par de cascos entrou no seu campo de visão, ele disse para si mesmo que deveria continuar andando, esperando "que o ritmo que me havia levado até o limiar desse momento continuasse me transportando". Apareceu a galhada, o macho emparelhou com ele, a cabeça e o pescoço balançando ao ritmo de suas passadas. Dois outros machos se aproximaram daquela criatura. Heuer estava no rebanho, um macho entre outros.

"Eu podia ouvir, sentir o cheiro e a presença deles, as narinas bufando, os corpos suados, os olhos castanhos subindo e descendo, me inspecionando da mesma maneira como eu os estava inspecionando. Tudo o mais tinha sido descartado: minha falsa sensação de segurança, minha prepotência, todo lixo dos meus pensamentos. O que me era permitido naquele momento era simplesmente relaxar. Os machos pareceram sentir isso: o olhar deles ficou mais tranquilo, sua respiração se acalmou e, por um breve momento suspenso no tempo, nós nos movemos em conjunto, as batidas de nossos corações e passadas se misturando, enquanto todos nos farejávamos e inspirávamos o ar que os outros tinham expirado."

Seria esse um exemplo dos "relacionamentos em vários níveis" de que Abram fala? Heuer sugere que sim. "Houve momentos em que os caribus realmente pareceram estar nos reconhecendo e estar curiosos a nosso respeito, e a curiosidade é definida como um anseio de interação."

Já no fim da viagem, o casal às vezes saía da tundra encharcada afastando-se dos caribus e subindo até alguma trilha mais no alto. Muitas vezes tiveram a companhia de animais que foram atrás deles.

"Duvido que nos estivessem vendo como parte do rebanho", Heuer diz. "Mas, com o tempo, nossa linguagem corporal e nossa maneira de andar mudaram e começaram a ficar mais parecidas com as deles. Estávamos andando com pernas e braços soltos. Não estávamos mais nos incomodando de ficar expostos aos elementos. Quando chovia, ficávamos molhados; quando atravessávamos um rio, apenas íamos adiante e depois as roupas secavam no corpo, conforme seguíamos andando. Paramos de tentar ficar perfeitamente confortáveis e, com isso, descobrimos que de fato ficamos muito confortáveis. Estou seguro de que isso transparecia no modo como nos movimentávamos e que transmitia algum nível de conforto para os caribus. Havia em nós alguma coisa que dizia 'tudo isso faz parte, então não temos de evitar nada'. Esse se torna um sentimento incrivelmente gratificante. É então que a sensação de ser um só com tudo vem de mansinho e você se sente totalmente integrado no ambiente."

Rupert Sheldrake, biólogo especialista em vida vegetal, oferece outra explicação para a facilidade que se desenvolveu entre os caribus e os dois humanos: a comunicação por meio do que ele chama de campos mórficos.

Sheldrake estudou em Cambridge e Harvard. É ex-pesquisador adjunto do Clare College, em Cambridge, e da Royal Society. Durante sete anos, trabalhou com o desenvolvimento de plantas, na Índia. Depois ultrapassou os limites da ciência tradicional e desenvolveu sua teoria dos campos mórficos e da ressonância mórfica.

O Universo não é governado por leis, segundo Sheldrake, mas por hábitos evolutivos da natureza. Por meio da seleção natural, os animais herdam os hábitos bem-sucedidos de sua espécie. Esses hábitos se tornam instintos e se propagam dentro da natureza por meio de áreas de influência chamadas campos mórficos. Os hábitos atuam como uma espécie de memória na natureza por meio de padrões de atividade vibratória influenciando padrões subsequentes similares, em um processo que Sheldrake chama de ressonância mórfica. Para explicá-lo, ele usa a metáfora da vibração simpática.

"Se você esticar uma corda e fizer com que ela vibre, outra corda começará a vibrar de modo simpático. Se você apertar o pedal de sustentação da nota no piano e colocar a cabeça lá dentro para soltar um som como *Ooooo*, o piano repetirá *Ooooo* para você, pois você colocou as cordas em ressonância."

Sheldrake comenta que os antigos gregos acreditavam que o ímã tinha alma. Quem acreditava nisso também era William Gilbert, um cientista da era elizabetana que, em 1600, publicou o revolucionário *De Magnete*, demonstrando nesse texto que a Terra possuía uma força magnética imaterial. Gilbert também dotava a Terra de uma alma, ou *anima*, que fazia o planeta girar em torno do seu eixo. Sheldrake acredita que a revolução científica "drenou a alma" que o mundo tinha, mas o magnetismo continuou sendo um mistério que ninguém conseguia explicar. Não foi senão em 1831 que Faraday recolocou a ideia da alma no âmbito da nova concepção do campo e das linhas de força do campo que existem em torno dos corpos materiais. Na década de 1920, Einstein estendeu a teoria do campo à gravitação, um campo que coordena e mantém unido todo o Universo, partindo do conceito da *anima mundi*, a alma mundial da Grécia antiga. Seguiram-se-lhe os campos de matéria quântica e, depois, os campos foram introduzidos na biologia na forma dos campos morfogenéticos que organizam o desenvolvimento de plantas e animais. O biólogo britânico C. H. Waddington alegava que os campos morfogenéticos contêm elementos atrativos; em um carvalho, por exemplo, é a forma de a árvore madura atrair árvores novas em sua direção — a *enteléquia* de Aristóteles.

Segundo Sheldrake, "é fato que a alma vegetativa foi reinventada como campo morfogenético. Tudo que a alma fazia antes o campo faz agora. Recuperamos a noção de um universo vivo por meio da ciência moderna e da teoria de campo".

Se o campo mórfico, como campo magnético, está dentro do corpo e à volta dele, esse campo pode ser detectado? Parece possível. Todos já passaram pela experiência de se sentir incomodado quando um estranho se aproxima muito. Em um dos experimentos de Sheldrake, homens vendados caminham entre várias pessoas, colocadas aleatoriamente no espaço de uma sala. A maioria dos homens sente quando está passando perto de alguém, o que, de acordo com Sheldrake, significa que estão captando o campo. Ele oferece a mesma explicação para, quando você fita fixamente a nuca de alguém, a pessoa em geral gira a cabeça para ver o que está acontecendo. E por que em um bando de aves em voo ou em um cardume todos parecem mudar de direção no mesmo momento. Isso tem a ver com fenômenos de campo e, segundo Sheldrake, com mentes que vão além do cérebro e atravessam tais campos, tocando outras mentes.

A comunicação entre espécies é possível? Sheldrake acredita que sim e está realizando experimentos abrangentes sobre comunicação entre seres humanos e animais domésticos. Em um deles, registrado em filme, dois conjuntos de pesquisadores monitoram ao mesmo tempo o comportamento de um cachorro em uma casa e os movimentos de sua dona, que está a vários quilômetros de distância, no trabalho. Quando a dona se prepara para sair da escrivaninha, encerrando seu dia, o cachorro, que tinha dormido a tarde toda, acorda de repente. Quanto mais perto de casa está a mulher — desde que sai do escritório e começa a dirigir pela autoestrada —, mais o cachorro fica agitado até que, quando ela está quase virando a esquina de sua rua, ele começa a latir de excitação.

No número de julho de 2007, do *New England Journal of Medicine*, o dr. David M. Dosa, geriatra do Rhode Island Hospital, descreve Oscar, o gato de estimação de uma casa de repouso local. Oscar tornou-se famoso por indicar quando os residentes estavam perto de morrer porque ele se enroscava na cama, perto deles — um comportamento que ele, um animal geralmente arredio, não manifestava. Após mais de 25 "predições" corretas, os médicos e enfermeiras da instituição começaram a prestar atenção às atitudes de Oscar. Se descobrem que ele se instalou na cama de alguém, chamam imediatamente a família da pessoa.

Todas essas podem parecer teorias fabulosas, mas têm seus paralelos em crenças tradicionais. Na ilha de Bornéu, o povo penan acredita que as árvores florescem quando elas ouvem o chamado das aves *karnkaputt*. Os pios das aves vindos de uma direção trazem boa sorte, mas se vierem de outro indicam azar. Um grupo de caçadores é capaz de dar meia-volta e regressar se ouvir o pio de gavião que come morcegos.

Antes de dar início a sua longa viagem, Heuer e Allison passaram algum tempo no povoamento gwich'in de Old Crow. Ali, as pessoas lhes disseram que deviam prestar muita atenção aos seus sonhos. E também contaram histórias de seus antepassados. Dos tempos em que as pessoas conversavam com os caribus e estes respondiam.

"Com isso, todas essas possibilidades míticas foram explicadas a nós antes de começarmos a jornada", disse Heuer. "Mas elas estavam revestidas das lendas e dos mitos gwich'in e, naquela época, minha reação foi *essa é a tradição nativa de vocês e eu tenho a minha, e as duas não combinam, mas respeito a de vocês.* Então, cinco meses depois de termos partido, ali estávamos nós dois, um casal de brancos criados em Calgary se comunicando com caribus."

Ao final de sua viagem, o casal passou uma semana em Old Crow. Em diversas ocasiões reuniram-se com as pessoas no salão comunitário para relatar suas histórias.

"Muitos sentiram alívio. Disseram que as nossas histórias eram exatamente como as histórias que tinham ouvido de seus ancestrais. Que a cadência e o ritmo da nossa fala lembravam muito a de seus pais, avós e bisavós. Isso demonstrou para nós que a sabedoria que eles achavam que estava perdida porque as gerações mais velhas estavam mortas poderia ser novamente acessada. Está na terra. Está com os caribus."

Durante sua viagem, a visão de mundo de Heuer e Allison mudou. Eles se deram conta de que existem coisas que a ciência não consegue explicar. Passaram a ver a magia da natureza. Aprenderam a observar os sinais da terra, a ouvir com o corpo todo e com o espírito, e a se deixarem guiar pelo que podiam sentir em vez de pelo que viam ou ouviam. Essa mudança em sua consciência permitiu que eles estabelecessem um diálogo com os animais cujas dificuldades eles compartilhavam. Em uma anotação em seu diário, Heuer escreveu: "Uma parte em mim ainda quer perguntar, quer saber exatamente como e por que, [mas] ela está menor do que antes; é uma voz quase inaudível em meio a uma necessidade arrebatadora de me entregar e aceitar. É o ato de me movimentar que me trouxe aqui... Os quilômetros, o clima, os ursos e a incerteza que arrancaram à força da minha cabeça todos os pensamentos irrelevantes, as ações, indagações, os números de telefone e canções. Expurgado, estou à beira de alguma coisa, de algum outro âmbito do conhecimento, sendo empurrado e puxado através do mesmo mundo físico, mas em uma outra dimensão de tempo e espaço".

PARTE TRÊS

De fato: existe mesmo uma zona de mistério em algum lugar, além da fronteira do mundo humano, no fundão do mato, nos céus vazios, nas águas do planeta.

Rob Schultheis, Bone Games

Capítulo 6

Lembrando o Futuro

"Não entendo você", disse Alice. "É terrivelmente confuso!"

"Isso é o efeito de se viver da frente para trás", a Rainha explicou com bondade. "A pessoa sempre fica um pouco atordoada no começo..."

"Viver da frente para trás!", Alice repetiu, muito espantada. "Nunca ouvi uma coisa dessas!"

"... mas há uma grande vantagem nisso: a memória da pessoa funciona nos dois sentidos".

"Tenho certeza de que a minha *só funciona de um jeito", Alice enfatizou. "Não consigo me lembrar das coisas antes que aconteçam."*

*"É uma memória ruim a que só funciona da frente para trás", observou a Rainha.**

Lewis Carroll, Alice no país do espelho

Quando viu o amigo no saguão de embarque do Aeroporto de Heathrow, Jim Duff sentiu que alguma coisa estava errada.

"Nick estava pálido como um fantasma", ele se lembra. "Parecia realmente tenso. Perguntei se ele estava bem e ele me disse *Jim, estou com uma sensação terrível de que não volto dessa viagem.*"

No posto de médico da expedição britânica de 1978 que ia escalar o K2, a segunda montanha mais alta do mundo, Duff achava que sua responsabilidade começaria somente quando a equipe, liderada por Chris Boning-

* Tradução livre do trecho. (N.T.)

ton, incluindo Joe Tasker, Peter Boardman e Doug Scott, chegasse ao Paquistão. Ele esperava lidar com transtornos estomacais, estiramentos musculares, enjoos causado por altitude. Mas não esperava um caso de desequilíbrio nervoso antes de a expedição começar, especialmente de Nick Estcourt, um montanhista experiente, dono de uma personalidade exuberante. Duff receitou umas duas doses de conhaque, ali no bar.

"Aquela era apenas a minha terceira expedição ao Himalaia", ele disse. "Não estava realmente ouvindo o que Nick estava me dizendo. Um ano depois, no máximo, eu teria dito que rasgasse a passagem de avião e voltasse para casa. Antes de você ter essas experiências com a intuição, você não acredita nelas de verdade."

Durante a longa caminhada até o acampamento de base, os dois ficaram na mesma barraca. Certa manhã, Estcourt acordou e contou o sonho estranho que tinha tido. Ficara preso em uma avalanche e estava soterrado debaixo de muita neve. Ele via a cena como se estivesse no alto, e Doug Scott estava na beirada, cutucando a neve entre blocos de gelo, à procura dele.

"Ele disse que sabia que era Doug", Duff acrescenta, "mesmo que parecesse um varredor de neve. Rimos disso. Anotei esse sonho no meu diário e desenhei um boneco de varredor de neve com a cara de Doug. Não levei aquilo a sério."

Cerca de duas semanas depois, Duff estava no acampamento 1, com Bonington. Naquele mesmo dia, um pouco antes, Estcourt, Scott e um carregador hunza para altas altitudes, Quamajan, tinham partido para começar a transportar para o acampamento 2 os equipamentos de apoio para os escaladores principais, Tasker e Boardman. A tarde estava perfeita com vento calmo e céu claro. Duff estava do lado de fora de sua barraca, relaxando à luz do sol, quando uma explosão trovejou e rasgou a paz daquele dia. Lá no alto, à direita do acampamento, uma avalanche vinha despencando sobre penhascos de gelo e deslizando pela encosta onde estava montado o acampamento 2.

"Era enorme", lembrou Duff. "Uma mega-avalanche. Nunca tinha visto uma coisa daquele tamanho, nem antes, nem depois."

Bonington pegou a câmera e começou a tirar fotos. Ele tinha certeza de que os três carregadores estavam fora da linha da avalanche. Duff achava que não.

"Gritei para que ele parasse. Disse que um dos nossos estava no meio daquilo. Eu simplesmente sabia que sim."

Para atravessar a encosta, Doug Scott tinha tomado a dianteira. Enquanto ele abria a trilha, Estcourt e Quamajan descansaram e fumaram juntos um cigarro. Quamajan era o segundo na corda, mas, um pouco antes de se porem em marcha, Estcourt insistiu em trocar de lugar com ele. Scott já tinha alcançado a outra extremidade e Estcourt estava a meio caminho, quando Quamajan ouviu um estalo e viu o topo da encosta se partir em pedaços gigantescos que pareciam um quebra-cabeça; isso indicava uma perigosa avalanche de neve depositada pelo vento e formando uma placa instável. Ele viu que a encosta inteira estava começando a deslizar, que Estcourt estava preso por blocos de neve monumentais. Ele tentou agarrar a corda que unia os dois — as marcas de queimadura em suas mãos mais tarde comprovariam a magnitude do esforço que tinha feito. Enquanto isso, na outra extremidade da corda, Scott fora chicoteado para o meio da avalanche, rolando como um tatu-bola para trás. De repente, aterrissou com impacto na encosta. A corda tinha partido. Abaixo dele, uma massa de gelo e neve despencava ao longo de 1.320 metros, arrastando Estcourt com ela.

A equipe cancelou a expedição. No dia seguinte, assim que surgiu a primeira luz do dia, todos voltaram para o acampamento de base. Scott e Duff foram à frente.

"Voltamos para o glaciar", Duff recorda, "e Doug se soltou da corda e começou a bater o pé no chão entre os blocos de neve na beirada da avalanche, em busca de vestígios de Nick. Fiquei preocupado com ele lá sem estar preso a uma corda quando me lembrei, de repente, *esse foi o sonho de Nick. Foi exatamente isso que ele me disse.*"

Duff é médico, um cientista, mas está convencido de que Estcourt teve consciência de sua morte iminente, de que entrou em contato com algum nível de consciência em que seu futuro lhe foi revelado.

Toda noite, quando adormecemos e sonhamos, entramos em uma outra dimensão da consciência. Nosso corpo está paralisado enquanto nossa mente vagueia à vontade, criando situações, dobrando o tempo, imune aos nossos critérios de espaço e causalidade, vigentes quando estamos acordados. Em nossos sonhos podemos voar, fazer viagens astrais, mudar de forma, contatar os mortos. Coisas impossíveis tornam-se possíveis até que, naturalmente, acordamos e nos damos conta de era tudo uma fantasia produzida por nossa mente.

No século XIII, o poeta persa Rumi escreveu:

> *Part of the self leaves the body when we sleep*
> *and changes shape. You might say, "last night*
> *I was a cypress tree, a small bed of tulips,*
> *a field of grapevines." The the phantasm goes away*
> *And you're back in the room.**

Mas, e se não for tudo fantasia? E se sonhar for mesmo um canal de acesso a outros níveis da experiência? A oniromancia — a interpretação dos sonhos para saber o futuro — tem uma longa tradição. Os sacerdotes do deus egípcio Horus anotaram interpretações de sonhos em papiros escritos por volta de 1.250 a.C. Ainda existem resquícios desses textos, mostrando que vários sonhos eram simplesmente "bons" ou "maus" presságios. Escritos gravados em tabuletas de argila, em caracteres cuneiformes, datados de 669 a.C., faziam parte da biblioteca do rei Assurbanipal, da Assíria. Narram episódios do lendário Gilgamesh e seus sonhos recorrentes, interpretados por sua mãe, Ninsun. O que é considerado o primeiro texto completo sobre interpretação de sonhos, *Oneirocritica*, foi escrito por Artemidorus, um romano que viveu na Grécia por volta de 140 d.C. O filósofo romano Cícero aceitava a possibilidade de os sonhos serem eventualmente precognitivos: "A alma, no sono, dá provas de sua natureza divina".

Na antiga Grécia, os médicos eram treinados para usar os relatos feitos pelos pacientes sobre certos tipos de sonhos, chamados prodrômicos, que eles pensavam ser úteis para diagnosticar doenças. Alguns séculos depois, por volta de 1.900, o russo Vasily Kasatkin, do Instituto de Neurocirurgia de Leningrado, pesquisou mais de dez mil sonhos anotados por 1.200

---

* Parte do eu sai do corpo quando dormimos / E muda de forma. Você pode dizer "Na noite passada / Fui um cipreste, um pequeno canteiro de tulipas, / Um parreiral". Então, o fantasma desaparece / E você está de volta ao quarto. (N. T.)

homens durante um intervalo de quarenta anos. Ele descobriu que a doença está frequentemente associada à recordação de sonhos, em especial pesadelos, e que os sonhos às vezes podem indicar com precisão a localização e a gravidade de um distúrbio antes que ele seja diagnosticado por um médico. Kasatkin acreditava que esses sonhos são causados por estímulos físicos internos, estímulos externos e o ambiente social.

Os sonhos prodrômicos ainda são aceitos por alguns clínicos como sinais do que está ocorrendo no corpo, antes que os sintomas se tornem óbvios e diagnosticáveis. Daniel Schneider, que é psicanalista e neurologista, chama-os de "sistema de alerta precoce" e sugere que nossas células enviam mensagens químicas à nossa mente paraconsciente a fim de alertar sobre nosso estado de saúde.

As pesquisas têm demonstrado que podemos sonhar em todos os estágios do sono, desde o "estágio de vigília", em que o corpo se prepara para apagar, passando pela sonolência e o sono leve até o sono profundo, mas mais intensamente durante a fase REM, de movimentos oculares rápidos, quando se registra uma intensa atividade cerebral. Alguns estudos sobre a atividade cerebral durante o sono REM, assim como pesquisas neuropsicológicas sobre pacientes com lesão cerebral, apontam para uma rede neural específica do sonhar, que porém ainda não foi mapeada em definitivo nem tem seu funcionamento claramente desvendado.

Análises de sonhos anotados em situação de laboratório do sono, salas de aula e diários indicam que, embora alguns sonhos contenham imagens ou cenários enigmáticos, a maioria diz respeito a acontecimentos da vida diária, está ambientado em locais familiares e envolve um conjunto de personagens conhecidos. Embora muitas culturas ao largo do tempo tenham considerado os sonhos altamente simbólicos, o psicólogo e pesquisador de sonhos David Foulkes questiona a ideia de que os sonhos tenham um propósito psicológico na vida em vigília. Para ele, os sonhos são uma simulação razoável do mundo que conhecemos quando estamos acordados, uma representação das atividades e interesses cotidianos, ou o que Freud chamou de "resíduo do dia". Não há mistérios. O sonho é um evento acidental que pode ser usado pelo sonhador para arcar com um conteúdo emocional mais pesado. A maior parte das pessoas se lembra de apenas uma mínima porcentagem de seus sonhos, e uma ideia ou mensagem baseada em um sonho muito provavelmente ocorreu ao sonhador no momento em que acordava ou ao se lembrar de seu sonho e pensar sobre ele.

Em 1998, o alpinista britânico Andy Parkin estava no acampamento de base no monte Hunter, no Alasca, com o alpinista francês François Marsigny, esperando que o tempo abrisse para que pudessem tentar abrir uma nova rota até o contraforte ao norte. Uma noite, ele sonhou que estava no sopé da montanha, aprontando-se para subir, mas que não queria escalá-la. Ele sabia que alguém tinha sido enterrado por uma avalanche em sua encosta e que era tarde demais para salvar a pessoa. Então acordou sentindo-se profundamente perturbado. Naquela mesma manhã, o tempo melhorou, mas o sonho de Parkin o havia deixado tão perturbado que ele insistiu em esperar mais um dia.

À tarde, começaram a chegar aviões naquele glaciar trazendo escaladores a caminho de Denali. Um deles, um italiano, começou a conversar com Parkin e Marsigny. Parkin perguntou se ele tinha alguma novidade sobre a Europa.

"Vocês conhecem Chantal Maudit?", ele indagou. "Pois ela morreu no Dhaulagiri."

A francesa Maudit era montanhista. Vários anos antes, ela e Parkin tinham sido um casal e haviam continuado bons amigos depois que o romance tinha terminado. Ele estava a par da expedição que ela faria a Dhaulagiri e vinha tendo a sensação de que alguma coisa não estava bem. Em estado de choque, foi ouvindo o que o italiano descrevia sobre como tinha sido encontrada já sem vida em sua barraca, parcialmente encoberta por uma avalanche: tinha morrido soterrada pela neve e o gelo ou asfixiada pelos gases do fogareiro.

"Odiei o homem", disse Parkin. "Ele estava ali, falando dela como se fosse só outra montanhista. François me perguntou se eu estava bem. Acontece que ele já sabia daquilo, dois outros membros de uma expedição tinham comentado isso com ele há alguns dias, mas ele estava esperando o melhor momento para me dar a notícia. Eu não conseguia falar. Fiquei ali, parado, pensando *o sonho é isso?*"

Adrian Burgess afirma que normalmente nunca se lembra de seus sonhos, mas de dois que ele lembrou assim que acordou ainda se recorda vividamente. O primeiro foi quando estava escalando Nanga Parbat, em

1990. Tinha entrado em um time pequeno de neozelandeses cujos integrantes, como rapidamente descobriu, eram desorganizados e inexperientes. Apesar das intensas nevascas bem recentes, eles não pareciam se importar com o risco de ocorrerem avalanches. Durante uma investida montanha acima, eles começaram a atravessar uma encosta assustadoramente instável até que Burgess insistiu que deviam voltar. Algumas noites depois desse incidente, estava dormindo no acampamento montado a 6.900 metros quando teve o que descreve como uma "visita" de Catherine Freer, uma escaladora que tinha morrido no monte Logan três anos antes. Burgess nunca fizera uma expedição com Freer, mas tinham se tornado amigos enquanto trabalhavam para a mesma empresa de limpeza de fachadas de vidro no Colorado. Naquela época, ela estava planejando a escalada do Logan com Dave Cheesmond, um montanhista canadense. Burgess lembrava como ela saía correndo em todos os intervalos de almoço para fazer telefonemas relativos à viagem e voltar "alucinada". Ela e Cheesmond desapareceram na montanha.

"Eu a conhecia muito bem, mas não me lembrava dela há bastante tempo e certamente não estava pensando nela naquela hora, em Nanga Parbat", Burgess conta. "E então tive esse sonho, essa visão. É a Catherine, e ela está dizendo *Adrian, você está com as pessoas erradas, cai fora daí agora.* Isso realmente me marcou."

Bem cedo no dia seguinte, ele empacotou todas as suas coisas e deixou a expedição. Pouco depois, os demais começaram a escalar a montanha. Veio uma tempestade e eles foram atingidos por uma grande avalanche. Todos sobreviveram, mas por um triz. "Eles tiveram muita, muita sorte", disse Burgess.

Seu outro sonho memorável foi mais feliz e também estava relacionado à época em que limpava fachadas de vidro em arranha-céus no centro de Denver. O sonho ocorreu em 1993, quando ele estava na Patagônia, a caminho de escalar o Cerro Torre com um grupo pequeno. Dezoito anos antes ele tinha subido com sucesso outra montanha na mesma região, mas agora, aos 45 anos, estava em dúvida se ainda estaria à altura do desafio.

"Estávamos descobrindo uma rota para atravessar um glaciar", ele se lembrava, "e eu estava olhando para o alto da montanha, pensando *isso é uma bela de uma encrenca.* Estava tenso com aquela escalada."

Certa noite, quando estavam acampados em um recôncavo sob o glaciar, Burgess sonhou com o Dalai Lama. A esposa de Burgess, Lorna, é uma advogada especialista em imigração, trabalhando em Salt Lake City, e costuma fazer muitos trabalhos voluntários para organizações tibetanas. Na primeira vez em que o Dalai Lama veio a Salt Lake, o casal foi convidado a participar de todas as cerimônias do "sagrado retiro".

"Estive a três metros de Sua Santidade", Burgess lembrou. "Ouvi-o durante horas, falando ao vivo." E agora tinha um encontro com ele em outra dimensão.

"Ele estava se balançando em uma corda, como se estivesse limpando janelas comigo em Denver. Ficava balançando de lá para cá na frente das janelas, em seus mantos marrom e cor de laranja, repetindo *está tudo bem! Está tudo bem! As coisas parecem bem por aqui, Adrian. U-hu!!* Quando acordei de manhã, depois desse sonho, tinha um brilho em mim e pensei *isso aqui vai dar tudo certo*. E deu. Foi uma expedição perfeita."

Depois da expedição, Burgess voltou de avião para os Estados Unidos, no Dia de Ação de Graças. Chegou à sua casa, em Salt Lake City, bem a tempo do jantar com Lorna e seus amigos tibetanos. Depois da refeição, Lorna teve a ideia de que cada um deveria contar uma história de ação de graças. Burgess contou seu sonho.

"Disse que eu sabia que tudo daria certo na Patagônia porque tinha tido um sonho em que Sua Santidade estava se balançando na frente das janelas, com seus mantos, e fazendo *u-hu!!* Os olhos deles quase saltaram das órbitas."

O dr. Montague Ullman, psicanalista e psiquiatra no Maimonides Medical Center, no Brooklyn, em Nova York, liderou algumas das pesquisas de laboratório mais extensas do mundo sobre sonhos. Ele discorda tanto de Freud como de David Foulkes que dizem que os sonhos são simplesmente um processamento de "resíduos do dia".

"Em primeiro lugar, podemos perguntar por que existe a necessidade de um resíduo do dia servir de gatilho para o conteúdo de um sonho?", ele indaga. "Por que precisamos de lembretes vindos de fora de que existe algo que merece nossa atenção?"

Visto de uma perspectiva biológica, o estágio REM, com seu substrato fisiológico localizado nos pedúnculos cerebrais, é considerado uma forma mais antiga e primitiva de sono do que os estágios não REM. Assim, de acordo com Ullman, pareceria lógico associá-lo com necessidades de sobrevivência mais primitivas.

"Tanto na consciência em vigília como durante o sonhar, está em funcionamento um processo de escaneamento sensível a novidades, mas ele atua em circunstâncias bem diferentes, conforme o momento. Acordados e mergulhados na matriz social, escaneamos um horizonte limitado. Quando estamos dormindo e sonhando, estamos basicamente sozinhos. Estamos temporariamente desprovidos dos revestimentos sociais de proteção e, por isso, potencialmente mais vulneráveis a riscos. Então, temos de estar abertos a um processo de escaneamento muito mais amplo, capaz de registrar uma gama de desconexões possíveis que vão das mais sutis às mais ameaçadoras."

Enquanto estão acordados, montanhistas do calibre de Adrian Burgess e Andy Parkin estão intensa e finamente sintonizados com o ambiente à sua volta, captando todas as mínimas nuances. No sono, então, segundo a visão de Ullman, eles deveriam ser capazes de fazer a mesma coisa, só que em um grau muito mais poderoso. Segundo Ullman, isso sugere como os sonhos poderiam ser canais de acesso a poderes paranormais. "Se levarmos a sério os efeitos psi, é isso mesmo, quer a fonte da desconexão esteja no ambiente imediato, quer esteja em tempo e espaço remotos."

Talvez isso explique os sonhos de John Potter, com rochas caindo no acampamento de base em Annapurna, em 1982. Natural de New Hampshire, Porter estava na montanha com o britânico Alex MacIntyre e o francês René Ghilini. O plano do grupo era demarcar uma nova rota para a face sul de Annapurna, escalando o mais rápido possível e com a menor carga que pudessem levar. Sem acampamentos na montanha para onde fugir, caso as coisas ficassem complicadas. Sem cordas fixas. Sem apoio de qualquer espécie, caso alguma coisa desse errado.

A título de treinamento, passaram dezoito dias praticando subidas em vários picos próximos. Quando finalmente regressaram ao acampamento de base, as nuvens de um temporal já estavam se formando ao redor do cume de Annapurna. Os escaladores fizeram a pausa necessária para esperar que o clima melhorasse. Porter estava na mesma barraca que MacIntyre. Tinham se conhecido dez anos antes, na Universidade de Leeds, onde

Porter, já montanhista experiente, estava fazendo seu mestrado depois de ter-se furtado à convocação para a guerra do Vietnã. Oito anos mais novo e aluno de Direito, MacIntyre tornara-se aprendiz de Porter. Escalaram os Alpes juntos, depois foram para o Himalaia onde realizaram sua primeira subida de Bandaka e da face sul de Changaband. Viajaram juntos pela América do Sul, escalando muitas trilhas com o menor equipamento possível. Por três anos cada um seguiu seu rumo, antes de se reunirem para tentar o Annapurna.

"Nessa altura", como se recordava Porter, "Alex havia se tornado mestre em montanhismo, e eu tinha de dar duro para manter o mesmo ritmo que ele". Sendo um escalador tremendamente ambicioso, MacIntyre estava disposto a tentar superar limites inacreditáveis. Mas uma coisa sempre o havia deixado acovardado nas montanhas: a queda de pedras.

"Muita gente que eu conheço concorda com isso", disse Porter. "Alex sempre teve um medo enorme das rochas. Em outras escaladas eu também testemunhei isso. Éramos todos um pouco idiotas, entravamos em sítios de explosão de rochas e dizíamos *azar, vamos nessa*, mas Alex manifestava uma reação realmente violenta. Ele ficava tremendo. Era uma coisa que ele tinha de se esforçar para controlar."

Noite após noite, no acampamento de base em Annapurna, enquanto Porter ia se entregando ao sono, ficava ouvindo as pedras rolando. Pedras batendo no fundo de penhascos. Rochedos se chocando e quicando pela parede do glaciar, vindo na direção de sua barraca. "De repente eu ficava sentado, totalmente desperto, e me dava conta de que estava totalmente silencioso lá fora, exceto pelos estalos e gemidos usuais do gelo embaixo de nós. Não havia pedras caindo. Mas eu tinha *ouvido* isso. Tive vários desses quase sonhos e, para ser honesto, estava totalmente apavorado."

Ele não comentava nada sobre seus sonhos com MacIntyre porque não queria que ele ficasse ainda mais aflito do que já estava. Sem dúvida, alguma coisa estava deixando seu amigo inquieto. Ele não sossegava. Parecia sentir falta de casa. Não estava no seu bom humor costumeiro. Mas tampouco conversaram sobre isso. Mais tarde, Porter ficou sabendo que o comportamento de MacIntyre tinha sido igualmente estranho nos últimos dias antes de ele sair de casa. Em geral, ele não tinha problemas em se despedir. Saía saltitando, dava uma meia volta para o último aceno com um sorriso travesso, olhos faiscantes e aquela exuberância de cachos de cabelo escuro que lhe davam a aparência de uma invencibilidade juvenil, na qual ele acreditava sem a menor sombra de dúvida e sempre tranquilizava as pessoas que o amavam. Dessa vez, contudo, durante semanas antes da partida, dizia repetidamente para a namorada, Sarah Richards, que ela não deveria se preocupar com ele enquanto estivesse fora, pois não ia ser *essa* montanha que iria matá-lo. Ela se lembra que "ele dizia isso tanto que eu realmente comecei a me preocupar". Em uma carta de despedida, ele escreveu para ela: "Lembre-se de que, seja lá o que acontecer, eu sempre vou te amar".

Ela não foi ao aeroporto com ele. Mas a mãe dele, Jean, foi e ficou muito espantada quando, depois de se despedir, ele se virou e voltou até onde ela estava, insistindo para que ela cuidasse de Sarah e da irmã dele, Libby.

Um tempo ameno se instalou em Annapurna. A equipe teve ali sua janela de oportunidade. Mas Porter estava sofrendo com uma bactéria estomacal e uma sensação cada vez mais intensa de inquietação.

"Eu simplesmente não estava em condições de escalar, nem física, nem psicologicamente. Disse para o pessoal seguir na frente e dar uma olhada rápida na rota. Eu esperava, na hora em que estivessem de volta, já estar me sentindo melhor e então todos poderíamos ir até o cume juntos."

MacIntyre e Ghilini saíram do acampamento de base carregando apenas furadores de gelo e dois ganchos para pedra, sacos de dormir e um mínimo de comida e água. Porter acompanhou o avanço dos dois pelo telescópio. Quando estavam a 8.000 metros toparam com um paredão de pedra que se revelou difícil demais para ser escalado. Recuando um pouco, armaram seus sacos de dormir em uma saliência. Na manhã seguinte, quando Porter os viu se aprontando para partir, de repente as lentes do telescópio se encheram de alguma coisa cor de sangue. "Então pensei *mas o que é isso?* E então me dei conta de que era um deles sacudindo um dos sacos de dormir de cor vermelha bem intensa. Mas fiquei completamente nervoso."

Mais tarde, ele viu os dois descendo por uma garganta. Ele estava preocupado com a posição dos amigos porque o sol tinha batido naquela face da montanha durante várias horas, amolecendo a neve e o gelo acima deles. Mas eles estavam a apenas 300 metros do chão relativamente seguro no sopé daquela encosta e, então, Porter supôs que tinham resolvido correr o risco em vez de ficarem ao relento mais uma noite.

Ele se lembra depois que "os dois estavam atravessando um desfiladeiro. Abaixei o telescópio para limpar um grão de poeira que estava sobre a lente. Quando ajustei de novo o foco, René estava sozinho". Uma única pedra tinha voado desde a face sul de Annapura, com uma mira exata e infalível para acertar MacIntyre. Ela o atingiu na nuca. O corpo inerte foi caindo aos trambolhões ao longo de 1.500 metros de encosta. Quando Ghilini o alcançou, MacIntyre estava morto.

Será que ele havia pressentido a aproximação de sua morte? Será que os sonhos de Porter eram uma premonição daquele acidente? Porter tem uma atitude aberta com relação a essas questões: "Acho que o ponto de partida para qualquer tipo de estranheza é a própria vida. Se estamos aqui, então acho que qualquer coisa é possível".

Montague Ullman considera os aspectos peculiares do sonhar análogos a alguns aspectos da mecânica quântica. Ele vê um paralelo entre os estados opostos da consciência em vigília e durante o sonhar e a natureza dual de um elétron, já que sua natureza muda dependendo de como está sendo mensurado e então se manifesta como uma partícula ou como uma onda. "Acordados, estamos no modo partícula, diante de um mundo de objetos discretos. Dormindo e sonhando, estamos às voltas com sentimentos internos de ressonância, semelhantes a ondas, que buscam se revestir de imagens simbólicas."

Outro mistério da mecânica quântica é a não localidade, a transferência instantânea de informações de uma partícula a outra por meios físicos desconhecidos. O mesmo fenômeno parece ocorrer nos sonhos. O sonho telepático prescinde do espaço; o sonho precognitivo, do tempo. Ullman diz que "enquanto estamos acordados, nossa visão de nós mesmos é de tal que enfatizamos nossa autonomia, nossa individualidade, nossa separatividade. Definimos nossos limites e tentamos trabalhar com eles. O que estou sugerindo — e isso não é nenhuma novidade — é que nosso eu que sonha está organizado segundo um princípio diferente. Nosso eu que sonha está mais voltado para nossa conexão com 'todos' os outros". Em outras palavras, energia e massa são intercambiáveis ($E=mc^2$): acordados, somos massa; dormindo, energia.

Ullman suspeita que nossa capacidade de captar informações sobre o futuro tem relação com a importância de mantermos uma conexão com nosso ambiente humano e natural. Tais poderes são "um desdobramento superficial desse registro ancestral e dessa necessidade de união — um tipo de tecido conectivo profundamente guardado e disponível quando outras estratégias de conexão falham".

Será, então, que os sonhos poderiam servir de um sistema precoce de aviso? Um tipo de sonho prodrômico para aventureiros? Em 1984, Cherie Bremer-Kamp estava trabalhando como enfermeira na UTI de um hospital em São Francisco e planejando uma expedição de inverno até Kanchenjunga, com o marido, o dr. Chris Chandler. Estava procurando alguém que quisesse ir com eles e servir de gerente do acampamento de base, quando lhe ocorreu que uma colega, Lori Orlando, seria a pessoa ideal. Orlando não era montanhista, mas tinha bom preparo físico, era forte e proativa, com boa capacidade de organização e sociável. Ela ficou intrigada com a ideia de tomar parte em uma expedição dessas e rapidamente aceitou. Para assegurar que ela soubesse no que estava se metendo, o casal deu-lhe um verdadeiro calhamaço de informações, inclusive com os problemas médicos que poderiam ocorrer na montanha: toda a variedade de transtornos relativos à altitude, desde dores de cabeça e falta de ar até fraqueza, lassidão e edemas pulmonares e cerebrais. Ela estudou com afinco toda a informação e se encontrou regularmente com Bremer-Kamp para conversar e tirar suas dúvidas.

Certa noite, quando as duas estavam quase acabando o turno, Orlando perguntou a Bremer-Kamp se poderiam ir a algum lugar reservado onde conversar. Ela lhe disse que tinha tido um sonho bastante perturbador. Nele, tinha visto três pessoas perto do topo de uma montanha. Duas estavam subindo juntas e a terceira estava perto, debaixo de umas pedras, aparentemente guiando as outras de algum modo. Houve um problema de comunicação: os escaladores estavam gritando um com o outro, mas não se faziam entender. E estavam caindo muito pelas encostas da montanha. Havia um problema com as luvas, caíam ou eram perdidas. Quando Orlando acabou de contar o sonho, ela disse em um repente: "Cherie, você precisa cuidar das suas mãos. Prometa".

Bremer-Kamp se recusou a levar esse sonho a sério. Ela e Chandler planejavam estar na montanha com um sherpa para ajudar a montar os acampamentos mais baixos, mas iriam sozinhos até o cume. Não haveria um terceiro elemento escalando. Eles sempre tinham luvas extras. E, quando as mãos ficavam frias, eles as aqueciam colocando-as sob as axilas. Era com os pés que eles mais se preocupavam, ela disse a Orlando. E não comentou que ela mesma também estava tendo sonhos perturbadores. Em um deles, tinha rolado com uma avalanche na montanha. Enterrada na neve, saiu do corpo flutuando e olhou lá de cima para ver ela mesma e o marido se abraçando, juntos na morte.

Assim que chegaram à montanha, seus planos para escalar sozinhos mudaram. Seu carregador, Mongol Sing, era um jovem hunza que tinha trabalhado com outras expedições de estrangeiros. Anteriormente, Sing tinha subido somente até 6.000 metros, mas no início da viagem ele foi bem, ajudando a montar o acampamento a uma altitude de 6.900 metros. Quando perguntou se poderia ir com eles em sua tentativa de alcançar o cume, o casal concordou.

Passaram cinquenta dias na montanha, esperando que tempestades amainassem e suportando um frio terrível. Finalmente, alcançaram um platô a 7.800 metros. Mas, na manhã em que iriam fazer sua investida até o topo, Chandler começou a tossir sangue. Seus movimentos perderam a coordenação. Disse para a esposa que tinha ficado cego. Eles sabiam que essa tosse significava o início de um edema pulmonar e que a cegueira era sintoma de um edema cerebral. Todo montanhista receia mais que tudo sofrer de um tipo de edema ou outro. Chandler tinha sido acometido por ambos. Sua única esperança era descer a montanha o mais depressa possível, mas ele mal conseguia andar e nem ficava em pé com ajuda. A adrenalina disparada pelo terror que Bremer-Kamp então sentiu interrompeu a vascularização de suas extremidades e provocou o congelamento de seus dedos das mãos. Ela tirou as luvas: suas mãos estavam "brancas e duras como o mármore". Quando bateu uma na outra, o som que produziram era cavo, metálico.

Durante horas, Bremer-Kamp e Sing tentaram descer Chandler. Tropeçavam, escorregavam, caíam. Seu avanço era de uma lentidão dolorosíssima e, ao cair da tarde, tinham conseguido descer apenas 300 metros.

Cavaram uma plataforma na neve para Chandler, e a esposa tentou enfiá-lo dentro de um saco de dormir. Ele estava confuso e com medo e começou a entrar em pânico. Saindo de dentro do saco aos safanões, ficou em pé e tentou correr. Seus pés enroscaram no tecido do saco de dormir e ele foi ao chão. A respiração dele parou. Bremer-Kamp tentou freneticamente reanimá-lo usando respiração boca a boca e socando o peito do marido com as mãos congeladas. Mas tinha perdido Chandler. Ela se deitou ao lado dele na encosta, apertando seu corpo contra o dele, aquela forma imóvel. Ela queria ir com ele. Unir-se a ele na morte, na montanha. Como em seu sonho.

Se ela tivesse ficado ali mais tempo, totalmente exposta a temperaturas congelantes e ao vento fustigante, seu sonho teria sido realizado. Mas outra coisa começou a chamar sua atenção. Uma "presença sutil" que aos poucos ela foi sentindo mais e mais. Ela reconheceu então seus dois filhos pequenos, em pé ao seu lado, observando a cena solenemente. Ela percebeu quanto eles precisavam dela, de sua orientação pelos anos todos que teriam pela frente. Ela se voltou para eles e então deixou que Chandler seguisse sua jornada, sozinho.

Ela passou a noite tremendo, dentro de seu saco de dormir, a 3 metros do corpo do marido. Então, ela o ouviu tossir e chamar seu nome com uma voz estranha, como um eco. Ela se sentou, assustada e amedrontada. Contemplando o escuro espaço à sua frente, enxergou a forma imóvel do corpo de Chandler, semissentado, semideitado na neve. Ele não tinha se mexido. Ela acha que a voz dele tinha vindo do "túnel", em sua passagem da vida para a morte.

Deitada novamente, ela pensou em todas as miríades de fios de experiências que a haviam levado até lugar, naquele momento. De repente, pescou um fio, com o hospital em São Francisco. Lori Orlando, a aflição em seus grandes olhos escuros, a voz insistente, enquanto contava os detalhes de um sonho que tivera. "Há três pessoas na montanha. Uma está sentada sozinha sob algumas rochas enquanto as outras duas estão descendo... As suas mãos, Cherie. Você tem de cuidar das suas mãos."

De manhã, as mãos dela tinham congelado e se tornado "garras rígidas" e seus braços, pernas e pés estavam duros de frio. Ela não tinha forças para enterrar Chandler nem arrastar seus restos mortais montanha abaixo. Ela o deixou onde ele estava e começou sua longa batalha para conseguir que ela e Sing ficassem em segurança. Sing estava quase paralisado de terror e às vezes ela ficava furiosa com ele por sua inexperiência, despejando seu desespero e sua raiva contra aquele homem aos frangalhos no chão. Foram três dias e noites até alcançarem o acampamento 1. Instalando os pontos para amarrar os cabos, Bremer-Kamp muitas vezes ficou frustrada com seus dedos de madeira e então apenas tirou as luvas para dar os nós. Suas mãos não sentiam mais frio ou dor; os nervos em seus dedos estavam mortos. O caminho inteiro ela sentia a presença de Chandler. Ele estava velando, transmitindo-lhe forças e conforto.

Orlando tinha ficado no acampamento, esperando com forte ansiedade. Seu alívio com a aproximação de Bremer-Kamp e Sing logo se transformou em pesar quando soube que Chandler estava morto. Não obstante, pôs mãos à obra imediatamente na tentativa de aquecer e tratar as mãos e os pés dos dois montanhistas. "Eu estava bastante atordoada", Bremer-Kamp se lembrava. "Mas ficava pensando *oh, meu Deus. Vivemos o que Lori sonhou. Preciso dizer isso para ela.*"

Quando ela finalmente conseguiu trazer à baila a questão desse sonho, todavia, Orlando afirmou que não sabia do que ela estava falando. "Acho que ela ficou com medo, que tirou aquilo da cabeça", comentou Bremer-Kamp. "Ela levou o maior tempão para lembrar vagamente que tínhamos tido essa conversa no hospital."

Bremer-Kampa nunca se esqueceu disso. Seus pés e mãos mutilados são lembretes constantes. A ulceração causada pelo frio extremo foi tão grave que todos os dedos de suas mãos e um terço de cada pé tiveram de ser amputados. Mongol Sing perdeu partes de vários artelhos e dedos. Não demorou muito para ele regressar à montanha onde morreu soterrado por uma avalanche enquanto trabalhava para uma expedição britânica.

Durante muitos anos, Bremer-Kamp foi perseguida pelo sonho de Orlando e pelo fato de que continha um aviso. "Passei muito tempo revolvendo essa história de o sonho ter acontecido de verdade. De que eu tivera essa informação. Por que não agi levando isso em conta? Foram muitas batalhas internas e exames de consciência. Foi muito importante para aceitar o que tinha acontecido entender que sim, que existe um grande plano. Foi como a nossa decisão de levar Mongol conosco no último minuto. Para nós foi uma decisão complexa. Mas o sonho sabia disso o tempo todo."

Pouco depois da expedição, Orlando desapareceu da vida de Bremer-Kamp, de modo que elas nunca mais puderam conversar sobre a premonição. Será que ela mesma tem alguma explicação para o sonho e a "visita" de seus filhos? "Talvez, de algum modo, tudo esteja acontecendo ao mesmo tempo, o passado, o futuro, o presente. Então, a gente pode pular de uma dimensão para outra", ela pondera.

Não é verdade que o tempo anda como uma flecha em uma só e irreversível direção, do passado através do presente rumo ao futuro? A resposta óbvia parece ser "sim", endossada por tudo que vemos e intuímos do mundo a nossa volta. Mas as noções de tempo sempre ocorreram em estado de fluxo. O homem medieval concebia dois tipos de tempo: o do âmbito humano, fluindo do passado para o futuro, e o de Deus, que é toda a eternidade, sem antes nem depois. No início do século XVII, Isaac Newton desenvolveu sua teoria do tempo absoluto que, "por sua natureza, flui de modo uniforme, sem referência a nada externo". Essa noção se sustentou até o início do século XX quando Albert Einstein introduziu suas teorias especiais e gerais da relatividade e o conceito de espaço-tempo, um tecido que pode ser dobrado, estendido ou comprimido. Nesse mesmo período, estava desabrochando um novo ramo da ciência: a física quântica, que estuda o comportamento da matéria em escala atômica e subatômica. Um de seus fundadores, Max Planck, especulou sobre o começo do Universo, quando as medidas de sua densidade e calor exigiam escalas inacreditavelmente diminutas de distância, energia e tempo. Suas tentativas de quantificar isso se tornaram conhecidas como a escala de Planck. O comprimento de Planck é o menor que uma coisa pode ter, e o tempo que um fóton leva para atravessá-lo na velocidade da luz — cerca de 10^{-43} — é conhecido como o tempo de Planck. Nos anos 1950, o físico John Wheeler disse que as teorias de Planck tornavam absurdas as noções ordinárias de mensuração. Segundo Wheeler, se Planck estiver certo, "seriam tão grandes as flutuações que literalmente não existiriam direita ou esquerda, antes ou depois. Desapareceriam as ideias de comprimento. Evaporariam as ideias comuns sobre o tempo".

Meio século depois, os físicos ainda estão intrigados com as implicações da escala de Planck. Segundo teorias recentes, o espaço e o tempo não são um contínuo homogêneo, mas se compõem de grãos, ou quanta. A mecânica quântica permite que todas as partículas de matéria e energia sejam descritas como ondas, e números infinitos delas podem existir na mesma localização. Assim, segundo Carlo Rovelli, um físico francês, se o tempo e o espaço consistem de quanta, eles poderiam ser amontoados em um único ponto sem dimensões. No nível atômico, o tempo desapareceria.

Será que alguma coisa disso tudo ajuda a explicar o fato de que há pessoas que parecem capazes de enxergar o futuro? A maioria dos cientistas diria, em tom conclusivo, que não. Mas Einstein, ao contrário, se manteve aberto ao mistério. Em 1955, quando seu amigo íntimo Michael Besso faleceu, ele enviou uma carta de pêsames à família: "Agora ele partiu desse mundo curioso, um pouco antes de mim. Isso não quer dizer nada. Pessoas como nós, que acreditam na Física, sabem que a distinção entre passado, presente e futuro é apenas uma ilusão obstinadamente persistente".

No início de uma noite de verão em 1984, Ed Webster, um guia de montanhismo de 28 anos de idade, estava conversando com sua namorada, Lauren Husted, no apartamento em que moravam juntos em Boulder, Colorado. Sendo uma ávida escaladora de rochas, Husted estava decidida a aperfeiçoar suas habilidades e já estava liderando algumas trilhas que percorria com Webster nas montanhas ali perto. Mas a ambição de Webster ainda era maior do que a dela; naquela noite, ele lhe confidenciou seu sonho de participar de uma expedição ao Himalaia. Para escalar o Everest.

"Eu estava dizendo a ela que essa era a única coisa que eu realmente queria fazer", ele se lembrava. "De repente ela rompeu a chorar, dizendo 'vou morrer antes de você ir ao Himalaia'. E eu não entendi nada. Eu a abracei, tentando acalmá-la, mas então ela ficou descontrolada. Estava realmente *pirando*, soluçando histericamente, rolando no chão e tudo, e eu só sabia dizer *meu Deus, qual é o problema?* Continuei tentando acalmá-la, tranquiliza-la, dizendo que tomaria muito cuidado, se fosse mesmo na expedição. Finalmente, ela se virou para mim e disse 'nunca poderei dizer ao meu pai quanto eu o amo e quanto ele fez por mim'." Depois que ela se acalmou, Webster secou as lágrimas da namorada, e eles falaram de outras coisas. Embora aturdido com a explosão de Lauren, ele não lhe fez mais perguntas sobre o episódio.

No fim de semana seguinte, no primeiro aniversário de seu relacionamento, eles foram em uma escalada ao Black Canyon no rio Gunnison. Em sua derradeira etapa, quando estavam a 60 metros da borda do cânion, Lauren avisou que queria subir sozinha o resto da parede, sem cordas nem qualquer tipo de proteção. No dia anterior, tinham chegado a um forte bate-boca depois que ela havia feito o mesmo pedido.

"Ela já me havia atormentado com essa ideia de querer subir por essa fenda que se abre no alto da escarpa", disse Webster. "Eu lhe disse que era muito mais difícil do que parecia e que tínhamos de estar unidos por uma corda. Ela continuava insistindo que iria fazer aquele solo e, no fim, eu me aborreci e lhe disse que ela não tinha escolha. Peguei a corda e amarrei a ponta em seu equipamento. Fui à frente e era ainda mais difícil do que eu mesmo tinha esperado, com 24 ou 27 metros de pedra e nível 5.8. Quando chegamos no alto ela disse: 'Bom, acho que foi mesmo uma boa ideia a gente ter usado a corda'."

Dessa vez, no entanto, o trecho era mais fácil, uma travessia que passava por uma série de saliências. Husted mostrava-se inabalável em sua ideia de querer subir sozinha. Mais uma vez, Webster tentou dissuadi-la. Sendo guia de escalada e bem mais experiente, ele se sentia responsável por ela. No fim, e contrariando as próprias convicções, ele cedeu. "Ela ficava repetindo que daria conta, que eu não me preocupasse com ela. Eu estava cansado e desidratado. Não queria passar por outra discussão. No fim, apenas entreguei os pontos e disse 'se você acha que vai dar conta, então que seja'."

Webster foi adiante. Husted estava 6 metros atrás dele. Sua corda estava enrolada em torno de seu peito e da cintura. Ele estava carregando o resto do equipamento dos dois. Ele alcançou a última saliência. O fim da escalada estava a apenas poucos movimentos de distância.

"Quase cheguei!", ele avisou. "Você está bem?"

"Tudo bem, estou chegando", ela respondeu.

Webster observou quando ela estendeu a mão para agarrar a saliência seguinte, em uma borda de rocha. Ele viu quando ela soltou o peso do corpo naquela borda, sem primeiro testá-la. Antes de conseguir alertá-la, a pedra se soltou e Husted caiu para trás, aos encontrões contra a parede de pedra, batendo e quicando rumo ao fundo do cânion, onde Webster não podia mais vê-la. Ele ficou olhando para o espaço que ela havia deixado para trás.

"Foi inacreditável", ele disse. "Horrivelmente inacreditável."

Desesperado ele foi de barriga até o topo do cânion e depois desceu por uma fenda até encontrar o corpo de Lauren. Seus braços e pernas estavam abertos em ângulos estranhos. Ela estava inconsciente, com a respiração entrecortada e sangrando por múltiplos ferimentos. Algumas pessoas que estavam passando na trilha foram buscar o resgate. Mas ela estava além do ponto de ser ajudada. Quando o sol desceu atrás da parede do cânion, ela expirou nos braços de Webster.

A tarefa mais difícil da vida de Ed Webster foi transmitir a notícia para a família dela. Ele ligou de um telefone público com o sangue da namorada ainda em suas roupas. O pai dela atendeu. Webster podia escutar pessoas rindo ao fundo. Estavam dando uma festa porque era o Dia dos Pais. "Tive de dizer a ele que sua filha mais velha tinha acabado de morrer. Pelo resto da minha vida vou lembrar os gritos que ele deu, ecoando dentro da minha cabeça."

Assim como ele se lembrará para sempre da premonição de Husted. Alguns meses depois daquela queda fatal, ele foi convidado a integrar uma expedição ao Himalaia. No final daquele ano, ele estava escalando o Everest.

Vivendo da frente para trás.

Capítulo 7

Estranhas Intuições

O que a intuição perde em precisão ganha sendo imediata. Ela entra em ação quando algum interesse vital nosso está em jogo, rasgando as trevas da noite em que nosso intelecto nos abandona.

Henri Bergson, The Creative Mind

Margo Talbot estava fazendo a trilha que levava até o começo de uma escalada nas Montanhas Rochosas canadenses, em companhia do namorado, quando de repente teve uma forte sensação premonitória.

"Eu lhe disse que ele talvez fosse me achar louca, mas que estava sentindo que, se fizesse aquela escalada, iria morrer. Demos meia-volta e fomos embora para Canmore. No dia seguinte, uma mulher subiu pela mesma trilha com dois homens. Um imenso bloco de gelo se soltou e a matou. Isso aconteceu exatamente no mesmo ponto em que estaríamos se estivéssemos escalando a montanha."

No mundo de Margo, não é incomum ouvir falar de pessoas que insistiram em desistir de uma escalada por sentirem alguma coisa esquisita. Ou por pressentirem um desastre, como uma avalanche ou uma queda de pedras, pouco antes de isso ocorrer.

Em 1986, John Porter estava dormindo profundamente em sua barraca, no acampamento 1 na K2, onde fazia parte de uma expedição britânica para subir a cordilheira de noroeste. No meio da noite, ele acordou de supetão e se viu sentado totalmente desperto, as costas retas, completamente "ligado". "Pensei *o que está acontecendo, por que estou tão acordado?* E o que aconteceu em seguida foi um poderoso ribombar, quando um pedaço imenso do Pico do Anjo veio deslizando na nossa direção." O serac solto não acertou o acampamento, mas Porter ainda fica matutando sobre o que foi que o alertou, segundos antes de o bloco de gelo se despregar da encosta.

Uma sensação, um palpite, sexto sentido — essas palavras costumam descrever a intuição agindo. O termo deriva do latim *intueri*, "olhar para dentro", e o dicionário a define como uma "forma de conhecimento direta, clara e imediata, capaz de investigar objetos pertencentes ao âmbito intelectual, a uma dimensão metafísica ou à realidade concreta".* Carl Jung dizia que a intuição é a percepção de realidades desconhecidas para a mente consciente e uma das nossas quatro funções básicas, juntamente com a sensação, o sentimento e o pensamento. Parece que a intuição é acessada por meios diferentes: em pensamentos repentinos e de indiscutível clareza, em emoções ou por meio de sensações físicas. Nos Estados Unidos, dizemos que é um *gut feeling* [algo que se sente no meio do abdome]; no Japão, o termo para a pessoa que está levando a intuição em conta se traduz como captar "a arte do estômago".

Embora os cientistas ainda tenham de compreender o que é a intuição e como ela opera, muitas pessoas levam-na muito a sério e recorrem a ela para obter informações sobre si mesmas, sobre outras pessoas e sobre o meio ambiente. Em 1992, Peter Vegso, o diretor da HCI, uma editora que estava em apuros, conheceu um escritor que estava tentando vender um livro de ensaios sobre motivação para o qual, até então, tinha recebido apenas incontáveis cartas de rejeição. Vegso teve uma sensação boa a respeito do autor e um palpite de que deveria comprar seu trabalho. Sem sequer examinar o manuscrito, concordou em publicá-lo. Seu palpite acabou se mostrando acertado. O livro *Canja de galinha para a alma* vendeu mais de 70 milhões de exemplares em 35 línguas e transformou a HCI em uma das maiores editoras fora de Nova York. Vegso ainda presta atenção ao que "sente no meio do abdome". Não acredita em planos para cinco ou dez anos, mas acredita em intuição. E não é o único. Uma pesquisa realizada em maio de 2002 pela Christian and Timbers, uma empresa de "caça a executivos",

* Cf. *Dicionário Houaiss da língua portuguesa.* (N.T.)

revelou que, dos 601 executivos listados na *Fortune* entre os 1.000 empreendimentos mais lucrativos dos Estados Unidos, 45% admitiram confiar mais na intuição do que em fatos e números, na condução de seus negócios.

Os psicólogos comportamentais classificam os pensadores intuitivos como criativos, alertas, confiantes, informais, espontâneos e independentes. Essas pessoas não têm receio de suas experiências e estão abertas a novos desafios. Podem conviver com dúvidas e incertezas. Esse também é um perfil abrangente de pessoas que correm riscos extremos, tanto profissionalmente como em suas aventuras.

"Quando você está entrando em uma área com muitos elementos desconhecidos e a experiência é importante", diz Howard Gardner, professor de cognição e educação na Universidade de Harvard, "se você não confiar na intuição estará se limitando bastante". E, se você for um esportista radical, talvez acabe morrendo.

No verão de 2000, os montanhistas americanos Timmy O'Neill e Miles Smart estavam no interior do Paquistão, tentando realizar a façanha de uma escalada acelerada em um dia só da Trango Tower, um impressionante pináculo de granito com mais de 6.000 metros. Estavam escalando atados por um cabo, os dois ao mesmo tempo, em vez de um subir na frente um trecho, protegido pelo que fica atrás. Esse método oferece mais rapidez, mas muito menos proteção, no caso de uma queda.

Alcançaram uma plataforma no alto da subida. Smart olhou para a parede intimidadora que ainda restava escalar. Virando-se para O'Neill ele disse: "Estou com uma forte sensação de que devemos voltar". O'Neill não questionou o companheiro, e eles imediatamente começaram a descer.

"Será que acreditei na sensação de premonição que ele teve?", indaga O'Neill. "Não sei. Na hora, o que eu pensei foi que ele estava cansado, que ainda faltava muito para subir, que ele estava preocupado com o fato de que só chegaríamos ao topo à noite e então ficaríamos presos. Mal tínhamos levado água ou comida, nossa roupa era bem leve e não tínhamos sacos para dormir. Se viesse uma tempestade, poderia ter nos matado. Então respeitei o desejo dele de voltar." No dia seguinte, voltaram ao paredão.

"Ali estávamos nós, no alto do Himalaia, tão longe quanto se podia imaginar, escalando com calçados para pedras", O'Neill se recordava. "Estávamos equipados com o mínimo possível, em um dos lugares mais áridos e inóspitos do mundo. Era tudo precário. Naquele mesmo dia, um pouco mais cedo, tinha caído gelo perto de nós, porque o sol tinha brilhado com força naquela encosta. Mas estávamos muito empolgados, decididos a ter êxito, gritando um para o outro como seríamos os primeiros a vencer aquele pico em um dia só."

O'Neill estava quase no mesmo ponto alcançado antes. Estava escalando um trecho de rocha lisa que só oferecia mínimas ranhuras onde fincar os *stoppers*, uns anéis de alumínio atados a alças feitas de arame. Ele enterrava cada anel em uma ranhura e amarrava em um pequeno estribo que encaixava na alça. Esses estribos serviam de pontos onde ele se agarrava, mantendo um equilíbrio precário enquanto dava passadas largas para passar de um para outro. Como medida de proteção, ele se enganchava nos *stoppers* com sua "corrente margarida", uma tira reforçada costurada de través a intervalos de 5 cm e que estava presa em seu arnês. Smart ainda estava se içando pelo cabo até o alto daquele último trecho, de modo que o único outro ponto de proteção de O'Neill era a âncora a que seu cabo estava amarrado, mais ou menos 30 metros abaixo.

"Eu estava em uma ranhura paralela muito rasa, muito difícil de subir por ela sozinho", disse O'Neill. "Instalei um *stopper*, fiquei em pé sobre ele, instalei outro, fui para ele. Eu tinha de me mexer depressa, parecia uma aranha histérica subindo a pedra. Vi um pedaço da escalada do dia anterior, que Miles tinha deixado ali. Enganchei nele o meu cinto reforçado, sem testar. Achei que estava fixo. Assim que soltei o peso do meu corpo, senti que ele se despregou da rocha."

Ele caiu mais ou menos 4 metros até se apoiar em uma pequena saliência, quicou para fora dela e passou voando ao lado de Smart. Enquanto voava, lembrava de ter pensado se a âncora em que seu cabo estava amarrado conseguiria sustentar o peso e deter sua queda ou se seria arrancada da rocha também, o que o enviaria a uma queda de muitos mil metros, direto para a morte. Ela aguentou. Será que ele também pensou no fato de que tinha caído muito perto do ponto em que Smart tivera sua premonição no dia anterior?

"Não. E não senti nada antes de cair, exceto o perigo daquela situação. Estava pensando que deveria estar dando uma volta no cabo. Havia uma fala interior *amarre o cabo, amarre o cabo.* Tomei a decisão de ignorar isso e continuar seguindo adiante, para ir mais rápido."

Ele diz que sua falha principal foi não ouvir sua intuição, aquela "fala interior". Além de escalador, O'Neill também é caiaquista de corredeiras, caminha em cabos de aço esticados em altas altitudes, pratica *BASE jumping* e *paragliding*. Em todas essas atividades, ele sempre força seus limites. E confia em sua intuição.

"É estar exposto; então, quando acontece alguma coisa, você sente no ato e reage. É a mesma reação instantânea, nua e crua, não importa se está atravessando um cabo de aço, escalando sozinho, ou a ponto de entrar em uma corredeira de nível 5. Uso tanto a minha intuição que está na minha 'área de trabalho', um aplicativo comum que abro o tempo todo. Uso para ler e avaliar a face de uma rocha, um rio, o vento. É quase como telepatia. A intuição faz parte da sua aura. É a sua vibração. É mais uma essência do que uma evidência empírica."

A piloto e paraquedista de altas altitudes Cheryl Sterns chama sua intuição de "um anjo que às vezes se instala no meu ombro e fala comigo". Quando ele diz alguma coisa, ela aprendeu a dar ouvidos.

"Certa vez, tive um problema com o meu Cessna", ela lembrou. "Eu estava em terra e deveria estar decolando, mas tive uma sensação no meio do abdome, e a minha barriga estava literalmente toda se retorcendo, uma coisa dizendo fortemente que eu não deveria ir. Fiquei tentando me convencer de que devia logo decolar, mas por dentro eu estava toda dividida. Tinha alguma coisa me perturbando de verdade. Então, gastei um monte de dinheiro e mandei vir um mecânico realmente muito bom para examinar o avião. Ele encontrou uma série de problemas de manutenção na asa. Se eu tivesse voado, ela teria se soltado em uma, duas horas no máximo. O cara de quem eu tinha comprado o avião não tinha feito o reparo correto, mas não tinha como saber a menos que alguém entrasse nele para fazer uma avaliação para valer."

Será que houve alguma coisa subliminar que Sterns tinha percebido, como um ruído discreto ou alguma leve trepidação na asa que, em um nível subconsciente, ela poderia estar captando? Ela não sabe. Foi simplesmente uma sensação que ela não consegue explicar e também não questiona.

Rupert Sheldrake sugere que a intuição pode ser um tipo de sistema de alerta precoce, instalado em nosso sistema biológico, que nos prepara

para emergências com indicações internas. Ele tem um grande banco de dados com episódios envolvendo pessoas que perceberam algo desastroso prestes a acontecer e agiram com base nessa percepção, como frear o carro exatamente antes que o veículo da frente bate ou rodopie descontrolado. Ele acredita que esse é um fenômeno comum em esportes de velocidade, como esquiar nas encostas de montanhas, quando as pessoas estão reagindo rápido demais para realmente virem o que está acontecendo e aceitarem essas informações do modo normal.

No ambiente selvagem, os animais usam esses "sistemas de alerta precoces" o tempo todo, reagindo a mudanças atmosféricas, dirigindo-se para locais onde é seguro caçar, descobrindo como evitar predadores. A seleção natural garante que os animais mais intuitivos se desenvolverão e sobreviverão mais tempo. Antes que Karsten Heuer e Leanne Allison tivessem saído do povoado em Old Crow em sua longa caminhada seguindo os caribus, alguns anciães gwich'in lhes disseram que os caribus têm a capacidade de prever o futuro. Alguns anos antes, segundo eles, os animais tinham partido normalmente em sua migração de outono, cruzando o rio Porcupine perto de Old Crow rumo ao sul, para o território onde passam o inverno, além da linha das árvores. No último mês de outubro, de repente todos eles voltaram. Foram para o norte, através do rio, e ficaram lá quando o inverno chegou, como se estivessem começando a migração da primavera. Todos em Old Crow ficaram perplexos. Isso nunca tinha ocorrido até então. Dois meses depois, em janeiro, houve uma onda incomum de calor. Caiu uma chuva intensa e por toda parte ao sul do rio Porcupine, incluindo a região em que os caribus passavam o inverno, uma camada inquebrável de gelo recobriu tudo. Os animais não poderiam cavar no gelo para pastar os líquens e o mato rasteiro. Entre os alces houve um alto índice de mortandade. A área para onde os caribus tinham ido uns dois meses antes, no entanto, foi poupada pela chuva e, como puderam achar o que comer, o rebanho todo sobreviveu.

Há milhares de anos se acumulam relatos de animais antecipando-se a eventos naturais, em especial terremotos. Em 373 d.C., ratos, serpentes e castores foram citados em episódios narrando sua fuga da cidade grega de Hélice alguns dias antes de ela ser totalmente destruída por um terremoto. Desde então, são incontáveis as histórias com animais, domésticos ou selvagens, que manifestam um comportamento estranho alguns dias antes de um terremoto: galinhas param de pôr ovos, abelhas abandonam suas colmeias, lampreias se agitam à tona d'água, cachorros latem sem motivo, gatos saem correndo, cavalos escoiceiam as portas dos estábulos. Em 1974, mais de um milhão de pessoas foram obrigadas a evacuar a cidade de Haicheng, na província de Liaoning na China por causa de uma rara série de pequenos abalos sísmicos acompanhados de relatos maciços de comportamento animal incomum. Daí a poucas horas, houve um terremoto de 7.3 graus na escala Richter. Cerca de 90% das construções da cidade foram destruídas e, em toda a região, no total 2.000 pessoas morreram ou ficaram feridas — muito menos do que se a população tivesse permanecido na cidade. Um ano depois, outro terremoto atingiu a cidade de Tang Shan; apesar de sinais geológicos e animais similares, não foi organizada a evacuação em massa da cidade e isso custou a vida de mais de 250.000 habitantes. Atualmente, o Serviço Sismológico Chinês reconhece a validade de relatórios de comportamento incomum em animais. O zoológico Ashan, na província de Liaoning, e uma rede de zoos em Xangai têm programas sismológicos em andamento com a captura assídua de imagens dos animais que vivem ali para acompanhar eventuais mudanças em seus padrões habituais de comportamento.

Após o tsunami na Ásia em dezembro de 2004, Rupert Sheldrake reuniu relatos de comportamentos de animais pouco antes da catástrofe. Elefantes no Sri Lanka, em Sumatra e na Tailândia foram vistos abandonando as regiões litorâneas e procurando terras mais altas. Em Galle, no Sri Lanka, alguns donos de cães disseram que seus animais se recusaram a sair para o passeio matinal naquele dia e que na praia de Ao Sane, na Tailândia, os cachorros subiram em disparada até o alto dos morros. Um nativo de Bang Koey, na Tailândia, disse que um rebanho de búfalos que estava pastando perto da praia de repente ergueu a cabeça em um movimento só e virou para olhar o mar com as orelhas em pé.

As teorias propostas pelos cientistas para explicar esses fenômenos incluem a capacidade que os animais têm de captar vibrações de ultrassom emitidas pelos microssismos causados pela fraturas nas rochas no fundo da terra, e sua sensibilidade para variações no campo magnético do planeta, que ocorrem perto do epicentro dos terremotos. Essas mudanças ativam os centros de medo no cérebro dos animais e preparam-nos para o modo "fuga".

Os seres humanos seriam também capazes de captar sinais sutis de mudanças no meio ambiente? Após um terremoto e um tsunami terem atingido as ilhas Salomão no início de 2007, houve relatos de crianças da aldeia de Gizo, perto do epicentro do abalo, que decidiram não ir nadar naquela manhã, o que era muito incomum, e de pescadores que de repente voltaram para casa em suas canoas esculpidas a mão em troncos de árvore porque tinham percebido "correntes estranhas" no mar. Nos dois casos, essas premonições lhes salvaram a vida.

"A intuição tem a ver com o corpo traduzindo a energia que ele captou", diz Marlene Smith, uma veterinária e montanhista que vive na ilha de Vancouver. "Os animais ouvem essas mensagens físicas, mas a maioria dos humanos as descarta com alguma explicação racional."

Em 1974, Smith estava na cordilheira russa Pamir, escalando o pico Lênin com uma expedição holandesa. Estavam no acampamento instalado já no alto da encosta, em meio a preparativos para alcançar o topo à altitude de 7.200 metros, quando Smith teve um ataque de pânico. "Devia ser por volta de 5 da manhã", ela se lembrou. "Todo o meu ser estava berrando comigo, que eu tinha de sair daquela montanha. Não havia nenhum motivo aparente para isso, mas eu não consegui dissipar o medo. Eu era como um animal que só tinha de fugir dali correndo."

Enquanto ela empacotava suas coisas, o resto da equipe tentou dissuadi-la dessa decisão, dizendo que era somente a altitude e a perspectiva de chegarem ao topo que a estavam deixando com medo. Mas ela não quis ouvir. Desceu a montanha o mais rápido que pôde e só quando chegou ao acampamento de base foi que seu pânico diminuiu.

No dia seguinte bem cedo o que a despertou foi um silêncio que não parecia natural. Não muito longe do acampamento de base havia um grupo de pastores e, em geral, ao raiar do dia, seus cães latiam e uivavam. Agora, porém, a quietude era muito estranha. Não só porque os animais estavam calados, mas na atmosfera, no ar. "Era quase como o rio tivesse parado de correr", ela disse.

Ela estava meio cochilando quando, de repente, o chão começou a se sacudir.

"Lembro que pensei que eu estava em um barco. Então acordei de uma vez e ouvi as pessoas gritando, de dentro das outras barracas, *terremoto, terremoto!*"

Em um segundo ela estava do lado de fora. "A montanha inteira estava balançando", ela disse. "Víamos avalanches despencando por todas as encostas. Então, os cachorros começaram a latir feito uns alucinados."

Aquele foi um terremoto de 7.8 graus na escala Richter. O gelo e a neve que se soltaram por causa dele do pico Lênin prenderam incontáveis escaladores. Então começou uma tempestade. Passaram-se quatro dias antes que os demais membros da expedição de Smith conseguissem descer em segurança. Treze escaladores morreram naquela montanha, incluindo uma equipe inteira de oito escaladoras soviéticas.

Durante uma expedição exploratória ao K2, em 1938, o Dr. Charlie Houston estava percorrendo a trilha desde o acampamento de base até o glaciar que hoje é conhecido como Baltoro, acompanhado de um montanhista britânico, Norman Streatfield, e mais três carregadores hunza. Tinham alcançado a marca dos 5.700 metros e estavam caminhando por um trecho relativamente plano do glaciar, com mais ou menos 4 metros de largura, quando ouviram sons estranhos que pareciam vir do alto da montanha.

"Não era vento e não era uma avalanche", disse Houston. "Não era gelo estalando, nem nada que se parecesse com as coisas que costumamos ouvir nas montanhas. Esse som lembrava mais uivos ou gemidos. Todo mundo ouviu."

Os carregadores ficaram com medo. Disseram que os sons vinham de um *yeti* e que era um aviso para que saíssem daquele lugar. Eles queriam dar meia-volta ou seguir adiante o mais depressa que pudessem. Houston e Streatfield desconsideraram aquilo tudo, achando que não passava de superstição.

"Não demos muito atenção. Não acreditávamos em *yeti*. Mas os carregadores foram insistentes. Disseram que os sons eram um aviso de que aquele era um lugar muito perigoso para nós. E nos fizeram andar muito ligeiro."

Ao longo dos dias seguintes, enquanto procuravam uma rota até o topo, Houston não pensou mais nos sons. Mas, no caminho de volta ao acampamento de base, quando chegaram àquele local onde tinham ouvidos os uivos, viram que uma avalanche tinha descido do pico Largo e varrido o glaciar de cima a baixo.

"Tinha sido enorme", disse Houston. "Se tivéssemos ficado ali depois de termos ouvido os sons, teríamos sido arrastados pela avalanche."

Houston é um cientista, famoso — entre outros motivos — por seu trabalho com medicina de alta altitude e por ter construído um primeiro modelo de coração artificial. É um pensador racional. Qual foi sua opinião sobre aquele incidente?

"Os sons não foram uma alucinação. Bem lá no alto, as alucinações são comuns e sabemos bastantes coisas a respeito delas, sabemos que são uma decorrência de edema cerebral causado por alta altitude. Aquilo foi outra coisa. Todo mundo ouviu os sons. Os carregadores nos alertaram. A avalanche aconteceu. Esses são os fatos. Não consigo explicar nada disso."

Em 1985, Carlos Carsoglio estava escalando Nanga Parbat com uma equipe polonesa, tentando chegar ao pico sul da Face Rupal, a maior parede montanhosa do mundo. As condições do tempo eram tenebrosas, com nevascas tão intensas que muitas vezes os homens não conseguiam se enxergar. Durante a subida, eles se comunicavam por rádio, e suas conversas eram gravadas pelo pessoal no acampamento de base. Antes de chegarem ao alto dessa encosta, ficaram sem comida e sem combustível. Durante sua descida desesperada, todos se sentiram muito próximos da morte.

De volta ao acampamento de base, enquanto se recuperavam da dura provação por que tinham passado, escutaram as gravações de seus diálogos. Ficaram chocados. Os escaladores poloneses não falavam espanhol e Carsolio não falava polonês, assim normalmente conversavam em inglês. Durante a parte final de sua subida, porém, assim como durante o caminho de volta, todos tinham voltado a falar em suas línguas nativas. Quando ouviram as fitas, os poloneses não conseguiram entender Carsolio e este não conseguiu entender os outros.

"Mas quando estávamos lá em cima nos entendemos perfeitamente", disse Carsolio. "Tínhamos aberto alguns canais em outro nível de comunicação." Carsolio acredita que foi uma forma de telepatia que, como outros fenômenos paranormais que ele vivenciou, acontece em determinadas condições de foco, medo e sofrimento.

"Quando uma escalada não era tão complicada nunca tive essas experiências. Mas, quando a situação realmente se mostrou extrema, especialmente quando se está à beira da morte, alguma coisa naquele momento faz *puf!* E o canal se abre."

Segundo Rupert Sheldrake, a telepatia — obter informações dos outros em tempo real, mesmo a distância — é uma forma de intuição. Ele sustenta que há dois tipos principais de telepatia. Um é a transferência de pensamentos, que geralmente ocorre entre pessoas que têm alguma espécie de ligação, estão espacialmente a pouca distância e têm consciência de sua presença recíproca. O outro é exemplificado nos "pedidos de ajuda" entre pessoas que têm uma ligação forte.

O termo "telepatia" — de *tele* = longe e *pathos* = sentimento — foi criado na década de 1880 por Frederic Myers, membro da Universidade de Cambridge e um dos fundadores da Society of Psychical Research. Ele a definiu como "a comunicação de impressões de qualquer tipo, de uma mente a outra, independentemente dos canais sensoriais conhecidos".

Seu trabalho foi ampliado nos anos 1930 pelo professor J. B. Rhine, que se tornou interessado pela paranormalidade enquanto cursava sua graduação em Biologia na Universidade de Harvard. Insatisfeito tanto com a filosofia científica materialista como com a religião ortodoxa, estava querendo investigar "qualquer fato desafiador que possa conter possibilidades de novos *insights* sobre a personalidade humana e suas relações com o Universo". Então, assistiu a uma palestra ministrada por *sir* Arthur Conan Doyle sobre suas experiências com médiuns espíritas após a morte de seu filho. Rhine havia encontrado seu "fato desafiador".

Por natureza, Rhine era um cético. Com sua esposa, que também era bióloga, passou vários anos analisando dados coletados pela American Society for Psychical Research, "tentando discernir o eventual grão de verdade do joio imprestável que constitui a maior parte dos textos espiritualistas". Depois de algum tempo, terminou aceitando um cargo no Departamento de Psicologia da Universidade Duke, onde se envolveu no estudo da telepatia e da clarividência.

Rhine estava convencido de que o recém-criado campo da Parapsicologia deveria ser uma ciência regular de laboratório, usando métodos experimentais rigorosos. Ele elaborou um programa de pesquisa científica da capacidade que algumas pessoas demonstram para acessar informações por outros canais que não os cinco sentidos conhecidos e a denominou percepção extrassensorial — PES. Ele e seus colegas criaram as cartas Zener, cada uma das quais exibe um símbolo: círculo, cruz, quadrado, estrela e três linhas sinuosas, associadas a números aleatórios. Em um teste de telepatia, depois que as cartas são embaralhadas, o homem tem de adivinhar a sequência de cartas enquanto o experimentador olha para elas. Em um teste de precognição, o homem tenta adivinhar a sequência antes que as cartas sejam misturadas.

Muitos anos depois, o astronauta Edgar Mitchell interessou-se pela ideia de que as realidades espiritual e física se encontram nos fenômenos paranormais. Durante a missão da Apollo 14, em 1971, ele usou as cartas Zener em experimentos telepáticos organizados em sigilo com um grupo de colaboradores na Flórida. Em horários previamente combinados, duas vezes a caminho da Lua e duas vezes na volta, ele associou uma carta Zener com um número aleatório e então se concentrou nos símbolos durante 15 segundo enquanto os colaboradores — dois médicos pesquisadores e dois paranormais — tentaram intuir essa mesma sequência. Das duzentas sequências que Mitchell completou, quarenta correspondências corretas foi um resultado atribuído ao que se obteria do mero acaso. Dois participantes na Terra verificaram 51 sequências corretamente, o que superou em muito as expectativas de Mitchell.

Quando a notícia desse experimento vazou para a imprensa, a reação foi negativa. Um herói americano envolvido em atividades que cheiravam a ocultismo! Mitchell não se abalou. Mais tarde ele comentou que experiências paranormais "não são mais espantosas nem místicas do que o fenômeno de um pensamento criativo que surge espontaneamente na cabeça de alguém. Todos experimentamos esse tipo de pensamento e o aceitamos como natural, mas nem todos já tivemos uma experiência do primeiro tipo e por isso ela parece bizarra".

Na década de 1960, Montague Ullman e seus colegas realizaram testes de laboratório com telepatia no sonho, trabalhando com homens adormecidos em laboratórios à prova de som. Quando um homem entrava no estágio REM do sonho, um emissor — às vezes à distância de 72 km — tentava transmitir mensagens. No final do período de sonho, o homem era acordado e solicitado a contar o sonho. Com base em uma técnica denominada "meta-análise", largamente usada em medicina, em que os resultados de vários estudos são combinados, o índice de acerto das sessões de telepatia no sonho foi de 63%, contra 50% do esperado em acertos casuais.

Uma década mais tarde, foram desenvolvidos os testes de telepatia de Ganzfeld. O homem está deitado em estado de relaxamento enquanto outra pessoa, em outro edifício, olha para fotos e tenta transmitir as imagens telepaticamente para o homem, que deve descrever as imagens que está recebendo em sua mente. O resultado esperado de acertos ao acaso é de 25%. De todos os experimentos Ganzfeld realizados entre 1974 e 1985, o índice de acerto foi de 37%, e um resultado ainda maior ocorreu quando o emissor e o receptor se conheciam bem.

Apesar desses indicadores, tais experimentos são considerados com muito ceticismo pela maior parte da comunidade científica. Rupert Sheldrake afirma que, sem dúvida, eles fazem parte de um dos mais rigorosos e monitorados campos de pesquisa em ciência. Ele diz que os "experimentos se mostraram passíveis de repetição. Foram replicados independentemente em vários países; continuam gerando resultados significativos. Seus efeitos são relativamente pequenos, mas nem por isso deixam de ser claros, demonstrando por uma grande margem que não são devidos ao acaso".

Seus comentários são endossados pelo trabalho da Dra. Jessica Utts, uma estatística da Universidade da Califórnia. Em 1995, Utts foi contratada pelo Instituto Americano de Pesquisas para examinar os resultados de duas décadas de experimentos patrocinados pelo governo sobre fenômenos paranormais, em particular com visão remota, feitos para a CIA. Ela ficou impressionada com a meticulosidade da metodologia, assim como com os resultados. De acordo com a meta-análise dos resultados levada a cabo por Utts, na visão remota o homem pôde identificar corretamente o alvo 34% do tempo.

"Adaptando esse padrão para qualquer outra área da ciência", ela escreveu, "conclui-se que o funcionamento paranormal foi bem comprovado. Os resultados estatísticos das pesquisas examinadas encontram-se muito além do que seria esperado do acaso... A magnitude do funcionamento paranormal exibido parece se situar entre o que os cientistas sociais chamam de um pequeno e médio efeito. Esse meio é confiável o suficiente para ser replicado em experimentos realizados adequadamente com um número suficiente de repetições para obter os resultados estatísticos de longo prazo necessários à replicabilidade".

Mesmo que testes como o Ganzfeld indiquem que a telepatia de fato parece ocorrer, eles não esclarecem como isso acontece. Rupert Sheldrake acredita ter uma resposta para tanto, com sua teoria da mente estendida. Ele diz que a mente se estende mais além do cérebro por meio de um sistema de campos mentais que coligam os organismos uns aos outros e ao seu ambiente. Embora ele admita que essa é uma noção altamente especulativa, sem provas científicas que a endossem, ele reafirma a importância de se desenvolver a teoria da "mente estendida" em vez de apenas se aceitar a noção convencional de uma "mente contraída", contida no crânio.

"Os campos mentais vão além e através e têm interface com os padrões eletromagnéticos de nosso cérebro. Desse modo, os campos mentais podem afetar o nosso corpo por meio do cérebro. No entanto, eles são muito mais extensos do que o nosso cérebro e, em alguns casos, alcançam grandes distâncias... Com um campo mental... temos um meio para toda uma série de conexões entre nós e as pessoas, os lugares e os animais que conhecemos e que são importantes para nós — a bem da verdade, com o resto do mundo todo."

Sheldrake diz ainda que a telepatia é um fenômeno natural, um canal normal de comunicação entre membros de uma grupo social, vinculados entre si de algum modo.

"Quando duas pessoas entram em contato e estabelecem ligações mentais (talvez vividas como afeto, amor, até mesmo ódio), seus campos mórficos se tornam efetivamente parte de um campo maior e mais abrangente. Então, quando se separam uma da outra, é como se suas porções particulares do campo mórfico fossem elasticamente estendidas de modo que permanece uma 'tensão mental' entre elas."

Seria difícil encontrar duas pessoas que se conhecem melhor e mais interagiram em situações estressantes do que os gêmeos idênticos Alan e Adrian Burgess, ambos escaladores do Himalaia.

"Quando éramos mais jovens, Adrian e eu entrávamos em sintonia um com o outro o tempo todo", lembrou Alan Burgess. "Como uma vez em que estávamos no Dhaulagiri, só nós dois, em 1981. Não tínhamos levado *walkie-talkies*. Alcançamos o cume à 1 da tarde e descemos durante uma tempestade. Foi uma descida realmente complicada, e demoramos seis horas. Estávamos em total sintonia. Não tínhamos de gritar nada um para o outro. Não houve pânico. E mesmo assim havia razão para pânico, a uma altitude de mais de 7.800 metros em meio a uma tempestade, absolutamente distantes de qualquer outra pessoa."

Os gêmeos não acreditam que estivessem tendo uma comunicação telepática nesse episódio na montanha. Ter essa sintonia, na opinião deles, era resultado de anos e anos de convivência diária, passados juntos nas montanhas, desenvolvendo uma "dupla bem azeitada de escalada", mais do que de algum fator paranormal.

Já outros episódios que eles mesmos narram às vezes sugerem alguma coisa que vai além de uma boa equipe de trabalho. Como uma vez em que Adrian estava esquiando nos Alpes fora das pistas convencionais, enroscou o esqui em um galho enquanto descia a encosta e sofreu um tombo bem feio.

"Aquela queda rompeu o ligamento anterior do meu joelho direito", ele lembrou. "Estava sentindo uma dor horrível. Isso foi muito antes de Alan e eu podermos telefonar um para o outro a toda hora e também não havia e-mail naqueles tempos. Quando finalmente falei com ele, descobri que ele tinha rompido o ligamento anterior cruzado do lado esquerdo, exatamente na mesma semana, enquanto fazia esqui *cross-country*."

E o que ele acha que isso significa?

"Basicamente, nem eu nem Alan sabíamos esquiar muito bem", Adrian disse rindo. "Mas *foi* estranho. Estávamos os dois mancando, um da perna direita, outro, da esquerda."

Alan tem outra história. "Uma vez fui escalar o Logan sem o Adrian. Eu estava na face sudoeste, usando o estilo alpino. Não tínhamos levado rádio. O homem que tinha levado a gente de avião até a montanha fez um sobrevoo para verificar como estavam as coisas. Ele voltou até o lugar onde achou que deveríamos estar acampados e viu que tinha ocorrido uma queda maciça de um imenso bloco de gelo. Naquela altura já tínhamos saído de lá, mas ele não sabia disso e deu aviso de que estávamos desaparecidos, possivelmente mortos. Alguns jornalistas foram falar com Adrian; foi quando ele soube disso. Pediram que ele fizesse algum comentário. Ao que parece, ele parou um instante e então disse: 'Alan não está morto'. Fim de papo. Outra vez, há alguns anos, eu estava guiando um grupo, e estávamos subindo uma trilha pelo vale do Kumbu, no Nepal. Quando estávamos a mais ou menos 5.400 metros, uma tempestade ajuntou quase 2 metros de neve em apenas 36 horas. De modo que não chegamos a Kumbu no tempo estimado, e começaram a dizer que tínhamos sido levados por uma avalanche e que eu estava morto. Adrian soube disso quando uma revisa de escalada telefonou para ele e perguntou se ele tinha notícias minhas. Disseram qual era o boato circulando e que, nove em cada dez vezes, esses boatos se revelavam verdadeiros. Mais uma vez, Adrian pensou a respeito e disse: 'Não, ele não está morto'. Ele simplesmente sabia disso com certeza."

Em outras palavras, se Alan estivesse passando por um sério risco, beirando a morte, seu irmão teria captado essa situação pela comunicação telepática do tipo "chamado de ajuda", que acontece entre pessoas com uma ligação muito forte.

Patricia Culver, de Vancouver, na Columbia Britânica, descreve como ela e seu marido, o montanhista Dan Culver, descobriram uma conexão telepática quando ele não voltou de uma escalada na Coast Mountain Range, em 1994.

"Dan só tinha saído para uma escalada que duraria aquele dia, e eu o esperava de volta para o jantar", ela disse. "Quando eram 9 da noite e ele ainda não tinha chegado, comecei a ficar realmente preocupada. Passei a lembrar de todas as coisas que poderiam ter acontecido com ele e, em pouco tempo, eu estava andando de lá para cá no apartamento, em pânico. Para me acalmar, sentei e tentei meditar. De repente entrou uma enorme onda de informações de Dan. Não era nada audível, só uma sensação de que ele estava dizendo 'Estou bem, te telefono amanhã'. Como eu ainda não estava certa, fiquei preocupada a noite inteira. No dia seguinte tocou o telefone. Era Dan; ele explicou que tinham enfrentado mau tempo, tinha escurecido e tinham decidido que a coisa mais segura a fazer era acampar. Ele perguntou: 'A propósito, recebeu a minha mensagem?' Ele então me disse que por volta das 21h30 da noite anterior, quando já estava acomodado em sua barraca, concentrou toda a sua mente em mim e me disse que estava bem e que me telefonaria de manhã, assim que conseguisse chegar a um telefone público. E eu disse: 'Recebi, sim!' Foi espantoso para nós que tivesse dado certo."

Em janeiro de 1997, Tony Bullimore ficou dois meses participando da prova náutica Vendée Globe para velejadores solitários, uma competição de volta ao mundo, quando o seu barco, o *Exide Challenger*, virou devido ao tamanho das ondas nos Mares do Sul. Bullimore ficou preso durante quase cinco dias debaixo do casco. Quando circulou a notícia de que ele tinha virado e seu barco foi avistado no mar alto, a maioria das pessoas já tinha perdido a esperança de que ele houvesse sobrevivido. Mas sua esposa, Lalel, insistia que ele continua vivo. Ela disse que era uma certeza que sentia no estômago. Ajoelhada ao lado da cama, no meio da noite, ela começou a se comunicar com o marido. Ele lhe disse que a tempestade tinha sido terrível, que o barco tinha emborcado, que ele estava dentro do casco. Ele falou que era quente o suficiente e que tinha comida e água. Eles conversaram até ele dizer que estava cansado e tinha de dormir um pouco. Ela o fez prometer que ele acordaria.

No dia seguinte, ela falou com ele de novo. "Oh, Lal, está difícil. Está tudo molhado. O barco não para de chacoalhar. Estou com frio."

Ela lhe disse que aguentasse firme porque um barco de resgate estava a caminho. "Você é um homem duro na queda, Tony Bullimore", ela disse para encorajá-lo. "Nem pense em me deixar sozinha. Nem pense."

No dia seguinte, Bullimore estava consciente apenas uma parte do tempo. Deitado na água congelante, contemplando a escuridão, ele teve uma súbita visão. Um vaso de guerra australiano estava vindo na sua direção. Ele o viu rasgando as águas e produzindo esteiras de espuma em meio às ondas. Viu um pequeno bote sendo içado. Ouviu pessoas socando o seu casco, tentando um contato com ele. Ele se viu mergulhando, nadando por baixo do barco e depois subindo à tona. Vinte e quatro horas mais tarde foi exatamente isso o que aconteceu.

De todos os fenômenos telepáticos, o existente entre mães e bebês é talvez o mais largamente documentado. Nas mães que amamentam, o leite se torna disponível aos bebês devido ao "reflexo de descida", um processo fisiológico mediado pela oxitocina, um hormônio produzido pela glândula pituitária. Quando se dá a "descida", a mãe geralmente sente um comichão no seio, e os mamilos começam a vazar. Em geral, o reflexo é estimulado quando ela ouve o bebê chorar, mas muitas mães que amamentam afirmam que isso pode acontecer mesmo quando estão longe demais para ouvir o bebê.

"Existe um forte elemento de seleção natural nesse elo entre mães e bebês, presente em todos os mamíferos", afirma Rupert Sheldrake. "Quando as mães mamíferas estão fora do alcance auditivo de seus filhos, se elas conseguem captar as necessidades deles e responder para satisfazê-los, eles terão melhores chances de sobrevivência."

Leanne Allison ainda sente uma forte ligação telepática com seu filho, Zev, que nasceu dois anos depois que ela e Karsten Heuer tinham completado sua expedição de acompanhamento dos caribus. Eles acham que, durante aquela viagem, as provações de dormir pouco, do desgaste físico e da intensa concentração abriram para eles uma dimensão mágica, de onde podiam ver o futuro e ter uma comunicação com os animais. Allison afirma que as experiências que tem tido com Zev são igualmente poderosas e misteriosas.

"Se Zev está se enfiando em uma enrascada no outro aposento, sempre tenho a sensação de que é isso que está acontecendo. Quando ele era bebê, dormia na cama conosco, e eu sempre acordava alguns instantes antes dele com uma forte sensação do que ele estava precisando."

Os cientistas ortodoxos explicam esse fato com um componente fisiológico que compartilhamos com outros mamíferos. O estado de sono contém períodos de excitação cortical que produz um nível de alerta para determinados estímulos externos. Desse modo, mesmo quando está dormindo profundamente, a mãe mantém um canal auditivo aberto e sintonizado em seu bebê. Mas Allison acredita que há mais do que isso.

"Não existe uma oportunidade maior de sermos mais animais do que quando damos à luz. E cuidar de um bebê não é o mesmo que carregar nas costas uma mochila de 30 kg meses a fio, nem lidar com a provação de documentar uma viagem por terreno selvagem, mas na energia que se despende, no caráter implacável do esforço exigido, na falta constante de sono, há uma intensidade similar. E nasce disso um nível similar de intuição."

Michael Thalbourne, psicólogo da Universidade de Adelaide, sugeriu que as pessoas que acham que têm um poder como a telepatia ou a precognição podem simplesmente estar acessando informações armazenadas em seu subconsciente. Ele chama esse processo de "transliminaridade", em que informações do subconsciente "vazam" na mente consciente depois de estimuladas por algum fator ambiental. Essas informações subconscientes, segundo ele, podem ser interpretadas como capacidades paranormais.

Para mensurar a transliminaridade, Thalbourne elaborou um questionário em que perguntava aos homens se alguma vez eles tinham aumentado seu limiar de consciência para sons e imagens, e se achavam que alguma vez teriam recebido "informações especiais" de qualquer espécie. Em 2002, pesquisadores do Goldsmiths College da Universidade de Londres, tentaram demonstrar essa teoria usando as caras Zener computadorizadas. Os homens se sentavam diante de um monitor exibindo uma carta de costas e apertavam uma tecla para escolher qual dos cinco símbolos Zener eles pensavam que havia do outro lado da carta e depois outra tecla para virá-la. Sem aviso, antes que a carta fosse mostrada, o símbolo era exibido na tela durante 14,8 milissegundos, o que é rápido demais para a maioria das pessoas registrar a imagem. Mas alguns participantes pareceram ter percebido subconscientemente a dica uma vez que mostraram um desempenho melhor em suas predições do que o esperado do mero acaso. Também se revelaram as pessoas com melhores resultados no questionário de transliminaridade de Thalbourne. Com isso, segundo ele, está demonstrado como o acesso a informações subconscientes pode dar a impressão de haver poderes paranormais e gerar a crença neles. Sua conclusão é que quanto melhor a pessoa sintoniza seu subconsciente, mais provável é que ela acredite ser paranormal.

Essas pessoas também parecem ser mais capazes de perceber padrões em imagens aparentemente caóticas — como a da Virgem Maria na ferrugem de uma cerca de metal ou na parede de tijolos de uma casa de Tim Horton. Peter Brugger, neurocientista no Hospital Universitário de Zurique, na Suíça, pesquisou pessoas que podem perceber padrões em ruídos ou imagens aparentemente aleatórias. Ele acha que elas cometem aquilo que os estatísticos chamam de erro do Tipo 1, ou seja, percebem um padrão onde não existe nenhum. O erro do Tipo 2 ocorre quando a pessoa não reconhece um padrão quando ele de fato existe porque ela é cética demais. Brugger salienta que reconhecer padrões é uma habilidade vital que nos permite identificar predadores camuflados ou rostos conhecidos. De um ponto de vista evolutivo, segundo ele, é mais seguro errar sendo crédulo. "Se você não perceber o tigre escondido no mato, você está morto. Se você está sempre vendo tigres, corre quase o tempo todo, mas não está morto."

No relato de sua épica escalada do Annapurna, Maurice Herzog escreveu: "Existe um poder sobrenatural naqueles que estão próximos da morte. Estranhas intuições identificam a pessoa com o mundo inteiro".

Para Shaun Ellison, essa intuição se apresentou em um olhar trocado com um de seus melhores amigos e parceiro nos saltos de *BASE jump*. *BASE* é o acrônimo para as bases que os participantes usam para seus saltos: edifícios, antenas, pontes e precipícios.* Ellison, que já era um paraquedista experiente, começou a praticar esse esporte quando estava com mais de 30 anos. Seu primeiro salto ocorreu em uma ponte em Twin Falls, Idaho, situada a 138 metros do solo. Depois, saltou do alto de edifícios e de antenas de eletricidade. Por fim, "graduou-se" saltando de penhascos nos Alpes. Ellison diz que o *BASE jumping* é muito diferente de saltar de um avião.

"Quando você sai de um avião a 4.200 metros do solo, tudo lá embaixo parece achatado. As construções têm a mesma imagem que os campos. Você não tem dimensão da altura. Você aciona o paraquedas e então é só esperar pendurado, enquanto o chão vem chegando lentamente até você. Mas no *BASE jumping*, porque você está mais perto do chão, você está se deslocando em uma certa direção e se afastando da base de onde saltou, e o chão vai passando como um relâmpago embaixo de você e dá mais a sensação de que você está voando."

Além disso, é muito mais perigoso do que o paraquedismo. Se quem salta está com o corpo em uma posição errada, quando a vela abre, ela pode rodopiar e lançar a pessoa contra a base, o que não tem problema se é uma ponte, mas é uma encrenca se ela saltou de um edifício alto ou um penhasco.

"A maioria dos acidentes acontece porque as pessoas estão apavoradas", diz Ellison. "O corpo delas está na posição errada, estão em pânico, abrem

---

* No original: *b*uildings, *a*ntennae, *s*pans (bridges), and *e*arth (cliffs). O acrônimo "BASE" é usual em português. (N.T.)

o paraquedas antes da hora. Você tem de domar os seus demônios ao ponto de estar bem calmo na hora em que for mesmo saltar."

Agora com seus 40 e poucos anos, Ellison já treinou alguns dos melhores praticantes desse esporte na Grã-Bretanha, mas ele mesmo não se expõe publicamente. Não busca ser reconhecido, nem vai atrás de patrocinadores. Não fica contando suas proezas em balcões de bar. Em sua casa, não existe nenhuma foto que seja de seus saltos de paraquedas, de suas escaladas ou de suas atividades com *BASE jumping*.

"Não faço nenhuma dessas coisas por esses motivos", ele disse. "O ganho de colocar a minha vida em risco é muito maior do que isso."

Para ele, esse ganho é de ordem espiritual. E, por causa disso, ele não tem mais interesse em saltar de bases construídas pelos homens.

"Correr por uma ponte e me lançar de uma estrada asfaltada tem uma diferença gigantesca de saltar de um alto penhasco, em paisagens deslumbrantes. Nem se pode comparar a recompensa. A ligação com a natureza me dá a terceira dimensão e faz valer a pena arriscar a minha vida e saltar de um precipício."

Em 2003, ele foi à ilha Baffin, no Ártico, para seu maior desafio de *BASE jumping*: saltar do Beak, um penhasco de mais de 4.000 metros de altura. Com seus companheiros, ele foi em um pequeno avião até o remoto povoado de Clyde River. De lá, alguns guias inuits levaram o grupo em uma viagem de seis horas montados em motos de neve até a entrada do fiorde Sam Ford. Combinaram de virem buscá-los dali a três semanas e então partiram de volta. Quando os sons dos motores tinham enfim sumido ao longe, Ellison se encontrou em uma paisagem sobrenatural. Um mar congelado, com imensos penhascos de granito que se erguiam sem interrupção por milhares de metros. Um silêncio que retinia nos ouvidos. Temperaturas entorpecentes de -27 °C.

Em seu primeiro dia de jornada com seu grupo, Ellison torceu um joelho durante uma subida. Na semana seguinte, enquanto seus amigos escalavam e depois saltavam de espirais de granito, ele foi obrigado a ficar no acampamento de base e repousar. Mas ele não se incomodou muito com isso. Ficava sentado em silêncio, absorvendo a imponente beleza do local onde estava, seu completo isolamento. Com o tempo, depois que seu joelho já estava melhor, ele se reuniu aos companheiros para o salto do Beak. Ele chegou até lá em cima. Deixou que os outros saltassem primeiro. Estava sem pressa.

"Fiquei ali em cima, sozinho, por uns 20 minutos. Eu sabia que, se alguma coisa desse errado, não tinha a menor chance de eu conseguir ajuda. Nossos rádios não estavam mais funcionando. E, mesmo que estivessem, nenhum helicóptero poderia chegar lá antes de cinco dias. Esse conhecimento tornava ainda mais intenso o salto que eu estava para fazer. Mesmo assim, eu estava muito calmo. Parece loucura dizer que eu estava calmo logo antes de saltar de um precipício de 900 metros, mas não era. Eu estava aberto para aquela paisagem, para a natureza, para a energia que me rodeava. E a sensação que me dava era de uma paz incrível."

Ele saltou. Caindo à velocidade de 192 km/h, o ruído em seus ouvidos era como o de um motor a jato acelerando. Ele diz que essa foi uma experiência "eufórica".

"Eu estava em outro plano, onde havia coisas acontecendo à minha volta, canais se abrindo que, na vida diária, estão fechados. Essa é a essência do *BASE jumping*: saber como estar nesse plano em queda livre, ficar nesse lugar maravilhoso. Porque, no instante em que você toca o chão, você cai rapidamente de volta nessa realidade."

Um dos colegas de expedição de Ellison à ilha Baffin era seu grande amigo Duane Thomas, um neozelandês. Um ano depois, eles estavam no vale suíço de Lauterbrunnen, uma das mecas do *BASE jumping* por seus dois excelentes "pontos de saída" no topo de seus penhascos. Thomas iria saltar com um *wing suit* [roupa alada], uma roupa com largas abas de tecido sob os braços e entre as pernas, que permite ao saltador literalmente voar, seguindo na horizontal desde o ponto de saída e aumentando o tempo de permanência em queda livre. Um lado negativo desse equipamento é que o baixo índice de queda e a velocidade horizontal mais acelerada enganam o esportista, e ele acredita que está mais alto do que realmente está. Thomas já tinha feito pelo menos cinquenta saltos com seu *wing suit*, saindo de aviões e balões de ar quente, mas aquela seria sua primeira tentativa partindo de um precipício.

Ellison e Thomas estavam assistindo aos saltos de Leo Holding e Tim Emmet, que faziam seus primeiros *BASE jumps* na montanha. Todos eles tinham subido até o penhasco a 480 metros, saltado, e agora estavam recolhendo seus paraquedas no chão, lá embaixo. Holding e Emmet estavam aprendendo a dobrar o paraquedas, de modo que o procedimento estava demorando mais do que de costume. De repente, Thomas perdeu a paciência. Ele decidiu que partiria antes deles e chegaria ao alto do precipício de onde pretendia saltar com seu *wing suit*.

"Um instante antes de ele entrar no carro, me aproximei para lhe dar um aperto de mão", Ellison ainda se lembrava. "Só que isso não era uma coisa que eu normalmente fazia. Via de regra, ele entrava no carro e dizia 'Até mais tarde' e eu respondia 'Claro, bom salto'. Mas uma coisa me fez ir e pegar a mão dele."

Thomas também reagiu de uma maneira que era totalmente incomum. Ele fincou os olhos no amigo e disse: "Nunca mais olhe para mim desse jeito".

Ellison tentou rir e brincar: "Você tá bem, meu chapa?" Thomas não respondeu. Entrou no carro e foi embora.

Holding e Emmet queriam ir logo atrás de Thomas e assistir a todo o procedimento de salto dele.

"Eu ficava repetindo 'Não, vamos continuar dobrando as coisas e podemos ver o começo do salto dele daqui mesmo'", Ellison repetiu. "Eu realmente insisti muito nisso. 'Não, a gente não vai ver tudo do começo ao fim'."

Eles viram Thomas vir correndo pelo ponto de saída. Então eles o perderam de vista. Alguns segundos depois, o celular de Ellison tocou. Era uma das pessoas da equipe, berrando do outro lado da linha. Thomas tinha aberto o paraquedas muito depois da hora e o impacto quando tinha atingido o chão fora fatal.

Quando seus olham ficam travados em outra pessoa, Ellison diz, às vezes o que você vê é um espelho de si mesmo. *Nunca mais olhe para mim desse jeito*. Meia hora depois de Thomas ter dito isso, ele estava morto. Ellison acredita que ele teve uma premonição da morte de seu amigo, que isso transpareceu em seu olhar, que Thomas percebeu e isso confirmou, em algum nível, o que ele já sabia.

"Duane não tinha medo de nada. Normalmente, quando ia fazer um *BASE jump*, ele colocava a roupa, se virava e dizia para o cara da filmagem: 'Você está pronto?' e simplesmente saía correndo para saltar. Mas, naquele dia, ele levou uns 5 ou 6 minutos para pôr a cabeça em ordem a fim de saltar do penhasco. Acho que ele sabia que alguma coisa não estava certa."

Quando Thomas ainda estava a uma altitude razoável, tanto o cinegrafista no alto do penhasco como a equipe dele, que estava no solo, viram quando ele estendeu o braço para trás para acionar o paraquedas. Eles viram a mão dele no piloto. Mas então ele simplesmente deixou a mão lá. Em vez de dar o arranco e abrir o paraquedas, ele continuou em queda livre. As pessoas começaram a berrar para ele "PUXA!! PUXA!!" E, quando ele enfim fez isso, era tarde demais.

Talvez estivesse hipnotizado com a sensação de que estava voando, rasgando o ar. Talvez estivesse esperando o chão passar do mesmo jeito que em um *BASE jump*. Mas a mão dele estava lá, pronta, e ele não puxou o cabo-piloto. Um homem que já tinha saltado centenas de vezes de alguma base daquelas. O que aconteceu?

"Alguma coisa aconteceu nos preparativos daquele salto que não era normal para Duane", disse Ellison. "A esposa dele falou que ele mal dormiu na noite anterior. Teve aquilo que ele disse para mim e então a hesitação, no momento da saída para o salto. Podem falar que foi uma coisa emocional, mas não acredito que tenha sido só isso. Acho que ele teve uma premonição. Acho que nós dois estávamos sintonizados em outro nível de consciência."

Um aviso com antecedência. Ignorado. Erro do Tipo 2. Fatal.

Capítulo 8

Amigos Espirituais

*Devemos aceitar nossa realidade o mais vastamente que pudermos; tudo, até o sem precedentes, deve ser possível dentro dela. No fundo, esse é o único tipo de coragem que nos é exigido: a coragem de encontrar as experiências mais estranhas, incomuns e inexplicáveis que possam vir a nós. O fato de as pessoas terem sido covardes nesse sentido tem causado danos infinitos à vida; as experiências chamadas "aparições", o assim chamado mundo "espiritual", a morte, todas essas coisas que estão tão intimamente ligadas a nós, devido à nossa defensividade, têm sido tão completamente expurgadas da vida que terminaram atrofiando os sentidos com os quais poderíamos tê-las captado.**

Rainer Maria Rilke, Cartas a um jovem poeta

O pequeno gnomo preto estava sentado na asa, de frente para ele. Com uma mão estava brincando com a cana do leme, ameaçando puxar na direção errada e direcionar o avião para baixo, em um estol irrecuperável. *Não se preocupe*, disse ele tranquilizando Dick Rutan. *Você já morreu. Dormiu e bateu em uma montanha. Agora, você está em uma transição entre a vida e a morte, é normal. Relaxe, durma, venha comigo agora.*

Rutan já estava voando há mais de 24 horas, indo e vindo de Owens Valley em Sierra Nevada, percorrendo o trajeto em um minúsculo avião experimental com o qual tentava bater um recorde de distância em trajeto fechado. Era seu primeiro voo de longa distância. Depois de ter trabalhado no avião quase a noite toda, tinha partido ao amanhecer. O avião não tinha

* Tradução livre do trecho. (N.T.)

piloto automático, de modo que ele era forçado a manter um estado de concentração constante. E ainda tinha mais dez horas no ar.

Uma parte do seu cérebro insistia para que ele apoiasse a cabeça no painel de controle, fechasse os olhos e deixasse o gnomo cuidar da situação. Outra parte ordenou que ele assumisse o controle. Limpou o rosto com um pano frio, aspirou sais de cheiro, mas o gnomo continuava ali. E daí a pouco estava com mais companhia.

"Vi uma espaçonave", Rutan disse. "Era grande e complicada, com homenzinhos cinzentos olhando para mim das janelas. Quando virei a cabeça para ver melhor, a nave subiu e se afastou. Olhei diretamente adiante e pude vê-la com a visão periférica em todos os seus intrincados detalhes. Também havia aviões me perseguindo por trás, e uma grande batalha estava sendo travada no solo. Também estava ouvindo música de órgão, muito alta e bonita. Não tinha noção do que estava acontecendo."

Tudo isso se passou em 1979. Será que, desde então, ele encontrou alguma explicação para tais acontecimentos?

"Não acredito em nenhuma dessas bobagens espirituais", diz ele sem meias palavras. Mas, como ele mesmo aponta, sua viagem durou exatamente o mesmo número de horas que a de Charles Lindbergh, em 1927, em sua travessia ininterrupta do Atlântico, em um voo solitário em seu *Spirit of St. Louis*. Durante o voo, Lindbergh também foi visitado pelo que chamou de "fantasmas".

"Quando estava olhando para os instrumentos", ele escreveu, "durante uma eternidade, tanto consciente como adormecido, a fuselagem atrás de mim se encheu de presenças fantasmagóricas, formas de contornos vagos, transparentes, que se mexiam, e viajavam sem peso nenhum comigo no avião... Esses fantasmas falam com voz humana... são amistosos, formas vaporosas e sem substância, capazes de desaparecer ou aparecer quando querem, entrar e sair pelas paredes da fuselagem como se não estivessem ali... Não sinto surpresa com seu aparecimento... Sem virar a cabeça, eu os vejo tão claramente quanto se estivessem em meu campo normal de visão".

Lindbergh acreditava que essas visões eram "emanações da experiência de outras eras, habitantes de um universo fechado aos homens mortais".

Falaram com ele, ajudaram-no com a navegação durante a pior parte da viagem e depois desapareceram.

Em 1986, Dick Rutan completou seu primeiro voo ininterrupto ao redor do mundo, na aeronave batizada de *Voyager*. Quando vazia, pesava apenas 470 kg. No momento do lançamento, foi carregada com dezessete tanques de combustível, o que aumentou seu peso dez vezes e comprometeu sua frágil estrutura. Rutan passou nove dias no ar, voando 39.785 km, normalmente trabalhando em turnos de duas a três horas com a copiloto, Jeana Yeager. Era difícil descansar entre os turnos, pois o *cockpit* era do tamanho de uma cabine telefônica, pequeno demais para qualquer um dos dois poder se esticar com algum conforto. Frentes de tempestade, entre elas o tufão Marge de 960 km de diâmetro, obrigou-os a mudar de curso algumas vezes. Os controles eram precisos e necessitavam de um acompanhamento cuidadoso. Rutan estava constantemente ansioso com a possibilidade de uma queda total dos sistemas. Voando há uma semana, no trecho entre a África e o Brasil, ele escolheu pilotar durante a noite enquanto Yeager tentou descansar um pouco. Depois de horas e horas de voo, ele estava olhando para a paisagem marítima quando teve a sensação de que sua mente estava apagando.

"Era como se uma parte da minha consciência tivesse se desligado. Olhei para a minha mão direita, com que eu controlava a aeronave, e não tinha ideia do que ela iria fazer. Eu sabia que a barra do controle estava ali, mas eu não tinha noção do que ela fazia e nem para que serviam os outros controles e sistemas do avião. E não me importava nem um pouco."

Alguma coisa nova ocorreu: uma fugaz sensação de alarme. Ele se virou para falar com Yeager, que felizmente acordou e o ouviu exatamente no instante em que ele perdeu os sentidos. "Momentos como esse, e ver o gnomo sentado na asa do avião, me assustaram muito. Eu tinha de saber por que essas coisas acontecem para poder lidar com elas em voos longos."

Então entrou em contato com cientistas que estavam pesquisando fenômenos relativos ao *jet lag*, a ritmos cardíacos e a interface de longa duração entre homem e máquina. Ficou conhecendo o fenômeno denominado *break-off* [desligamento], em que uma reação de dissociação de vez em quando acontece com pilotos que voam em altas altitudes. Parece ser causada por uma combinação de baixa estimulação externa com a confusão visual de um céu azul sem fundo e a ausência de um horizonte definido. Os caiaquistas de alto mar descrevem uma sensação similar, uma "tontura de caiaque", que têm quando o céu e o mar se fundem e eles perdem a noção do que está acima e do que está abaixo. Para pilotos, porém, é uma experiência muito mais radical. Segundo um relato do Instituto de Medicina da Aviação da Real Força Aérea, cerca de 2/3 dos pilotos que tiveram uma reação de *break-off* não se importaram com tal acontecimento. Alguns dizem que até gostaram da sensação que lhes trouxe, de estarem radicalmente desligados do mundo. Outros ficaram perturbados com isso, relatando que tinham sentido que o equilíbrio do avião estava precário, "por um fio", no "fio da navalha", e podia facilmente ter despencado do céu. Um deles disse que tinha saído do próprio corpo, flutuado para fora do *cockpit* e sentado na asa do avião, de onde podia se ver dentro da aeronave. "Esses pilotos podem ser tratados com medidas tranquilizadoras", diz o relatório, "mas somente se tiverem conhecimento de seus medos".

Assim, deduz-se que podem haver muitos mais que, diversamente de Rutan e Lindbergh, não admitiram ter sido visitados por gnomos, seres espaciais e outros tipos de fantasmas.

O espírito que apareceu para o aventureiro dos mares Joshua Slocum não era de outro mundo, mas de outro tempo. Em maio de 1895, Slocum partiu de Boston a bordo de uma chalupa de 34 pés chamada *Spray*, com a intenção de se tornar a primeira pessoa a dar a volta ao mundo sozinha em um barco a vela. Três anos depois ele conquistou seu objetivo, mas não antes de ter deparado com algumas surpresas. Após seus primeiros vinte dias no mar, chegou aos Açores, no meio do Atlântico, onde rapidamente se tornou uma celebridade. Quando içou velas novamente, os locais se despediram dele com presentes comestíveis: um queijo recém-feito e ameixas colhidas direto do pé para lhe serem dadas. Ele sabia que teria pela frente muitos dias árduos. Comeu a sua parte e mais um pouco.

Pouco mais de um dia depois de partir dos Açores, estava recolhendo a vela mestre para se preparar para uma tempestade que estava se formando quando começou a sentir fortes câimbras no ventre. Aos tropeções foi para a cabine sob o deque e, em poucos instantes, a dor estava tão intensa que ele caiu se contorcendo no chão, perdendo os sentidos e acordando de novo, enquanto o veleiro seguia adiante, sem timoneiro.

Quando finalmente se levantou, o *Spray* estava jogando como uma rolha à tona d'água, seu madeiramento gemendo contra o impacto da força de ondas enormes. Olhando pela escotilha, viu um céu enfarruscado, recortado em ângulos muito estranhos. E, contrastando com esse fundo, uma silhueta. Ele se sentou. Ele estava sozinho no barco! Mas tinha um homem alto ali, usando uma boina vermelha caída sobre uma das orelhas. Ele estava com os pés plantados com firmeza ao leme, as pernas abertas para manter o prumo, contrabalançando o jogo do barco. Como é que ele tinha chegado ali? De algum navio pirata? Aquilo não fazia sentido. Era impossível que tivesse vindo a bordo naquelas condições atmosféricas.

Como se sentisse o olhar de Slocum caindo sobre ele, o homem se virou. Tez escura, cabelos pretos, bigodes compridos, roupas de outra era. Ele sorriu, tocou a boina como uma forma de saudá-lo e se apresentou como o piloto do navio de Cristovão Colombo, o *Pinta*, que, como disse, não estava muito longe dali. *Não se preocupe, sou seu amigo. Vim para guiar você. Você esteve doente, com uma febre muito forte. Nunca é boa ideia comer queijo branco fresco se você não souber quem o fez. Amanhã você já vai estar bem.*

Ele se virou de novo para o leme, dirigindo a proa para um forte embate com a onda que subia muito mais do que a altura dos mastros da chalupa. Surfaram e desceram aquela parede de água, caindo no fundo da vala entre aquela e a próxima onda, que então novamente os levou até o céu. O piloto cantava enquanto ondas gigantescas despencavam uma sobre a outra, sem trégua. A febre de Slocum voltou; ele alucinou que estavam passando por um píer onde carreteiros descuidados atiravam pequenos botes sobre o teto da cabine do *Spray*. Ele gritou uma advertência para os donos dos botes, mas nem eles, nem a figura ao leme, lhe deram a menor atenção.

Quando acordou de novo, a febre e as câimbras tinham diminuído, o sol brilhava no alto do céu e os deques do *Spray* tinham sido varridos pela tempestade: ali não sobrara nada removível. E o piloto também tinha desaparecido. O barco singrava ligeiro as águas, sem timoneiro. Slocum ajeitou o sextante e fez uma leitura. Estava no curso! E tinha percorrido 144 km durante a noite! O sentimento de gratidão pelo velho piloto o inundou, mas seguido por uma inquietação: por que ele não tinha recolhido a bujarrona?

O vento caiu e o sol saiu. Slocum tirou todas as roupas, estendeu-as no convés para secar e se deitou ao lado delas. Logo estava cochilando.

"Então, olha quem aparece para me visitar: meu velho amigo da noite anterior", Slocum recordou depois. "Ele me disse: 'você fez bem em seguir meu conselho ontem à noite e, se me permite, gostaria de estar com você mais vezes durante esta viagem, apenas pelo prazer da aventura'. Como tinha acabado de falar o que tinha vindo dizer, novamente tocou o boné e desapareceu tão misteriosamente quanto tinha chegado, imagino que para voltar para o *Pinta* fantasma. Acordei muito bem disposto e com a sensação de que tinha estado na presença de um amigo e de um marujo de larga experiência."

Um dos relatos mais antigos de um amigo espiritual foi redigido no século V a.C. por Heródoto, o historiador grego. Ele escreveu que, quando os persas invadiram a Grécia, desembarcando em Maratona, um soldado ateniense chamado Feídipedes correu durante dois dias até Esparta, a 42 km de distância, para pedir ajuda contra o inimigo. Perto do topo do monte Parthenium, ele viu uma aparição do deus Pan, que lhe disse que lembrasse os atenienses de como ele os havia ajudado no passado e lhes perguntasse por que eles o haviam esquecido. Essa visão instigou Feidípedes a correr ainda mais depressa a fim de alcançar seu destino e entregar a mensagem de Pan.

Marshall Ulrich correu uma distância similar — 216 km, na Ultramaratona de Badwater, através do Vale da Morte e subindo o monte Whitney, na Califórnia — treze vezes. Ele fez o percurso a temperaturas diárias que alcançavam 55 °C. Sua velocidade mais rápida, em 1993, foi de 34 horas. Durante essa corrida, ao se aproximar do monte Whitney, ele viu centenas de lagartos verdes deslizando pela trilha, como se fossem um rio. Em 1999, no segundo dia da corrida, viu uma mulher andando de patins uns 30 metros à sua frente.

"Ela estava usando um biquíni prateado, faiscante", ele se lembrava, "e estava patinando com muita força. Ela ficava o tempo todo se virando e acenando para mim — era linda. Eu nem piscava. Estava pensando *estou gostando disso!* — e essa alucinação durou pelo menos uns 10 minutos". Suas tentativas de convocar a imagem de novo não deram certo, mas duas horas depois um 747 de uma asa só passou tão perto dele que ele pôde ver os passageiros acenando para ele atrás das janelinhas.

Alucinações e visões são geralmente atribuídas a algum tipo de mau funcionamento neurológico temporário ou permanente. As pessoas que sofrem descargas elétricas no lobo pré-frontal ou no temporal às vezes relatam "presenças sentidas" ou lampejos de enlevo místico. Os historiadores médicos sugeriram que visionários religiosos como Santa Teresa de Ávila, Joana d'Arc, São Paulo e Joseph Smith, fundador da religião mórmon, sofriam desses ataques. O romancista russo Feodor Dostoevsky tinha uma forma rara de epilepsia do lobo temporal, denominada "epilepsia extática". Durante os últimos vinte anos de sua vida, ele manteve registros detalhados de 102 ataques, descrevendo a sensação de estar em "plena harmonia" consigo mesmo e com o mundo inteiro, que ele experimentava poucos segundos antes de cada crise. Esse êxtase tinha um custo, pois os sintomas de que padecia após cada ataque, sintomas que duravam uma semana, incluíam "peso na cabeça e até cefaleia, distúrbios neurológicos, riso nervoso e depressão mística".

O psiquiatra canadense dr. Robert Persinger, diretor do Programa de Neurociência Comportamental do departamento de Psicologia da Universidade Laurentian, tentou provar a ligação entre alucinações e a atividade do lobo temporal. Ele desenvolveu um tipo de capacete para disparar correntes elétricas em regiões específicas do cérebro, gerando um campo magnético de baixa frequência e microataques. Quando as correntes são direcionadas aos lobos temporais de seus homens experimentais, às vezes eles relatam alucinações oniroides e sentem uma "presença espectral" na sala.

Em seu experimento original, realizado em condições de duplo-cego, 48 homens e mulheres foram submetidos a uma privação sensorial parcial e à exposição a campos magnéticos complexos dirigidos para seu lobo temporal. Os homens que receberam maior estimulação no hemisfério direito, ou estimulação igual nos dois hemisférios, relataram incidências mais frequentes de presenças, medos e odores estranhos do que os homens mais estimulados no hemisfério esquerdo.

Como o hemisfério esquerdo do córtex temporal, segundo Persinger, é a sede de nossa noção de *self*, ele propõe que a presença espectral é, na realidade, a consciência temporária no equivalente hemisférico direito dessa noção do *self* no hemisfério esquerdo. Embora essa "consciência temporária" seja rara na vida normal, ele acredita que possa ser desencadeada por períodos de aflição, depressão psicológica e em certos estados de meditação ou induzidos por drogas. Para ele, a experiência de uma presença é "uma propriedade residente no cérebro humano e pode ser a fonte fundamental de eventos atribuídos a visitações de deuses, espíritos e outros fenômenos efêmeros". Esse tipo de fenômeno pode ser o fantasma descrito por T. S. Eliot em seu famoso poema *The Waste Land*:

Who is the third who walks always beside you?
When I count, there are only you and I together
But when I look ahead up the white road
There is always another one walking beside you
Gliding wrapt in a brown mantle, hooded
I do not know whether a man or a woman
*— But who is that on the other side of you?**

Esses versos de Eliot foram inspirados pela experiência de Shackleton, Crean e Worsley, durante sua épica travessia da ilha Geórgia do Sul, em 1916. Shackleton tinha partido para o Polo Sul com o objetivo de realizar a primeira travessia da Antártida e chegar até lá. Embora estivesse a par dos obstáculos ao seu êxito, deve ter tido algum prenúncio da saga horrenda que iria enfrentar. Seis meses depois de ter zarpado de Londres e um dia após ter avistado pela primeira vez o continente antártico, seu navio, o *Endurance*, ficou preso em um bloco de gelo. A embarcação ficou à deriva, flutuando com a geleira móvel durante vários dias, até chegar ao paralelo 77 onde estacionou e congelou naquele lugar ao longo de todo o escuro inverno. No final de outubro, a pressão do gelo começou a partir o *Endurance,* e Shackleton ordenou que seus homens abandonassem o navio.

Então, montaram acampamento no bloco de gelo. Um mês depois, conforme ele derretia, observaram seu navio ir a pique naquelas águas ge-

* Quem é o terceiro que sempre caminha ao seu lado? / Quando eu conto, há somente você e eu juntos / Mas quando olho adiante na estrada branca / Sempre existe mais alguém andando ao seu lado / Deslizando, envolto em seu manto castanho, com capuz / Não sei se é um homem ou uma mulher / — Mas quem é esse que está do outro lado de você? (N.T.)

ladas. Em dezembro, tinham montado o acampamento Paciência em outro bloco de gelo que seguiu flutuando para o sul até que, em abril de 1916, estavam diante da ilha do Elefante. Empilhados em três botes salva-vidas, buscaram alguma praia protegida. Dali, Shackleton e cinco tripulantes zarparam para a ilha Geórgia do Sul, uma viagem de dezessete dias e 1.280 km, atravessando o tempestuoso Mar do Sul. Seu objetivo era chegar à estação baleeira onde sabiam que podiam encontrar ajuda, mas foram forçados a atracar na ponta extrema da ilha. Assim, Shackleton, Crean e Worsley atravessaram o interior montanhoso da ilha, desbravando trilhas e escalando, abrindo caminho entre glaciares e fendas, em um percurso ininterrupto que durou 36 horas e só contou com um cabo curto e um machado para auxiliá-los. Essa é uma façanha que os atuais montanhistas ainda comentam assombrados. Como foi que sobreviveram a isso? "Eu sei que durante aquela longa e extenuante caminhada", Shackleton escreveu, "muitas vezes tive a sensação de que éramos quatro, não três".

Delirando ou não, ele acreditou que essa presença os guiou em segurança e que um depoimento sobre o fato deveria ser incluído no diário de sua expedição. O texto de Shackleton sobre sua experiência mística transformou-o no queridinho dos movimentos espiritualistas e religiosos que desabrocharam após a Primeira Guerra Mundial. Embora o nome do capitão Scott tenha sido invocado para inspirar os homens que partiam para as trincheiras, a experiência de Shackleton foi um bálsamo para os que perdiam seus entes queridos na guerra, pois os mortos continuavam perto, podiam ser alcançados.

"Eles ainda estão por aí", escreve o explorador polar contemporâneo Peter Hillary. "Eu ainda os vejo chegar e partir... E ainda não sei o que fazer com eles. Não é a mesma coisa com todo mundo?"

Em 1998, Hillary, que é neozelandês, embarcou em uma expedição através da Antártida juntamente com Erich Philips e Jon Muir. O plano do trio era refazer a trilha do capitão Scott até o Polo Sul e depois caminhar e esquiar todo o trecho de volta, em uma volta completa de 2.600 km a fim de concluir a jornada em nome de Scott e seus homens que pereceram no gelo, em 1912. Mas não era para ser. No Polo Sul, pediram que um avião viesse buscá-los e voltaram pelo ar. Mais tarde, Philips iria acusar Hillary publicamente de "instabilidade emocional" e citar esse fator como o que mais contribuiu para sua decisão de dar um fim à expedição. O próprio Philips depois buscou assistência psicológica a fim de lidar com os demônios que o atormentavam desde a viagem.

No quinto dia da expedição, eles tinham começado a atravessar um local apropriadamente chamado de Ilha Branca, enfrentando uma nevasca tão intensa que não enxergavam mais do que a distância de um braço esticado. Cada um deles estava puxando um trenó pesado, com uma carga de mais ou menos 220 kg, que para Hillary dava a sensação de "estar arrastando uma árvore". Quando paravam para descansar, sentados nos trenós dando goles em uma bebida quente que traziam em seus cantis, a nevasca rapidamente se acumulava em pilhas que chegavam até seus joelhos.

Dia após dia, durante horas a fio, eles labutavam para seguir adiante em meio a um mundo branco. Hillary já havia pilotado aviões à noite e descido por encostas de montanhas em meio a fortes tempestades. Ele sabia como essas experiências podem ser desorientadoras, mas aquela estava sendo muito mais intensa.

"Imagine descer uma encosta perfeitamente branca esquiando", ele disse. "Lá embaixo, você se vira para parar, mas, como está completamente desorientado, cai. Em uma viagem polar, esse é o estado permanente. Todos os dias são correntes de vento com rajadas de neve fustigando você sem cessar. Tudo é branco com poucas manchas cinzentas — como uma fenda qualquer, alguém da equipe à sua frente. É como estar dentro de uma bola de algodão gigante, em movimento."

Logo começaram as alucinações. Enquanto se esfalfava para vencer a distância, ele se via em exuberantes vales ao lado de um rio, nas montanhas, em um supermercado, em um veleiro. Então chegaram os visitantes. Amigos montanhistas — como Jeff Lakes, que tinha morrido de doença das alturas em sua expedição ao K2, em 1995. Quem mais vinha era sua mãe.

Ele a vira, pela última vez, 23 anos antes, em uma estação rodoviária em Katmandu. Sei pai, *sir* Edmund Hillary, antes o mais famoso montanhista do mundo após conquistar o Everest, tinha se tornado um defensor de causas sociais no Nepal, ajudando na construção de escolas, clínicas, hospitais e pistas para aviões. A fim de se dedicar plenamente a esse novo papel, ele tinha levado a família para morar em Katmandu por um ano.

Na vastidão do gelo, Peter Hillary lembrou-se de sua mãe levando-o, com seu amigo, até a rodoviária, quando estavam a caminho de uma viagem pela Índia. Ele a viu levando-os de carro pelas pistas estreitas e congestionadas de Katmandu, passando por templos e vacas que pastavam nos bueiros. Ele viu a silhueta esguia de sua mãe indo adiante, enfrentando grandes amontoados de pessoas, até achar o ônibus em que deveriam embarcar. E, quando o ônibus se afastou, buzinando com toda força, ele a viu ali em pé, acenando e abanando os braços, formando grandes e generosos arcos.

"Olhei para trás", ele escreveu, "e a vi ficando cada vez menor, seus braços ainda rodopiando no ar. Então ela foi engolida pelo caos à sua volta".

Ele ainda estava na Índia quando recebeu a notícia. Sua mãe e sua irmã de 16 anos, Belinda, estavam em um pequeno avião, indo de Katmandu para Paphu, no sopé do Himalaia, onde *sir* Edmund estava ocupado em um projeto. Pouco depois da decolagem, o jovem piloto neozelandês percebeu que estavam travados os estabilizadores instalados nas asas, destinados a equilibrar o deslocamento do avião. A asa esquerda ficou inclinada. O avião caiu em um mergulho vertical e se arrebentou de bico em um arrozal. Ninguém sobreviveu. Quando enfim Peter Hillary chegou de novo a Katmandu, sua mãe e sua irmã já haviam sido cremadas. Ele foi até o local do acidente e viu a cratera de 1 metro, aberta com o impacto do avião. Percorrendo o arrozal ali em torno, imerso em dor, encontrou o colar de contas de âmbar que sua mãe sempre usava. O impacto tinha arrebentado o cordão e elas estavam espalhadas pela lama. Ele guardou todas que pôde encontrar. Depois de todos aqueles anos, em sua travessia do gelo do Polo Sul, ele imaginou uma vitrine onde colocar as contas, que pensou em instalar no centro de uma mesinha em sua sala de estar.

Sua mãe tinha sido a melhor amiga que já tivera. A morte dela tinha deixado um buraco muito fundo em sua vida, que nunca fora preenchido. Assim, embora fosse um pouco inquietante a primeira vez em que ela lhe apareceu ali no gelo, ele realmente não se surpreendeu com a presença dela ali. Parecia ter exatamente a mesma aparência de quando a vira pela última vez. Ela estava presa no tempo, com 43 anos de idade, mais jovem do que ele, agora.

"Parecia a coisa mais natural do mundo andar conversando com ela", ele escreveu. "E eu podia sentir sua quietude distante enquanto lhe falava de meus filhos, os netos que ela nunca conheceu."

Hillary se perguntava se o pessoal da expedição alguma vez o flagrou falando aparentemente sozinho, ou sorrindo, calado, em uma espécie de devaneio. Ele nunca falou de fantasmas com eles. Aliás, mal conversou com eles durante toda a viagem. A relação entre os membros da equipe tinha se tornado muito complicada. Quando eram forçados a se comunicar sobre coisas necessárias a fim de manter a viagem em andamento, era sempre em um clima de intenso rancor.

A pesquisa sobre a psicologia das viagens polares, baseadas principalmente em registros de expedições realizadas no século XIX, descobriu que a vida dessas equipes acaba lembrando as interações dos prisioneiros confinados em um presídio. O tédio e a frustração de serem obrigados a se amontoar em barracas podem descambar em agressão e intimidação. Além disso, havia a privação visual, a fome e a exaustão. Hillary também acrescenta "grandes egos, rancor e amargura, ninguém disposto a piscar, vários estados de gangrena emocional e incompetência".

Eric Philips e Jon Muir eram mais jovens do que Hillary e em geral andavam mais depressa sobre o gelo. Muitas vezes este se via bem atrás deles, temendo que uma nevasca abrupta apagasse seus rastros. Com duas semanas de viagem, temendo que eles se adiantassem de propósito para não poderem mais ser vistos — o que seria letal naquelas condições e naquele tipo de terreno —, ele sempre garantia que seu trenó contivesse víveres suficientes para poder sobreviver sozinho por alguns dias. Mas a miséria física e social daquela viagem se mostrou um inesperado benefício para Hillary.

"Para conseguir ir em frente, eu tinha de fazer alguma coisa com a minha cabeça", disse ele. "Não podia simplesmente entrar no modo 'neutro'. Percebi que eu tinha ali a oportunidade de recuar no tempo e acessar meus bancos de dados na memória, relativos a tempos passados. A perda de minha mãe e de amigos íntimos que também eram montanhistas aconteceu em circunstâncias muito dolorosas. Essa dor nunca lhe abandona, sempre deixa uma cicatriz, mas você tem de levar a vida em frente, sem querer retomar aquela sensação de perda outra vez em toda a sua imensa realidade; é duro demais. Então você mantém aquilo a 1 metro de distância e tenta seguir em frente. Estar naquela vastidão gelada, com tanto tempo livre para a contemplação, foi uma oportunidade incrível para retomar tudo aquilo com força total, tornar a encontrar aquelas pessoas. A gente consegue vê-las de verdade, como se fosse uma projeção."

Em suas muitas expedições a montanhas, com equipes mais bem integradas, ele nunca havia sido capaz de constelar os fantasmas da mesma maneira. Foi aquele gelo que possibilitou aquilo. E o extremo isolamento físico e social. Conforme a viagem ia se tornando mais e mais tenebrosa, e Hillary se afastava psicologicamente cada vez mais dos outros dois aventureiros, ele passou a depender da reconfortante companhia dos fantasmas. Mas ele acredita, sem sombra de dúvida, que esses fantasmas eram simplesmente projeções da própria cabeça. O resultado foi o que chamou de "osmose psicológica". Aquele mundo branco implacável e o esforço interminável de se deslocar através dele levaram-no a se "dissociar" da realidade.

"Quando nada está vindo ao seu encontro", Hillary escreveu, "acredito que tudo é depurado e coado pelo seu organismo, como o sal que é coado do solo pela água... O mundo branco é um terapeuta impiedoso que lhe desnuda e expõe todos os seus segredos. Minha essência de pessoa, minha história, meu coração, estavam ali, sendo projetados à minha frente...".

Qualquer que seja a causa, os encontros com os fantasmas foram arrepiantes, a parte mais memorável da viagem e lhe proporcionaram um "êxtase que superou todas as agonias, a tal ponto que não restou mais nenhuma confusão, ambivalência ou dúvida".

Após danos ao seu trato visual causados por glaucoma, catarata, deterioração da mácula ou retinopatia diabética, algumas pessoas desenvolvem a síndrome de Charles Bonnet, em razão da qual, apesar de estar parcial ou totalmente cegos, experimentam vívidas alucinações visuais. De acordo com um estudo relatado no periódico médico britânico *Lancet*, de quinhentos idosos deficientes visuais entrevistados para um projeto de pesquisa, sessenta admitiram ter alucinações, às vezes até diárias. Os números podem ser muito mais elevados, pois em geral as pessoas preferem não assumir que têm esses sintomas por medo de serem consideradas malucas.

"Quem vai acreditar que uma pessoa cega esteja vendo palhaços e animais de circo fazendo piruetas no quarto dela?", escreve V. S. Ramachandran, diretor do Centro do Cérebro e da Cognição da Universidade da Califórnia em San Diego. "Diante do fato de essa síndrome ser tão comum, sou tentado a pensar que os ocasionais relatos de 'reais' visualizações de fantasmas, Ovnis e anjos por pessoas consideradas mentalmente sãs podem ser apenas exemplos de alucinações da Charles Bonnet. É alguma surpresa que mais ou menos um terço dos americanos afirme ter visto anjos?"

De acordo com a pesquisa de Ramachandran, essas visões poderiam ser projeções do corpo e da mente. Em um de seus estudos experimentais, ele senta dois voluntários um de frente para o outro. Um está vendado. Enquanto ele toca e alisa o nariz da pessoa vendada, dirige o dedo indicador da pessoa para que alise e toque o nariz da pessoa sentada à sua frente. Se os toques e movimentos de deslizamento são aleatórios e sincronizados entre si, cerca de 30 segundos depois a pessoa vendada começa a sentir que está tocando o próprio nariz à distância de um braço. Alguns voluntários dizem que é como se seu nariz tivesse ficado enorme. Para outros, a sensação é que seu nariz saiu do corpo e está flutuando na frente deles. O experimento tem um índice de sucesso de 50% e, segundo Ramachandran, comprova que você pode projetar suas sensações fora do cérebro e que os mecanismos da percepção "estão principalmente envolvidos em extrair correlações estatísticas do mundo a fim de criar um modelo temporariamente útil".

Essa é uma ideia radical, especialmente quando ele amplia a teoria para englobar objetos inanimados. Ramachandran senta-se à mesa com um voluntário que tem uma das mãos sob o tampo, totalmente fora de vista. Ao mesmo tempo, Ramachandran tamborila sobre a mesa e na mão escondida do voluntário. Em muitos casos, este vai sentindo gradualmente que os toques estão sendo dados na mesa, não em sua mão. Racionalmente, ele sabe que a mesa está além dos limites de seu corpo, mas o que experimenta é uma coisa totalmente diferente. Para descobrir se os voluntários realmente estão identificados com o tampo da mesa, Ramachandran ligou neles um dispositivo para medir a resposta galvânica da pele. Ele repetiu o experimento e, quando cada voluntário começava a sentir a mesa fazendo parte de sua mão, Ramachandran mostrava um martelo e o batia com força no tampo da mesa.

"No mesmo instante havia uma enorme mudança na RPG (resposta psicogalvânica)", ele relata, "como se eu tivesse esmagado os dedos do próprio estudante. Era como se a mesa agora tivesse se tornado associada ao sistema límbico dele e assimilada a sua imagem corporal, a tal ponto que a dor e a ameaça ao simulador são vividas como ameaças ao próprio corpo".

Por implicação, suas teorias refutam a ideia de que nosso *self* está vinculado a um corpo só, e sugerem, por outro lado, que nossa imagem corporal é um construto interno capaz de ser manipulado. Se nossa imagem corporal é um fantasma que pode ser profundamente alterado, seria possível imaginar que os espíritos que visitaram Joshua Slocum, Charles Lindbergh, Dick Rutan e Peter Hillary não tenham passado de extensões bizarras de si mesmos, produzidas pelas condições extremas em que se encontravam? Um fenômeno que alguns cientistas têm chamado de "duplo fantasma"? Talvez, mas isso não explica as experiências impressionantemente similares de Lou e Ingrid Whittaker.

Em 1989, Lou Whittaker, um veterano montanhista dos Estados Unidos, estava liderando a primeira expedição americana de escalada do Kanchenjunga. No acampamento de base, ele ficava o tempo todo sentindo que mais alguém estava ali na barraca com ele. "Eu olhava a minha volta e pensava *quem está aí?*. Então sentia a presença de uma mulher tibetana. Não havia nenhuma mulher tibetana no acampamento de base. Mas ela estava lá, todas as noites. Era de meia idade e usava trajes tradicionais. Não era uma imagem forte, era mais uma sensação. Não havia nada de sexual naquilo. Era um espírito amistoso, capaz de compartilhar as minhas preocupações. Eu sentia que ela se comunicava sem palavras, dizendo que estava tudo bem."

Enquanto ele esteve na montanha, sua esposa, Ingrid, também estava na área, conduzindo um grupo de caminhantes até o acampamento de base dele. Ansiosa para vê-lo, ela convenceu o grupo a pular a última etapa da trilha e subir direto de onde estavam, a 3.600 metros, até 4.800, em um dia só. Foi um erro. Quando enfim chegaram ao acampamento de base, Ingrid estava com enjoo de altitude. Durante os três dias seguintes ela teve uma dor de cabeça tão horrível que nem conseguiu sair da barraca de Lou. Mas não estava sozinha ali dentro. Durante o dia, enquanto Lou estava escalando, uma mulher tibetana lhe fazia companhia.

"Sempre senti essa nativa comigo", ela se lembrava. "Ela usava um lenço na cabeça e um vestido comprido. Era nebulosa e bidimensional, como uma silhueta. Era uma presença boa, muito reconfortante. Ela punha a mão na minha testa e me ajudava a virar de lado. Ficava apenas pairando em volta de mim, prestativa o tempo todo. Ela não falava, mas sempre havia a sensação de gentileza, de que aquela era uma boa pessoa que iria cuidar de mim. Era como se nos comunicássemos com a mente, sem palavras. Eu pensava *meu Deus, estou muito doente, estou alucinando, estou perdendo o juízo, acho que vou morrer*. Não disse nada disso pro Lou. Eu sentia tanta dor que mal nos falamos durante todo o tempo em que fiquei ali."

Quando ela conseguiu descer, com passos ainda trôpegos, e chegar a um local de menor altitude, seus sintomas diminuíram. Dois meses depois, quando Lou voltou para os Estados Unidos após a expedição, eles conversaram sobre a visita que ela havia feito ao acampamento de base. Com alguma hesitação, Ingrid comentou com o marido a presença da mulher na barraca. "Isso é estranho", ele comentou. "Tive a mesma sensação. Essa mulher ficou lá comigo na barraca o tempo todo, naqueles três meses."

Os dois estão convencidos de que não foi uma alucinação. Era uma presença real. Nada parecido com isso tinha acontecido antes com eles e contaram sua experiência para alguns amigos. "A maioria achou que estávamos inventando tudo", disse Lou.

Ao ouvir essa história, o dr. Pierre Mayer encolheu os ombros e diz: "Sonhos hipnagógicos". Como especialista em medicina respiratória e distúrbios do sono, Mayer tem participado de várias expedições de montanhistas aos Alpes, aos Andes e ao Himalaia. Como diretor do CHUM, a Clínica e Centro de Investigação dos Distúrbios do Sono no Hospital Universitário de Montreal, ele está pesquisando os sonhos e a hipóxia. Em altas altitudes, como ele explica, é comum que os ciclos do sono sejam irregulares e perturbados, algo que, no caso de Ingrid, era acrescido de seu mal-estar. Esses distúrbios fizeram com que ela e Lou estivessem mais propensos a ter sonhos hipnagógicos, frequentemente descritos como alucinações variando de formas muito indistintas até imagens nítidas de pessoas e animais. Elas ocorrem mais vezes no início do sono ou durante os períodos de relaxamento em vigília. Sonhos similares, conhecidos como hipnopômpicos, ocorrem quando a pessoa adormece. Ambos podem ser vivenciados em sucessivos ciclos do sono. Mas isso tudo não explica por que o casal sentiu a presença da mesma mulher tibetana. Lou Whittaker tem a própria teoria para explicar a visitação.

"Em Kanchenjunga, essa é uma história muito antiga. Acho que ela foi um espírito forte que teve suficiente influência para vencer as nossas reservas e nos fazer sentir que ela estava ali."

Como Lou e Ingrid Whittaker, muitos outros montanhistas têm sentido presenças inexplicáveis no alto de montanhas. Em 1983, o montanhista australiano Greg Child estava no alto do Broad Peak, no Paquistão, quando seu colega de escalada, Pete Thexton, ficou gravemente doente. Durante horas, em meio ao escuro da noite e sob tempestade, Child lutou para conseguir descer Thexton pela montanha. Durante toda essa difícil jornada, ele sentiu uma presença atrás dele, encaminhando-o delicadamente no rumo certo. "Eu me virava para trás o tempo todo, espantado de só ver o escuro atrás de mim", ele escreveu. "Mas sem dúvida tinha uma pessoa, ou alguma coisa, ali atrás."

Cinco anos depois, o montanhista britânico Stephen Venables tornou-se a primeira pessoa a escalar o Everest por sua face Kangschung. Ele foi obrigado a passar a noite logo abaixo do cume, onde teve a companhia de um velho. Quando começou a descida, exausto, o homem o encorajava a seguir adiante. Juntos, desceram de quatro até o Pico Sul, onde foram recebidos por Eric Shipton, o explorador falecido há muito tempo, que ajudou a aquecer as mãos de Venables.

Steve Swenson, de Seattle, contou para os amigos sobre as "cabeças sem corpo" que viu durante a noite que passou no cume do Everest, no final dos anos 1990. As cabeças de uma mulher japonesa e de um homem punjabi ficaram insistindo com ele para que se mantivesse acordado até que o sol nascesse e então o encorajaram a se apressar quando levantou acampamento. Finalmente, uma terceira cabeça lhe deu instruções enquanto ele descia a montanha.

Durante uma expedição ao Kanchenjunga, em 1978, Joe Tasker escalou sozinho até uma caverna de neve na montanha, onde se sentou esperando pela chegada de "um grupo indistinto de pessoas que eu imaginava também pertencerem à equipe que estava naquela escalada". Os parceiros de expedição de Tasker, Doug Scott e Peter Boardman, confessaram ter a mesma sensação. Depois de chegarem ao cume, quando estavam se encaminhando de volta para a mesma caverna, Boardman fechava a retaguarda do grupo, convencido de que havia outros seguindo-o. "Não era uma ideia que precisava ser comprovada", Joe escreveu; "ele estava simplesmente ciente da presença de alguém atrás dele, com a mesma convicção com que sabia que nós três estávamos à sua frente".

Em 1975, no Everest, Doug Scott sentiu uma presença que falou com ele e o guiou enquanto ele escalava trechos difíceis. Nick Estcourt, que sonhou com a própria morte no K2 três anos mais tarde, teve uma experiência de mais impacto ainda. Certo dia, de manhã cedo, ele estava subindo com a ajuda de cordas fixas, entre os acampamentos 4 e 5. Quando estava mais ou menos 60 metros acima do acampamento 4, teve a sensação de estar sendo seguido. Ao se virar, viu outro escalador. Supôs que fosse alguém da mesma equipe tentando alcançá-lo. Ele parou e esperou. O montanhista se movia em ritmo extremamente lento. Estcourt gritou para ele, mas não obteve resposta. Depois de algum tempo, decidiu continuar subindo. Várias vezes ele se virou para olhar, e a figura continuava atrás dele.

"Definitivamente, era uma figura humana com braços e pernas", ele depois revelou a Chris Bonington, líder da expedição. "Em um dado estágio, ainda me lembro de vê-lo atrás de uma ligeira ondulação na encosta, da cintura para cima, como seria de se esperar, e a parte de baixo do corpo escondida na rasa concavidade."

Depois de algum tempo, ele se virou para constatar que a encosta atrás dele estava vazia. Ele tinha o visual do caminho inteiro até o acampamento 4: era impossível que a pessoa pudesse ter recuado sem que ele visse seu movimento. E, se ela tivesse caído, ele também teria visto os rastros. Quando ele finalmente se reuniu ao restante da equipe, perguntou se teriam visto quem estava atrás dele na corda. Ninguém.

Esse fenômeno do parceiro fantasma de escaladas foi igualmente relatado pelos primeiros montanhistas que tentaram subir o Himalaia.

"Muitas vezes senti a presença de uma companhia na montanha que não estava em nosso grupo terrestre de escaladores", escreveu Howard Somervell, membro da expedição de 1924 ao Everest. Ele também relatou uma "curiosa sensação" enquanto estava no acampamento à altitude de 8.000 metros. Era "como se estivéssemos nos aproximando da beirada de um campo com uma parede em toda a volta — uma parede alta e insuperável. O campo era a capacidade humana, e a parede, as limitações humanas. Eu me lembro de que o campo era de um verde brilhante e uniforme, e que estávamos caminhando na direção da beirada — muito perto agora, onde a parede cinza esbranquiçada dizia 'até aqui; mais longe, não'".

Frank Smythe, que participou de três tentativas de alcançar o Everest nos anos 1930, escreveu: "há no Himalaia alguma coisa que os Alpes não possuem, algo invisível e desconhecido, um encanto que reveste cada hora passada lá, um mistério que intriga e perturba. Confrontado com esse mistério, o homem perde sua ligação com as coisas comuns e se percebe como alguém imortal, como uma entidade capaz de se distanciar de todas as mudanças, de toda decadência, de toda vida, de toda morte".

Na expedição de 1933 ao Everest, Smythe chegou à altitude de 8.430 metros sem oxigênio suplementar, um recorde notável que não iria se repetir senão em 1982. Quando estava a 6.900 metros, ele se sentou na neve e repartiu a comida com um companheiro imaginário. Mais tarde, já na descida de seu ponto máximo de volta ao acampamento 6, a 8.220 metros, ele ergueu os olhos e viu dois objetos escuros flutuando no céu.

"Pela forma, pareciam pipas em formato de balão, exceto que um parecia ter asas curtas e achatadas. Enquanto pairavam imóveis no ar, pareciam pulsar como se estivessem respirando. Olhei para eles, sem entender o que eram, intensamente interessado. Meu cérebro parecia estar funcionando normalmente, mas, para me testar, desviei os olhos e fixei outro ponto. Aqueles objetos não acompanharam o meu olhar e ainda estavam ali quando tornei a olhar para onde os havia visto. Assim, desviei de novo os olhos, mas, dessa vez, identifiquei por nome vários detalhes da paisagem, como se estivesse fazendo um teste mental. No entanto, quando olhei de novo para os objetos, eles continuavam visíveis. Um minuto ou dois mais tarde, uma névoa entrou pela escarpa noroeste do Everest, acima de onde eles continuavam posicionados. Conforme a névoa se adensava, os objetos foram gradualmente sumindo atrás dela, até se perderem de vista. Alguns minutos depois, a névoa se dissipou com o vento. Olhei de novo, esperando vê-los, mas tinham desaparecido tão misteriosamente quanto tinham aparecido. Se tinha sido uma ilusão de óptica, fora bem estranha. Mas é possível que o cansaço ampliasse excessivamente uma coisa que podia ser explicada de maneira simples e racional. É só isso que posso dizer a respeito do assunto e paro por aqui."

Quando Walter Bonatti estava a 60 metros do topo do Matterhorn, durante sua famosa subida solo de sua face norte em 1965, ele teve a visão de uma cruz. "Ao sol que a iluminava, parecia incandescente. A luz que emanava dela me deixou deslumbrado. Era uma coisa misteriosa, sobrenatural, como o halo dos santos... Aí, como se eu estivesse hipnotizado, estendi os braços na direção da cruz até conseguir sentir sua substância metálica no meu peito. E então caí de joelhos e chorei em silêncio."

No Laboratório de Neurociência Cognitiva, em Lausanne, na Suíça, os cientistas estão estudando a ligação entre experiências místicas e a neurociência cognitiva. Eles assinalam que as revelações fundamentais dos fundadores de três religiões monoteístas — Moisés, Jesus e Maomé — ocorreram no alto de montanhas e incluíram componentes como a percepção de uma presença, a visão de uma figura, ouvir vozes e enxergar luzes. Essas similaridades vivenciais indicam aos cientistas que a exposição à altitude pode afetar funções relacionadas a áreas do cérebro como a sutura temporoparietal e o córtex pré-frontal. Permanências prolongadas em altas altitudes, especialmente quando acompanhadas de privação social, podem induzir disfunções do lobo pré-frontal, comuns durante experiências de êxtase. Todos esses fenômenos, portanto, podem se relacionar a um "processamento anormal do corpo".

Alguns testes realizados em escaladores pelos médicos britânicos Michael Ward e Jim Milledge, durante expedições ao Himalaia, indicam que acima dos 5.400 metros a função cognitiva e a percepção se tornam progressivamente comprometidas e que, acima de 8.400 metros, são comuns as alucinações. O dr. Charles Houston, lendário montanhista americano e codescobridor do edema pulmonar de alta altitude, afirma que essas alucinações podem ser causadas por mínimos acessos epilépticos do lobo temporal, desencadeados por fadiga, baixo teor de açúcar no sangue, crises pessoais e ansiedade. Podem igualmente ser devidos à hipóxia, em que há um baixo suprimento de oxigênio no cérebro. Escaneando o cérebro de pacientes hospitalizados com hipóxia causada por outros fatores, os cientistas demonstraram a existência de irregularidades neurológicas, incluindo bolsas de líquido e inchaço do cérebro, ou edema. Quando o cérebro está em hipóxia, o controle das funções corticais é enfraquecido, e isso prejudica a capacidade de julgamento do escalador, mas também cria uma espécie de euforia que faz tarefas difíceis parecerem mais fáceis. Essa é uma euforia similar ao estado de excitação sensorial e de intensificação das capacidades da pessoa produzidas por mudanças bioquímicas durante situações de estresse — uma inundação de endorfinas: dopamina, serotonina, noradrenalina e adrenalina.

Greg Child propõe uma teoria mais simples. "Chegar a altitudes altas o suficiente para alterar sua mente cria um mundo próprio dentro da pessoa. Quando está aqui embaixo, não se liga tanto nas mesmas coisas que lhe chamam a atenção quando você está lá no alto, ou em condições extremas, se perguntando se vai conseguir sobreviver pelas próximas horas."

Adrian Burgess se expressa de modo ainda mais sucinto: "Quanto mais alto você sobe, mais esquisitas ficam as coisas".

Fantasmas de montanhas têm aparecido também em menores altitudes. Certo inverno, no final dos anos 1960, Dougal Haston, um escalador escocês, estava em um albergue alpino com um amigo, em Argentière, perto de Chamonix, na França. Eram os únicos dois ocupantes do chalé. Por volta de 2 da manhã, Haston foi acordado pelo som de alguém caminhando com passadas pesadas no chão de madeira no quarto acima deles, depois descendo a escada de madeira com estrépito. A tranca do quarto deles chacoalhou. Os passos tornaram a subir a escada. Depois, fez-se silêncio. Haston acredita em fantasmas, mas não queria que seu companheiro pensasse que ele estava louco, então não disse nada. De manhã, porém, o amigo perguntou se ele tinha ouvido uns sons estranhos durante a noite. Eles resolveram vasculhar o chalé, mas não encontraram nenhum sinal de que alguém tivesse estado lá.

O mau tempo os obrigou a passar mais uma noite na cabana. Às 2 da manhã, voltaram as mesmas passadas pesadas. A tranca da porta rangeu. Dessa vez, os dois estavam prontos. Saltaram da cama e escancararam a porta com força, mas não havia ninguém no corredor. Apesar de serem montanhistas destemidos, nenhum deles teve coragem de subir ao andar de cima. Saíram da cabana com as primeiras luzes da manhã. Um pouco antes de se porem em marcha, Haston foi assinar o livro de hóspedes em que os escaladores anotam a rota que já percorreram nas montanhas próximas. Ficou chocado com uma anotação a respeito do zelador do albergue que tinha morrido em uma avalanche. O mesmo destino estava reservado a Haston, que morreu da mesma maneira alguns anos mais tarde.

Adrian Burgess ficou no mesmo chalé em 1972. Ele não sabia do fantasma e só foi informado disso mais tarde, quando o albergue estava para ser demolido e havia uma grande discussão sobre se a nova construção deveria ser feita no mesmo local por causa do seu espírito residente.

Ele continua cético quanto à ideia de existirem fantasmas e espíritos nas montanhas. "Em alguns lugares que já escalei, se os fantasmas de amigos mortos estivessem vindo me visitar ali seriam tantos que realmente teriam causado tumulto. Quer dizer, se isso fosse verdade, o sistema alpino inteiro estaria entulhado de espectros. De todo modo, felizmente nenhum deles ainda se apresentou na entrada da barraca. Eu teria ficado aterrorizado."

Assim como as pessoas que sofrem da síndrome de Charles Bonnet, muitos escaladores são reticentes quanto a admitir experiências paranormais, com medo de que seus companheiros achem que estão loucos. Mas não o escalador mexicano Carlos Carsolio que, em 1996, aos 33 anos, tornou-se a quarta pessoa mais jovem a escalar todos os catorze picos mais altos do mundo. Ele nunca usou oxigênio suplementar e já teve muitas alucinações, inclusive a síndrome do "terceiro homem" que, segundo ele, é um fenômeno normal lá no alto. Já o que ele chama de "momentos de realidade estendida" são uma questão muito diferente. Ele diz que estes são "um passo a mais" e é para alcançá-los que ele subiu tão alto e correu tantos riscos.

Uma de suas experiências mais profundas ocorreu em 1988, após sua escalada solitária de Makalu, a quinta montanha mais alta do mundo. Quando começou a descer, a noite já tinha caído e o vento estava muito forte. Ele estava extremamente fraco, lutando com o início de um edema pulmonar e começando a congelar. Sua luz de testa enfraqueceu, a neve que era soprada cobria seus rastros e em pouco tempo ele estava perdido. Ele já tinha passado por situações desesperadoras antes e sabia o que fazer para sobreviver. "Parei de lutar contra o frio. Uni-me a ele. Então, tornei-me parte da montanha e não fiquei congelado. Usei a minha energia de maneira positiva."

Ele começou a conversar com as montanhas e com as diferentes entidades que ela lhe revelava. "Alguns seracs eram femininos, algumas pedras eram masculinas. Estavam me guiando, dizendo-me por onde ir. Mas algumas presenças eram más e me queriam morto. Os dois lados estavam disputando isso. Eu estava falando com eles. Com os amistosos, de maneira amistosa; com os maus, de modo hostil."

Essas conversas se estenderam por horas, enquanto ele lutava com a tempestade em sua descida, buscando às cegas uma estreita ponte de neve que sabia ser a única rota segura através de um trecho de fendas perigosíssimas. De repente, ele sentiu uma presença muito forte e a reconheceu como um escalador que tinha conhecido e morrera no Makalu — posteriormente, ele iria descobrir que o homem tinha morrido exatamente na mesma área em que tinha captado a presença daquele espírito. Afinal, ele alcançou aquela ponte de neve que buscava e, por meio dela, chegou ao acampamento. Ele acredita que isso teria sido impossível sem a ajuda do espírito de seu amigo escalador e das entidades amistosas.

"Não consigo compreender de que outro modo eu teria encontrado a ponte, em um lugar tão vasto, com o vento e a escuridão da noite, sem lâmpada, com os óculos congelados, e totalmente exausto. Era como ter achado uma agulha em um palheiro."

Despencou dentro da sua barraca, ainda usando os ganchos de escalada. Duas horas depois, quando o sol o acordou, ele mal conseguia respirar e estava expectorando sangue. Carsolio tinha um gravador na barraca. Ele conseguiu gravar uma rápida mensagem de despedida para a família e os amigos. Quando encerrou a mensagem, porém, decidiu que não queria morrer em uma barraca na encosta de uma montanha. Preferia morrer lutando. Começou a engatinhar e a deslizar pela montanha. Depois de muitas horas, um time polonês passou por ele a caminho do topo. Ele chamou, mas os outros acharam que ele estava tão perto de morrer que apenas seguiram em frente, sem ajudá-lo. Nessa altura, sua equipe, no acampamento de base pode vê-lo de binóculo. Acompanharam seu avanço tortuoso, descendo alguns metros e depois ficando meia hora deitado. Deram-lhe oxigênio, água, comida e ficaram com ele até que se sentisse forte o bastante para seguir sozinho até a segurança do acampamento de base.

Ele considera essas experiências extremas das mais memoráveis e preciosas de toda a sua vida. "Não é uma questão de adrenalina", ele insiste.

"Esses momentos estendidos são diferentes. Eles me levam para outra dimensão. São a razão pela qual eu escalo sozinho e vou por rotas tão difíceis; é para poder vivê-los."

Quatro anos depois, ele foi ao Kanchenjunga com uma equipe que incluía Wanda Rutkiewicz, uma lendária montanhista polonesa. Chegaram ao acampamento de base em meados de março, mas no início de maio tinham feito somente um pequeno progresso na montanha, e a equipe tinha vários problemas de ulcerações causadas pelo frio e indisposições variadas. Somente Carsolio e Rutkiewicz, vinte anos mais velha, estavam em condições de continuar. Em sua tentativa de alcançar o cume, ela partiu dois dias à frente dele, mas foi retardada por sua idade e por uma incômoda lesão de uma viagem anterior, e ele logo a alcançou. Passaram a noite no acampamento 4 e saíram de lá às 3 da manhã do dia seguinte. Determinados a alcançar o pico em uma investida única e acelerada, levando pouca carga e voltar no mesmo dia, abasteceram-se com o mínimo necessário de água e comida e nenhum equipamento para acampar.

Após algumas horas escalando, Rutkiewicz começou a quase rastejar. Ela insistiu para que ele avançasse, repetindo que o alcançaria assim que descansasse. Ele subiu o dia todo, olhando regularmente para trás e vendo a figura dela ficando cada vez menor nas encostas abaixo dele. Eram 5 da tarde quando ele enfim chegou ao topo. O sol estava se pondo, e o frio da noite já começava a gelar seus ossos. Sua água e a comida tinham acabado. Era essencial que ele descesse o mais depressa possível. Com todo cuidado, escolheu por onde descer entre encostas de gelo, consciente de que seu cansaço extremo, a fome, a desidratação e a hipóxia poderiam facilmente se somar e causar um erro fatal. Após três horas, quando estava a menos de 300 metros descendo do cume, encontrou uma corda conhecida e a seguiu até onde Rutkiewicz tinha se aninhado em uma minúscula caverna na neve. Assim como ele, ela não tinha mais nada para comer nem beber. Pior ainda, estava com menos roupa do que o necessário, usando um traje mais leve e adequado a menores altitudes. Ela pediu o casaco de Carsolio, mas ele sabia que devia continuar com ele para poder continuar descendo sem congelar. Ele a encorajou a descer com ele até o acampamento, mas ela insistiu que queria passar a noite naquele lugar. Ela disse que ia esperar o sol sair e aquecê-la e então iria até o topo.

Carsolio ficou horrorizado, mas admirava-a demais para argumentar contra. Ela era uma das melhores escaladores mundiais do Himalaia. Tinha anos e anos de experiência a mais do que ele e muitas mais expedições do que todas as que ele havia feito. Ela era uma lenda, e ele era seu fã. Ele ficou sentado ali com ela durante 15 minutos até se dar conta de que estava começando a ficar perigosamente com frio. Ficou em pé e se despediu dela.

Até mais tarde, Wanda. Foi uma decisão de que ele se lamentaria para sempre.

"Eu sabia que ela estava exausta e com frio, mas não tive coragem de lhe dizer que descesse a montanha." Ele esperou por ela aquela noite e uma boa parte do dia seguinte, no acampamento no alto da montanha. Então, não conseguiu aguardar mais.

"Quando estava descendo até o acampamento 2, de repente eu soube, naquele exato momento, que Wanda estava morrendo. Ela me deu adeus. Eu estava descendo, o terreno era difícil, eu estava totalmente concentrado, mas de repente a minha cabeça ficou cheia da presença dela, da feminilidade dela. Eu senti isso com muita força."

Uma tempestade obrigou-o a ficar no acampamento 2 uma boa parte do dia seguinte. Quando ele finalmente partiu, deixou água e comida para Wanda, embora soubesse que não havia mais esperança. Corroído pelo pesar, fisicamente esgotado depois de uma semana na montanha, ele começou a descer uma enorme parede muito íngreme de gelo e pedra. No caminho até o alto, ainda com Wanda, eles tinham fixado cordas nesse trecho, assim deveria ser uma descida em linha reta. Enquanto passava de uma corda para outra, porém, ficou tomado pela tristeza. Perdeu o foco e esqueceu de amarrar um nó crucial em "8". Achando que estava seguro, lançou-se no ar de costas, a uma altura de milhares de metros. A queda não durou muito; seu braço ficou enroscado em um laço da corda fixa. Ele estava pendurado, balançando em estado de choque, quando ouviu a voz de Wanda. *Não se preocupe. Vou cuidar de você.*

"Não tenho dúvidas de que foi real", ele insistiu. "Eu não estava alucinando e não sou louco. Tenho certeza de que era ela. Eu recebi aquilo como uma mensagem. Não eram exatamente palavras, era outra dimensão, uma sensação, uma presença. Comecei a chorar porque me senti culpado por não ter insistido com ela para que descesse. Não tinha cuidado dela, e agora ela estava cuidando de mim."

Ele tentou se controlar para começar a fazer o rapel de novo, mas seus soluços faziam o corpo sacudir: "Eu chorava sem parar e, então, senti a presença dela de novo. Era muito tranquilizador. Era como uma mãe abraçando o filho". Finalmente, ele chegou ao glaciar onde o restante da equipe esperava por ele. "Enfim, estava de volta ao mundo real, ao mundo normal", ele disse. "Mas aquela experiência foi muito profunda."

Várias semanas depois do desaparecimento de Wanda Rutkiewicz no K2, sua mãe, Ewa Matuszewska, foi acordada no meio da noite por um telefonema. Quando atendeu, ouviu a voz da filha, chamando-a por seu apelido de família, Ewunia, que poucas outras pessoas conheciam. A voz disse: "Estou com muito frio. Mas não chore, tudo vai ficar bem. Não posso voltar agora." Depois a linha ficou muda.

Alguns dias depois que Alex MacIntyre morreu atingido por uma pedra que rolou em cima dele em Annapurna, seu colega de equipe John Porter estava em Katmandu tentando entrar em contato com a família de MacIntyre para que ele pudesse lhes dar a notícia da tragédia antes que aparecesse nos jornais. Isso se passou muito antes que existisse a internet e a facilidade dos telefonemas de hoje em dia, e Porter teve de agendar uma ligação na agência local dos correios. Enquanto esperava pelo momento marcado, voltou para seu quarto no hotel.

"Eu estava deitado na minha cama, pensando em Alex, me sentindo realmente triste e temendo o momento em que teria de dizer para a mãe dele o que tinha acontecido", ele se lembrava. "Havia uma meia garrafa de uísque na prateleira, que tínhamos comprado no voo de vinda da Inglaterra. Ela já tinha estado na nossa barraca no acampamento de base. Era uma garrafa de plástico, fechada. Eu estava lá deitado, olhando para ela, quando ela veio voando pelo meio do quarto e caiu no chão. A janela não estava aberta — não houve corrente de ar, nenhuma alteração em nada. Não tinha nada capaz de empurrá-la para fora da prateleira.

Nada, talvez, exceto a energia de Alex MacIntyre, como uma asa que se houvesse desdobrado desde a montanha.

Capítulo 9

ESPÍRITOS PEREGRINOS

Veja como uma só esta vida, a próxima e a vida entre as duas.

MILAREPA

Eles estavam em uma íngreme brecha do cânion no rio Illinois. Todos eles tarimbados caiaquistas Classe 5. Eles sabiam que o nível da água naquele dia estava o dobro do ideal. E subindo. Passaram muito tempo debatendo se punham ou não os caiaques na água. Finalmente, decidiram enfrentar a coisa e percorrer todo o trajeto, em um grupo bastante coeso. Todos tinham o seu caiaque, exceto por Jeff Alexander e Dorie Brownell, que estavam juntos em uma balsa chamada *Shredder*. Os caiaquistas iam à frente para reconhecer cada corredeira, desciam por ela e depois iam para a margem e esperavam a balsa chegar. Até chegarem à Parede Verde (The Green Wall), uma corredeira famosa que tinha se tornado intransponível, dados os altos níveis da água. O grupo todo transportou a balsa de um lado para o outro e depois voltaram para a água. O pior tinha ficado para trás.

Então, Alexander e Brownell ficaram presos em um redemoinho. Na borda, onde as duas correntes se cruzavam, havia uma curva com águas turbulentas que eles não conseguiam dobrar. Os caiaquistas voltaram para a margem e se encarapitaram sobre alguns rochedos para ver como os amigos estavam se saindo. Quando viram que tinham se livrado do redemoinho, voltaram para seus caiaques, sem se dar conta de que Alexander e Brownell estavam discutindo. Ela queria entrar em outro redemoinho, do lado direito do rio, para descansar. Ele queria rumar para a esquerda, para outro ponto que ficava mais adiante, rio abaixo. Enquanto discutiam as opções, passaram flutuando além do ponto escolhido por Brownell. Um erro fatal. Entraram em um turbilhão de buracos enormes, contracorrentes e uma onda de 3,5 metros bem diante deles. O bote virou. Brownell agarrou-se a ele, subiu de volta a bordo e lançou o cabo de segurança para Alexander. Ele não conseguiu alcançar. Ela lançou de novo, e gritou: "Jeff! Atrás de você, a corda!", mas ele estava de frente para aquela parede de água, hipnotizado, e sendo arrastado direto para ela.

Essa foi a última visão que Dorie teve dele. A correnteza a manteve prisioneira por mais uns 10 metros, descendo o rio, e jogando-a de volta à água pelo menos sete vezes mais. Dez metros e sete caldos, nas águas geladas de março, agarrada a uma balsa que corcoveava mais do que cavalo chucro. Ela viu um homem parado na margem e gritou para ele. Ele encolheu os ombros, em um gesto de impotência, e ela percebeu que ele também tinha emborcado e não tinha bote nem remos. Enquanto o rio a levava embora, ela viu rapidamente outras figuras penduradas nas paredes do cânion. Nas águas que subiam, muitas balsas e caiaques tinham virado e muitos grupos se haviam perdido. Naquela noite, os noticiários nacionais mostraram os helicópteros de busca e salvamento retirando-os a salvo do lugar.

Quando os caiaquistas tinham subido nos rochedos, recolocado os botes na água, vestido as proteções e partido, Alexander e Brownell tinham saído de seu campo de visão. Eles desceram o rio rapidamente, tentando alcançar a balsa. A primeira coisa que viram foi o alto do capacete de Jeff Alexander, vermelho vivo, rodando em círculos em um torvelinho. Ele estava usando uma roupa impermeável, mas a gola ao redor do pescoço tinha rasgado e o traje estava cheio d'água. O colete salva-vidas mantinha-o flutuando logo abaixo da superfície. A água em sua roupa tornava-o tão pesado que eles não conseguiram arrastá-lo para a margem. Amarraram-no a uma árvore e foram adiante, em busca de Brownell. Devido ao nível da água, passaram-se 36 horas antes que conseguissem voltar para reaver o corpo do amigo.

Sara Whitner estava em uma autoestrada ao sul de Michigan, a caminho de Grand Rapids, quando recebeu a ligação. Ela não havia visto muito Jeff nos últimos dois meses. Viviam em estados diferentes e para ela era difícil ter folga no trabalho como representante comercial de uma empresa de roupas para atividades ao ar livre. Finalmente, no início de março de 1998, fizeram planos para ela ir de avião visitá-lo. Enquanto dirigia, ela estava pensando que daí a uma semana estariam juntos. Já perto de Ann Arbor, ela estava ultrapassando um caminhão e ouvindo as mensagens na caixa de entrada do seu celular. Um de seus colegas de trabalho, Tom, tinha ligado para avisar que Jeff Alexander tinha falecido.

"Apertei o botão do redial", ela se lembrava. "Fiquei completamente histérica. Tom estava dizendo: 'Sara, vai pro acostamento, PARA O ACOSTAMENTO!' Mas eram só proteções metálicas, tipo corrimão, não havia área de recuo. Eu não podia parar. Ele disse: 'Onde você está?' Eu estava tão desnorteada que não sabia de onde tinha acabado de sair, nem para onde estava indo. Levei 5 minutos até conseguir me lembrar de que estava em alguma parte de Michigan. Mas apenas segui adiante, rumo a Grand Rapids. Peguei a saída errada. Quase acabei chegando a Chicago, quatro horas de estrada fora do meu rumo. A certa altura, parei em um posto de gasolina para perguntar o caminho, e o frentista me olhou com medo."

Ela conseguiu chegar à casa de um casal de amigos, Larry e Melissa. Fora ali que vira Jeff pela primeira vez. Ela ficou sentada horas a fio na cozinha, amargando todos os remorsos, todas as coisas que tinha querido dizer para Jeff na próxima vez em que se vissem. Depois de algum tempo, eles a convenceram a tentar dormir um pouco. Ela primeiro resolveu tomar um banho. Quando saiu do banheiro, encontrou um bilhete de Melissa. *Fale com Jeff. Ele está por perto. Está ouvindo.*

As lágrimas não paravam de rolar. Enfim, chorou tanto que ficou esgotada e caiu no sono. Em algum momento da noite acordou e se percebeu deitada de costas, com as mãos dobradas sobre o peito. Ela se lembrava de ter pensado *que estranho*. Ela sempre dormia de lado. Então sentiu uma pressão debaixo do ombro.

"Era como se alguém estivesse voando rente de mim, com a mão enganchada debaixo da minha escápula", ela se lembrava. "De algum modo eu sabia que, se soltasse a mão, ele sairia voando para longe como um balão de hélio. Comecei a ficar mais desperta. Eu sabia que tinha de ser Jeff. Eu pensava *é ele, mas, oh, meu Deus, ele está morto.* Ele flutuou por ali mais um pouco e então se aproximou para me abraçar, mas era como se ele viesse direto através de mim, direto dentro de mim, o corpo todo dele dentro do meu. Assim permanecemos por um tempo muito longo até eu me sentir desconfortável. Então eu disse *desculpe-me, Jeff, preciso virar de lado um pouquinho*. Ficamos assim, juntos, desse jeito, a noite inteira. Foi muito reconfortante."

Na noite seguinte, ela teve um sonho vívido com ele, que estava sentado à margem de um rio. Nas semanas seguintes, vários amigos telefonaram para dizer que também tinham sonhado com ele. Todos os sonhos eram surpreendentemente similares.

"Havia um monte de amigos, todos juntos — na maioria dos sonhos, como nos meus, estávamos em um rio. Em alguns, podia ser uma festa na casa de alguém. Mas Jeff estava sempre sentado afastado, sozinho. Essa realmente não era a atitude usual dele. Ele gostava de estar no meio da bagunça. A pessoa que tinha o sonho se aproximava e eles conversavam baixinho. Ele dizia coisas como *só vim para lhe dizer que estou bem. É muito bom onde estou agora*. Ele disse a um amigo, Larry, que era ótimo porque agora podia estar em uma centena de lugares ao mesmo tempo. Essa sempre tinha sido uma grande questão para ele, querer estar em toda parte ao mesmo tempo e fazer tudo junto — e agora parecia que finalmente tinha conseguido."

Não há evidências científicas de que uma consciência individual possa sobreviver à destruição do corpo físico. Existem apenas relatos anedóticos e, ao que parece, uma necessidade perene das pessoas de acreditar que esse fenômeno é possível. Estima-se que 68% dos americanos acreditam em alguma espécie de vida após a morte — o que significa a sobrevivência da consciência por algum tempo, mas não a imortalidade — ao passo que na Grã-Bretanha esse índice é de 43%.

Nove meses depois da morte de Jeff Alexander, Sara Whitner foi ao Equador. A caminho de uma aldeia andina, ela começou a conversar com um homem idoso, um ancião respeitado naquela comunidade. Ela contou que seu namorado tinha morrido afogado e descreveu a aparente visita que ele lhe havia feito enquanto ela dormia. O homem olhou para ela e sorriu.

"Você estava com as mãos em cima do coração?", ele perguntou.

Ela fez que sim com a cabeça.

"Ah, achei mesmo", o homem disse. "Quando você se deita desse jeito é assim que os espíritos entram."

"Tenho certeza de que Peter voltou para mim", disse Dorothy Boardman, sobre seu filho montanhista. Isso aconteceu dez meses depois de ele ter desaparecido no Everest, em 1982, junto com Joe Tasker. Ela estava em sua cama naquele momento, então achava que tinha sonhado, embora a experiência fosse completamente real e vívida.

"Alguém bateu na porta dos fundos. Quando abri, Peter estava ali. Eu disse *oh, Peter, eu tinha certeza de que você está bem*. Ele me pegou pelos braços e olhou para mim com compaixão. Deu um sorriso muito entristecido, como se dissesse *desculpe, não posso ficar*. E não disse nada. Então eu acordei. Pensei comigo mesma *por que isso aconteceu agora?* Estávamos em março, não em maio, que seria o aniversário de sua morte. Olhei o meu diário. Fazia justamente um ano desde a última vez em que eu tinha falado com ele. Seu grupo já estava a caminho do Everest e ele tinha telefonado de Hong Kong para dar um alô. Portanto, era exatamente o mesmo dia, um ano depois. Foi uma coisa bem extraordinária. E deliciosa."

Os budistas tibetanos acreditam que, após a morte física do corpo, a consciência atravessa uma série de estágios chamados *bardos*. Durante o "*bardo* do tornar-se", no início do processo, a direção do espírito é determinada pela vida de seu corpo na terra. No começo, o espírito volta para casa para encontrar a família e seus entes queridos, tentando conversar com eles e tocá-los. Esse *bardo* supostamente dura 49 dias, mas, em casos extremos, o espírito pode se demorar semanas ou anos.

"Pense então no momento da morte como uma estranha zona de fronteira da mente", escreve Sogyal Rinpoche, autor de *O livro tibetano dos mortos*. "Uma terra de ninguém em que, de um lado, se não compreendemos a natureza ilusória do nosso corpo, podemos sofrer um vasto trauma emocional quando o perdemos; e, de outro, somos apresentados à possibilidade da liberdade ilimitada, aquela liberdade que advém justamente da ausência desse mesmo corpo."

O praticante britânico de *BASE jump* Shaun Ellison não tem dúvida de que os mortos habitam uma "terra de ninguém" por algum tempo. Ele diz que esse é um "período de ficar agarrado", um tempo em que ficam perto das pessoas antes de passarem para outra dimensão. "E que dimensão é essa, eu não sei", ele acrescenta.

Depois que Duane Thomas morreu em um acidente de *BASE jump* nos Alpes, Ellison sentiu a presença de seu amigo a intervalos regulares, durante meses.

"É uma experiência corporal. Você tem a sensação de que alguma coisa está vindo por todos os lados à sua volta. Um calor arrebatador. Que deixa você pinicando. Às vezes é uma sensação tão intensa que todos os pelinhos do corpo ficam eriçados."

Aos poucos, as sensações vão se tornando cada vez menos frequentes e intensas até que chega uma hora elas somem. Um ano e meio depois do falecimento de Thomas, porém, Ellison foi para o vale onde ele havia mergulhado para a morte.

"Fui até o mesmo ponto de saída e fiz um salto memorial, em homenagem a ele", disse Ellison. "E, de repente, ele estava ali comigo de novo. A sensação foi realmente intensa, em particular quando eu estava colocando o equipamento para saltar. É um processo muito metódico. Como você só aciona um sistema de paraquedas no *BASE jump*, você não tem uma segunda chance se as coisas derem errado. Então você deve se preparar com muito cuidado, sempre colocando o equipamento de determinado modo a fim de evitar erros. Enquanto eu fazia isso, senti Duane ao meu lado muito fortemente. Como se estivesse cuidando de mim, garantindo que eu estava fazendo tudo direito."

O melhor amigo de Ellison era Andrew Stockford, um experiente caiaquista de corredeiras com inúmeras subidas inéditas de rios no mundo todo, e igualmente paraquedista, com um total de 640 saltos de avião. Ele e Ellison tinham vivido muitas aventuras juntos. A última tinha sido uma viagem através das estepes da Mongólia a pé e a cavalo. Muitas vezes tinham pousado em *gurs*, as casas-tendas dos nativos. Para a curiosidade de todos, Stockford insistiu em dormir do lado de fora, em seu saco de dormir, sob as estrelas. "Ele adorava os locais selvagens", disse Ellison. "Queria estar perto da natureza o tempo todo."

Ele estava também em uma jornada espiritual. Tinha percorrido a Tailândia e ficado em monastérios, estudando monges budistas. Foi ver mestres sufi que lhe disseram que não podiam dar respostas às difíceis indagações que ele lhes propunha. Ele e Ellison tiveram muitas conversas prolongadas sobre a espiritualidade da natureza, a importância de viver no momento, e o que estavam realmente buscando quando corriam tantos riscos. Stockford tinha períodos de depressão, quando parecia derrotado por sua incapacidade de encontrar as respostas que ele queria. Ellison estava acostumado aos padrões do amigo. Já o havia acompanhado durante muitos períodos conturbados e o ajudara a subir novamente ao melhor do seu estado de espírito com suas aventuras em comum ao ar livre.

Em junho de 2006, tinham planejado se encontrar em um certo domingo e dar uma volta de bicicleta pelas montanhas. No dia anterior, a mãe de Stockford ligou para Ellison e disse que não estava conseguindo falar com o filho ao telefone em casa. Estava preocupada. Será que Ellison poderia ir lá e verificar se ele estava bem? Ela sabia que ele tinha as chaves da casa do filho.

Quando Ellison chegou lá, encontrou tudo do jeito de sempre. O carro de Stockford parado de ré e estacionado com cuidado no passeio. O celular dele na mesa do vestíbulo, onde ele o havia deixado no mesmo lugar de sempre. Os sapatos estavam na estante ao lado da porta. O casaco, em um gancho no meio da parede. Ellison chamou o amigo. Então, deu uma espiada no corredor e viu as pernas de Stockford estendidas, saindo de um armário sob a escada.

"Achei que ele tinha caído. Abri a porta de supetão. Ele havia se enforcado. Aquela cena nunca vai sair da minha cabeça. Tentei erguê-lo, mas ele já estava ali há pelo menos vinte horas. Estava duro e gelado."

Ellison está convencido de que o suicídio de Stockford não foi um ato de desespero. O armário era muito baixo. Ele poderia ter interrompido o processo de se enforcar simplesmente ficando em pé. Suas mãos estavam entrelaçadas à frente. Ele parecia calmo e relaxado. A decisão de dar um fim à própria vida, na opinião de Ellison, era o estágio seguinte no caminho de busca de sua verdadeira essência de ser — um ser livre do tempo e do espaço, desembaraçado de esperanças e desejos.

"Acredito que ele achava que essa era a única maneira de ele conseguir a iluminação. Ele tinha feito sua escolha, não podia parar."

Ellison sentiu as "visitas" de Stockford ainda mais intensamente e com mais frequência do que as de Duane Thomas. Ele acha que essa foi a maneira de Stockford tentar ajudá-lo a enfrentar o trauma de encontrar seu corpo. "Era como se ele estivesse se enrolando em volta de mim, o máximo possível, dizendo *está tudo bem, você vai ficar bem.*"

Alguns dias após o funeral de Stockford, Ellison foi passear sozinho de bicicleta na montanha. Mas não ficou só por muito tempo. "Senti Andrew perto de mim. A sensação de que havia outra entidade comigo era muito forte. Fiquei o tempo todo olhando para trás, tentando vê-lo atrás de mim."

Depois de um mês, a regularidade e a intensidade do contato começaram a diminuir. Certa noite, Ellison estava no andar de cima da casa em que morava com a namorada, Kerry. Ela também havia se tornado uma boa amiga de Stockford, mas desde a morte dele não tinha sentido sua presença. Ellison sabia que ela estava aborrecida por causa disso.

"Quando senti que ele veio até mim, foi muito menos forte do que em outras oportunidades. Eu disse 'Andrew, sinto que você está começando a partir. Será que você podia visitar Kerry antes de ir?'". Alguns minutos depois ele desceu a escada e topou com Kerry lavada em lágrimas.

"Andrew esteve aqui", ela disse. "Ele esteve comigo."

Ellison não afirma saber como ou por que ele sentiu o espírito de seus amigos. A coisa é muito grande, muito misteriosa, para sequer começar a tentar compreender. "Existem muitas coisas que não entendemos. Às vezes, são situações como essas que abrem os nossos olhos para tais fatos."

Patrícia Culver, cujo marido morreu no K2 em 1993, concorda integralmente. Como conselheira familiar, Culver acredita que teve "ligações através do véu" com Dan. E se sente imensamente grata por essas ligações.

"Elas têm sido uma parte realmente importante do processo de lidar com o meu medo da morte. A experiência de me entregar, de me deixar levar por outra experiência — que é o que penso que seja a morte —, é algo que nos confronta a vida inteira. Se conseguirmos resolver essa questão — o medo da morte — ela vai derrubar toda a fila de dominós, um após o outro, até o fim. Nossa vida pode assumir uma intensidade diferente. Mas não podemos chegar a isso só intelectualmente. Tem de ser palpável. Temos de sentir que acontece. Esse foi um dos presentes que a morte de Dan me trouxe."

Ela havia conhecido Dan Culver em 1991, em um *workshop* de crescimento pessoal em Vancouver, na Columbia Britânica. Propuseram casamento um ao outro no Dia dos Namorados em 1992 e se casaram em outubro do mesmo ano. Dan tinha começado a praticar escalada seis anos antes, quando estava com 33, e já havia subido o Everest. Nove meses depois de seu casamento, ele partiu com a Expedição Americana-Canadense ao K2. Ele e Patricia queriam ter um filho logo, e ele lhe garantiu que essa seria sua última aventura nas montanhas. Ela confessa que era ingênua quanto aos riscos que ele estaria correndo no K2. E estava segura de que ele estaria protegido. Os dois acreditavam em anjos da guarda, e ela aceitou sem questionar o relato que ele lhe fizera sobre o espírito de seu avô, que havia estado com ele no Everest em 1991. O "vô George", pai de seu pai, morto há muitos anos, também tinha sido escalador. Dan Culver tinha conversado com ele enquanto estava subindo para alcançar o Everest e estava convencido de que estaria ao lado dele também no K2.

No aeroporto SeaTac, enquanto se despedia do marido, alguma coisa aconteceu com ela que acabou com sua tranquilidade. "Comecei a chorar, aquele tipo de choro que, quando começa, é difícil de parar. No caminho de volta para Vancouver, chorei o tempo todo. Em algum nível, acho que sabia que aquele tinha sido mesmo um adeus".

Assim que chegou em casa, começou a escrever cartas para Dan e dirigiu a ele suas anotações regulares no diário. Tinha certeza de estar acompanhando algumas coisas que se passavam na montanha. Não era o mesmo tipo de telepatia que eles tinham vivenciado antes, quando Dan ficara preso durante a noite, em uma subida da Coast Mountain Range, perto de Vancouver. Dessa vez, Dan não estava sentado em sua barraca mandando mensagens para ela. Era uma ligação mais profunda, um conduíte através do qual poderiam ser transmitidas informações sobre ele e o que estava acontecendo na montanha.

"Eu tinha a sensação da equipe, do que estava acontecendo com eles psicológica e fisicamente. A dinâmica entre eles, quando um ficou com bronquite, as decisões sobre quem iria tentar o pico e quando, essas coisas. Quando as cartas dele chegaram e quando eu consegui falar com as pessoas da expedição depois, muitas coisas que eu tinha escrito foram validadas."

Mais ou menos às 5h30 da manhã do dia 7 de julho, ela sentou de um salto na cama, com o corpo tremendo de cima a baixo. Ela não consegue se lembrar dos detalhes do sonho que a despertaram de maneira tão abrupta, só que estava horrivelmente abalada. Saiu da cama e começou a escrever para Dan em seu diário. "Eu contei para ele que tinha acordado em pânico. Enquanto escrevia, de repente tive a sensação de que o anjo da guarda dele estava aumentando de tamanho e ficando gigante, envolvendo-o por completo. E eu sabia que o vô George também estava com ele lá."

Certa noite, vários dias depois, ela estava quase pegando no sono quando o telefone tocou. Era Jim Haberl, um amigo chegado de Dan e seu parceiro na escalada ao K2. Por um instante, Patricia esqueceu que os dois estavam muito longe, no Paquistão. Ela pensou que Haberl estava ligando de sua casa em Vancouver, como ele costumava fazer, querendo falar com Dan. "Eu disse 'Olá, Jim, como vai?'. Ele disse que estava bem, mas que tinha más notícias."

Às 3 da manhã do dia 7 de julho, o americano Phil Powers alcançou o topo do K2. Enquanto vinha descendo, topou com seus colegas Jim Haberl e Dan Culver, que estavam subindo. Ele os aconselhou a pensar em voltar porque já estava ficando tarde e Dan estava se movimentando com muita lentidão. Os dois se recusaram. Uma hora e meia depois foram os dois primeiros canadenses a se erguer no topo daquela montanha. Ficaram por lá até mais ou menos 5 da tarde, tirando fotos e gravando imagens. Então começaram a descer, sem usar cordas. Logo estavam no Gargalo, uma fenda estreita com rochas e neve a 45 graus, aproximadamente 300 metros acima do acampamento 4. Haberl chegou primeiro ao fundo daquela garganta. Quando estava começando a cruzar o trajeto para o acampamento 4, ouviu um som de pancada vindo de cima e se virou. Foi quando viu Culver caindo aos trambolhões, "cada vez mais rápido, aquele cabelo loiro dele se emaranhando todo na queda". Haberl olhou horrorizado quando seu melhor amigo continuou caindo e rolando por ele, até se chocar contra as pedras que estavam a uns 100 metros abaixo, onde ricocheteou e caiu pela face sul do K2 e desapareceu para sempre. Naquele mesmo momento, em um fuso horário diferente, Patricia Culver se sentou na cama, tremendo, em pânico.

Ela está segura de que o espírito do vô George e o anjo que ela sentira crescer em torno do marido estavam lá para ajudá-lo na transição de sua energia, enquanto seu espírito era libertado do corpo.

"Ele amava a vida e não queria estar fora do corpo. No começo, ficou em choque, confuso e com raiva. A transição para ele, no início, foi trabalhosa." Ela continuou sentido a presença de Dan de várias maneiras. Quando a equipe do K2 tomou o avião de volta para Seattle, ela foi até o aeroporto encontrá-los, em companhia dos pais e da irmã de Dan. Reuniram-se na casa de um amigo para falar sobre o acidente. Jim Haberl tinha uma foto da montanha, para mostrar o percurso que haviam feito.

"No mesmo instante em que Jim estava apontando para o lugar onde Dan tinha caído, a porta abriu e depois fechou sozinha, com força. Não estava ventando, nada poderia tê-la feito abrir. Todos se assustaram."

Em outra ocasião, ela estava conversando com Haberl em um café, no centro de Vancouver. "Estávamos do lado de dentro, de frente para os janelões. Também naquele dia não estava ventando, mas assim que Jim começou a falar de Dan uma das cadeiras do lado de fora caiu de lado."

Dan Culver sempre gostara das grandes garças azuis, e o nome da sua empresa era uma homenagem a elas. Após sua morte, a família dele e os amigos tiveram o que Patricia chama de "visitas de garças, nos lugares mais estranhos, nos momentos mais estranhos". No dia do serviço memorial dedicado a ele, seus pais foram acordados cedo naquela manhã por um bando de garças que tinha pousado no telhado do apartamento, soltando seus pios agudos e primordiais. Pouco depois disso, um bom amigo de Dan estava competindo em uma prova de Ironman. No meio de uma subida especialmente longa e difícil, de bicicleta, uma garça cruzou o caminho bem na frente dele.

"E toda vez que meu dia estava sendo realmente difícil", Patricia disse, "de repente apareciam umas garças nos lugares menos prováveis".

O biólogo britânico Rupert Sheldrake tem realizado extensas pesquisas no Reino Unido com pessoas enlutadas há pouco tempo. Ele estima que quase 50% dos pesquisados afirmam terem visto, sentido ou ouvido a presença da pessoa que perderam.

"Em geral, a pessoa falecida vem como uma aparição ou sua presença é sentida, às vezes como um toque, ou ouve-se sua voz. Em cerca de metade dos casos em minha base de dados, isso só acontece uma vez. Quando acontece, sabem que a pessoa veio para se despedir ou a 'visita' oferece um imenso conforto."

Se os espíritos retornam até onde estão seus entes queridos, vindo de lugares distantes, como fantasmas, vento ou aves, como sabem como encontrá-los? Quando fiz essa pergunta aparentemente pueril a Rupert Sheldrake, ele a respondeu com seriedade. Ele diz que memória se encontra fora do cérebro e, portanto, sobrevive à morte.

"O padrão científico diz que as lembranças estão guardadas no cérebro; assim, quando a pessoa morre e o cérebro apodrece, todas as lembranças são apagadas. Isso quer dizer que não é possível alguma sobrevivência após a morte corporal. A razão de os cientistas gostarem tanto dessa teoria é que consiste em um argumento de etapa única que qualquer um pode compreender. Pergunte a um fundamentalista cristão onde fica guardada a memória e ele lhe dirá que é no cérebro. Assim que admitem isso entram em uma enrascada porque o cérebro apodrece com a morte. Todas as formas de teoria da sobrevivência dependem da sobrevivência da memória."

Sheldrake acredita que todos os organismos vivos têm campos mórficos que impõem padrões a processos que, sem eles, permaneceriam aleatórios. Esses campos estão por trás do comportamento e dos instintos de animais e contêm uma memória coletiva da espécie, que é transferida por ressonância mórfica, a influência do semelhante sobre o semelhante, através do tempo e do espaço. Ele afirma que a ressonância mórfica é a base não somente da memória coletiva, mas também da memória individual.

"Não penso que nossas lembranças fiquem armazenadas dentro do nosso cérebro. Acho que o cérebro é mais como um receptor, um aparelho de TV captando essas coisas, do que como um gravador de imagens que tem memória estocada em seu interior. Há mais de cem anos os cientistas estão tentando encontrar lembranças dentro do cérebro e sempre falharam. Se você tem lesão cerebral então, de fato, você tem perda de memória. A maioria das pessoas diz que é porque você destruiu as lembranças. Mas, em muitos casos, as pessoas acabam recuperando suas lembranças. E, mesmo quando foram destruídas, por exemplo em portadores de Alzheimer, isso não prova que as lembranças são armazenadas no cérebro. Prova apenas que aquelas partes do cérebro que são necessárias para captá-las foram destruídas. Eu poderia remover partes da sua TV, deixá-la afásica, e assim você não teria sons, só imagens. Mas isso não provaria que os sons estavam nos componentes que eu estraguei, só que eles têm um papel essencial na recepção do som."

Sheldrake diz que a memória não está armazenada em lugar nenhum. A ressonância mórfica salta através do tempo do passado para o presente, de modo que o passado inteiro está potencialmente presente em todo lugar. Você pode captá-lo com base na similaridade. Então a questão é: como se podem acessar as lembranças quando o cérebro físico apodrece?

"Não posso dizer nada com base na ciência que dê uma resposta clara", afirma Sheldrake. "Mas a teoria da ressonância mórfica relativa à memória deixa essa questão em aberto ao passo que a teoria convencional da memória fecha essa questão."

Em um dia de maio de manhã, em 2000, Beth Malloy montou em sua bicicleta ergométrica para realizar uma parte de seu treino físico diário. Estava lendo enquanto pedalava. Depois de algum tempo, sua atenção vagou para longe do livro. Um pensamento cruzou sua cabeça. *Será que Seth não volta?*

Seth Shaw, seu namorado há onze anos, estava escalando uma montanha no Alasca com seu amigo Tim Wagner. Ela não estava se preocupando com ele à toa. Confiava tanto nas habilidades dele como em seu discernimento; ele trabalhava com previsões de avalanches de modo que sabia que ele prestava muita atenção às condições do gelo e da neve.

A própria Beth era escaladora também e já tinha participado de expedições com Seth no Alasca, no Peru, no Canadá e também nos Estados Unidos, enfrentando rotas difíceis para ela, embora fáceis para ele. Ela não estava preparada para correr o tipo de riscos que ele adorava, de modo que pelo menos uma vez por ano ele saía com os amigos em uma aventura que realmente desafiasse seus limites.

Toda vez que Seth partia em uma dessas viagens, Beth às vezes considerava a possibilidade de ele não voltar e o que isso significaria para ela. Então ela se dizia que não ficasse ruminando essas coisas, que pensasse de modo positivo. Sempre tinha sido assim. Agora ela dizia que dessa vez alguma coisa estava diferente. "A ideia de ele não retornar 'pintou' na minha cabeça de novo e com ela veio um sentimento de total serenidade. Entendi que, fosse lá o que tivesse ocorrido, ia ficar tudo bem."

Alguns segundos depois, Seth Shaw se materializou diante dela.

"Eu não estava sonhando", ela se lembrava. "Estava perfeitamente acordada e meus olhos estavam abertos. Tive uma visão completa de Seth, em pé, bem na minha frente. Eu estava tão perto que conseguia enxergar todos os detalhes dele, até os pelinhos do seu peito. Era como se ele estivesse transmitindo todo o amor que tem, me oferecendo uma sensação de calma e paz." Essa visão durou apenas alguns segundos. Quando sumiu, ela balançou a cabeça. *Uau, que coisa mais bizarra*, foi o que pensou. Mas a sensação de paz permaneceu.

Naquela tarde, ela voltou para casa e seu telefone tocava no momento em que entrou. Era a namorada de Tim Wagner, perguntando se teria alguma notícia deles. Estavam papeando quando o pai de Beth Malloy e sua madrasta entraram em sua casa. O pai lhe disse: "Beth, precisamos falar com você. Desligue". Pela expressão no rosto dele ela soube que, fosse o que fosse, não ia ser bom o que ele tinha a dizer.

Na noite anterior, por volta das 22 horas, Shaw tinha chegado ao glaciar Ruth e estava lá quando um serac se partiu bem em cima dele e o soterrou sob toneladas de gelo. Wagner sobreviveu à queda do serac, mas fraturou a perna. Foi se arrastando até o acampamento de base de outro grupo de escaladores para pedir que passassem um rádio para os guardas do parque. Só na tarde do dia seguinte foi que chegaram para buscá-lo, sobrevoaram o local do acidente e começaram a fazer os telefonemas necessários. Nessa altura, Shaw já havia aparecido a Beth, horas antes de ela saber que ele tinha morrido.

"Se isso tivesse acontecido depois de eu saber que ele tinha morrido, você poderia dizer que era por causa do estresse que eu estaria imaginando essas coisas", ela disse. "Mas naquela altura eu não tinha ideia do que tinha acontecido. Isso me convenceu de que alguma coisa de fato acontece depois que morremos. Que a nossa alma continua existindo."

Ela nunca mais teve outra visão de Shaw, mas durante os meses seguintes várias vezes teve consciência da presença dele. "Eu continuava sentindo que ele estava em um lugar realmente bom. Que estava realmente feliz e tentando me enviar muita energia de amor. Isso me deixava mais forte."

Naquele verão, ela foi à Bolívia com amigos para uma aventura de escalada em pedra. Para ela era difícil; ela se sentia profundamente solitária, sem Shaw.

"Tinha uma barraca só para mim e estava lá, uma noite, deitada e pensando em Seth e imaginando o que será que a alma dele estaria fazendo. Pensei *ok, Seth, onde você está? Você está por perto?* De repente, a minha barraca ficou iluminada. Achei que tinha alguém caminhando para a latrina e, com a lanterna acesa, tinha jogado o facho de luz para a minha barraca. Então percebi que a luz vinha da minha lanterna de cabeça, que estava ao meu lado. Tinha ligado sozinha, no mesmo momento em que eu estava fazendo mentalmente aquelas perguntas a Seth. Pensei *oh, meu Deus*. Peguei a lanterna de cabeça e comecei a examiná-la para verificar se alguma parte teria se soltado. Ela vem com um botão que você tem de empurrar para acionar a luz. Como sou formada em Engenharia, estava tentando calcular exatamente quanta pressão seria preciso para ligar aquilo. Testei a lanterna um monte de vezes, ligando e desligando várias vezes seguidas. Percebi que seria necessário certa força, que simplesmente partes se soltando não teriam condições de acendê-la." Ela ficou ali deitada, ponderando sobre tudo aquilo. Finalmente, acabou adormecendo e teve um sonho vívido com Seth.

"Ele veio para dizer adeus, e disse *está na hora de eu partir, Beth. Tenho de ir, agora.* Acordei berrando. Isso quase foi como a segunda morte dele para mim. Quando soube que ele estava morto, eu sentia a presença dele à minha volta. Mas quando tive aquele sonho me dei conta de que ele estava indo adiante, e eu me sentia muito só. Foi realmente difícil. Aquilo me deixou derrubada algum tempo."

Desde então, ela tem sentido a presença dele algumas vezes — e sempre muito tenuemente, como uma sombra passando ao longe.

Sombras passando. Quando Alex MacIntyre morreu no Annapurna, sua namorada Sarah Richard estava virando e fritando na cama, a milhares de quilômetros de distância, na Inglaterra. "Fiquei acordando a noite toda enxergando uma sombra que passava de um lado para outro no meu campo de visão", ela lembrava. "Isso aconteceu talvez três ou quatro vezes. Eu acordava e pensava *Oh, o que foi isso?* Era algo que passava andando."

Em agosto de 1971, Arlene Blum estava deixando o *campus* da Universidade em Berkeley, a caminho de casa. Enquanto trabalhava em sua tese de doutorado, na área de química biofísica, ela também estava em meio aos preparativos da Endless Winter Expedition [Expedição Interminável de Inverno], que duraria um ano e consistiria em escalar os picos do mundo. Um dos membros da equipe era um homem que, entre idas e vindas, tinha sido seu namorado durante nove anos. Ele estava distante, escalando com amigos no Alasca, e ela não o esperava de volta senão em mais duas semanas, pelo menos. Mas, quando virou a esquina da rua onde morava, ela o viu no seu alpendre. Ele estava de costas para ela e acabava de entrar pela porta da frente. Ela correu, muito feliz por ele ter voltado antes para casa. Abrindo a porta rapidamente ela começou a chamar por ele *John! John?* Correndo de um aposento para outro, ela o procurou na casa inteira. Ele não estava lá. Uma semana depois, ela recebeu a notícia de que ele e três membros da equipe tinham sido soterrados por uma avalanche no monte Santo Elias. Esse acidente tinha acontecido na tarde de 11 de agosto, algumas horas antes de ela tê-lo visto entrando em casa.

Para tentar explicar esses fenômenos paranormais, os parapsicólogos vêm citando há um bom tempo a expressão de Einstein, "ação fantasmagórica a distância", ou seja, a aparente capacidade de interação de partículas, ou partículas subatômicas emaranhadas, afetando uma à outra independentemente da distância entre elas no Universo. O físico e autor de ficção científica John Cramer sugeriu um novo ângulo nesse cenário: o elétron ou o fóton emitem uma onda de "oferta" que viaja para fora e para frente no tempo, à velocidade da luz, até achar uma partícula capaz de absorvê-lo. A partícula de absorção então emite uma onda de "aceitação" que viaja de volta pela mesma rota da onda de oferta, tanto no espaço como no tempo, chegando ao mesmo tempo em que a onda de oferta é emitida. A partícula emissora "sabe instantaneamente" o estado quântico da partícula de absorção, uma vez que as ondas de informação viajam para frente e para trás no tempo, sem despender tempo nenhum fazendo isso. Uma consequência lógica disso é que todas as "informações" sobre tudo o que já aconteceu ou irá acontecer coexistem simultaneamente no espaço temporal. Se, de alguma maneira, a pessoa sintoniza uma frequência em que existem algumas dessas ondas de informação, ela pode receber dados sobre acontecimentos futuros ou que estão se passando, em tempo real. E se sintonizarem a frequência das experiências de alguma pessoa morta? É presumível que sintam a presença dessa pessoa.

O contato com os mortos é em geral menosprezado como mero desejo de que isso se realize, projeção, fantasia ou alucinação. Algo que o cérebro configura para ajudar o enlutado a aceitar sua perda. Um psiquiatra com quem conversei atribuiu a experiência de Sara Whitner, que viu um fantasma flutuando, a seu estado de extremo sofrimento, esgotamento e, quando estava semiacordada, viu-se subconscientemente envolvida por lembranças de sua infância. Em geral, os fantasmas são vistos flutuando, e isso pode ser decorrente de a pessoa se lembrar de algumas de suas primeiras experiências de vida, como a imagem de alguém se debruçando sobre o berço.

Não tenho tanta certeza. Eu mesma já tive algumas experiências com fantasmas. Não posso afirmar se são o resultado de minha atividade cerebral, de outra consciência se estendendo até entrar em contato com a minha, de algum insólito efeito quântico. O que sei, de fato, é que me proporcionaram conforto, depois inquietação e, por fim, fui capaz de controlá-los.

Enquanto Joe Tasker estava em sua última expedição, tentando escalar a até então virgem cordilheira noroeste do Everest, fui participar de um curso de escalada em rocha no Lake District, com algumas amigas. Estávamos todas no mesmo quarto, em um albergue. Uma noite, sonhei que estava descendo correndo a rua da cidade, me lamentando e agoniada. Minhas amigas se lembravam de que eu me sentei de um salto, chorando, *Joe morreu.* Três semanas depois chegou a notícia de que ele havia desaparecido no Everest. Quando retomei o momento em que tive o sonho, percebi que ele havia ocorrido apenas algumas horas após ele ter sido avistado pela última vez na montanha.

Alguns dias depois de ter recebido a notícia do desaparecimento de Joe, pedi a minha melhor amiga, Sarah Richard, que me levasse de carro da minha casa, em Manchester, até a casa dele em Derbyshire. Foi uma viagem terrível, sabendo que eu não o encontraria em casa e nunca mais o veria. Sentei-me no carro agoniada, sugada pelo furacão de uma terrível fatalidade. Sarah de vez em quando estendia a mão para apertar a minha e tentar me consolar.

Eu tinha percorrido aquela estrada incontáveis vezes antes, a caminho de ver Joe. Todas as vezes em que eu passava sob uma ponte nos arredores da cidade e tinha uma rápida visão das colinas de Derbyshire meu coração se enchia de alegria. Aquela ponte parecia um divisor de águas entre a minha vida antiga e a vida nova e mais feliz com Joe. Dessa vez, contudo, aconteceu uma coisa diferente quando passei sob a ponte. Joe chegou. De repente ele estava no carro, em volta de mim. Uma presença cálida, reconfortante, que me envolvia por completo. Minhas lágrimas cessaram. Mal ousava respirar, com medo de perder aquela sensação dele. Aos poucos, relaxei e me deixei acalentar por sua tranquilização. Não era uma visão, não havia sons, somente a sensação de uma intensa paz. A sensação que eu sempre tivera quando acordava nos braços dele.

Sarah não disse mais nada durante o resto da viagem. Após meia hora, mais ou menos, chegamos ao pequeno chalé que ela repartia com Alex MacIntyre, e passei para o banco do motorista. Queria ir sozinha até a casa de Joe. Desci a janela, e ela enfiou a cabeça para me dar um beijo de despedida. "Você tem certeza de que está bem?"

Eu disse que sim. Peguei uma rua sem movimento. A luz do sol era filtrada por um arco formado por galhos de árvores, e as folhas ficavam iluminadas. Rodeada por Joe, eu me sentia entusiasmada, feliz. Mas, quando cheguei à casa e destranquei a porta, o conforto da presença dele se desfez por alguns instantes. Eu queria tanto estar fazendo aquilo com ele, sentir o calor dele, de seu corpo respirando, não só de seu espírito. Andei um pouco por ali, meio distraída, tocando todas as coisas tão familiares. Entrar no quarto foi o mais difícil de tudo. Deitei-me e me enrolei no edredon. Quando meu nariz ficou repleto do cheiro de Joe, senti que ele estava ali ainda com mais força do que antes. Conversei com ele em voz alta, chorei e finalmente caí em um sono profundo. Quando acordei, piscando com a luz do sol da tarde entrando pelas frestas da janela, ele ainda estava ali. E estava no carro, quando voltei para o chalé de Sarah. Somente quando estacionei e subi pelo caminhozinho estreito foi que percebi que ele estava começando a sumir.

Sarah estava em pé, no jardim, observando-me chegar. A cena parecia uma pintura impressionista. Uma mulher loura e alta, entre tufos de mato alto, uma mão fazendo sombra nos olhos, protegendo-os da luz forte do sol. Atrás dela, campos verdejantes e paredões de pedra estendiam-se até encontrar o céu azul de verão na linha do horizonte.

Comecei a falar para ela de Joe. Ela não se surpreendeu. Ela também havia sentido a presença dele, como me disse. No carro, enquanto estava guiando. Uma forte sensação da presença dele. Tinha começado no momento em que passávamos debaixo da ponte. "Eu não ia te dizer nada", ela confessou, "porque achei que poderia lhe abalar".

Eu queria muito que a presença de Joe retornasse, mas não consegui convocá-la quando senti aquela vontade. De vez em quando, nos anos seguintes, ela vinha sem aviso. Durante uma trilha que fiz cruzando um desfiladeiro no Tibete. Enquanto escrevia um livro sobre ele. Em uma excursão de caiaque em mar aberto, perto da minha nova casa no Canadá. E em sonhos.

No início, os sonhos eram perturbadores. Neles, ele estava vivo, tinha voltado do Everest, mas estava me rejeitando. Às vezes, estávamos em uma festa, e ele estava com outra mulher. Uma vez, eu telefonei para a casa dele e uma mulher atendeu. Ela disse que ia chamá-lo. Eu olhava pela janela da casa e podia ver o telefone fora do gancho, sobre uma mesa na sala. Ela nunca voltava para pegar o aparelho e falar comigo.

Após alguns anos, os sonhos mudaram. Ele estava vivo e amoroso e queria que ficássemos juntos novamente. Mas, dessa vez, eu estava casada e feliz. Então, acordava confusa e em conflito. O espaço entre esses sonhos aumentou até que passaram a acontecer apenas uma ou duas vezes por ano, mas sempre eram intensos e perturbadores. Certa manhã, quase vinte anos depois de ele ter morrido, acordei de um desses sonhos me sentindo muito zangada. Com meu marido em um sono pesado ao meu lado, sentei-me na cama e falei com Joe em voz alta. Disse que o amava e que sempre amaria. Que o perdoava e perdoava a mim também pelos erros que tínhamos cometido em nosso relacionamento. Agora, eu insistia, era hora de esses sonhos pararem.

"Sem mais sonhos, Joe", eu disse com firmeza. "Acabou. Por favor, saia da minha cabeça."

Desci a escada, preparei um chá para mim e sentei-me para admirar o mar, um dos gatos instalado no meu colo, ronronando. No mezanino da nossa casa, ouvi meu marido no quarto se mexer e bocejar. *Essa* era a minha realidade. E os sonhos... eram minha criação ou será que a energia de Joe tinha feito parte deles, de algum jeito? Não há como saber, mas desde aquela manhã nunca mais tive outro.

PARTE QUATRO

E o ponto é viver tudo. Viver as questões agora. Talvez então, em algum dia distante no futuro, você irá aos poucos, sem sequer reparar, saber que está vivendo de um jeito que chegará nas respostas.

Raine Maria Rilke, Cartas a um jovem poeta*

* Tradução livre do trecho. (N.T.)

Capítulo 10

Recursos Espirituais

Escalar é o modo como o preguiçoso espera alcançar a iluminação. Escalar força a pessoa a prestar atenção, porque se não fizer isso ela não terá sucesso, o que é simples, ou se machucará, o que é complicado. Em vez de anos meditando, você tem essa atividade que lhe obriga a relaxar e monitorar a respiração, percorrendo aquele fio fino entre viver e morrer. Quando você escala, está sempre diante desse gume. Ei, se subir uma escada fosse só isso, todos nós teríamos desistido há muito tempo.

Duncan Ferguson, Life on the Edge

Adrian Burgess estava à frente de seu irmão gêmeo, Alan, subindo uma encosta nas Dolomitas. Aquele trecho se situava em um canto à direita, e as cordas dele balançavam dos dois lados da borda; uma delas ficou presa em uma saliência de rocha. Quando Adrian deu safanão para soltar a corda, um grande pedaço de pedra se despregou e bateu na encosta a uma altura de 6 metros acima da saliência em que Alan estava agarrado, aguardando o momento de subir. Ali o pedaço se esfacelou em uma miríade de outros, menores.

"Eu vi aquela pedrona vindo pra cima de mim", Alan Burgess se recordava, "e então afundei rente à parede, tentando me colar na encosta. Pensei *isso vai me pegar ou no capacete ou nas costas.* Tudo isso não durou mais do que 1 segundo, mesmo que, naquele instante, tenha parecido muito mais tempo".

A próxima coisa que ele percebeu foi a pedrona, que tinha voado bem na sua direção, instalada em cima de sua mochila, ao seu lado, na saliência de pedra onde estava seguro. Ele olhou para ela sem acreditar. Tinha 30 cm de largura por 20 de altura e 20 de profundidade. Era grande demais para estar tão bem acomodada em cima daquela mochila. Mas estava. Mais tarde, seu irmão lhe disse que aquela pedra parecia estar indo diretamente para cima dele, quando, no último segundo, parou e flutuou levemente para a direita.

"Se aquela pedrona tivesse passado sobre a minha cabeça e descido a encosta, eu teria dito *puta merda, essa passou por pouco*", disse Alan. "Mas não passou. Flutuou de lado, e acabou se acomodando em cima da minha mochila. Inclinei-me um pouco para frente e a empurrei dali. Depois disso, ainda fiquei tremendo um tempo. Ainda tínhamos de subir mais uns 300 metros, e aquela encosta estava realmente solta. Foi muito assustador. Quando chegamos lá em cima, Adrian disse: 'você está aproveitando muito bem toda a yoga que anda fazendo, moleque'. Típico do Adrian. Não dizer o que está realmente pensando."

Depois dessa escalada, quando Alan Burgess falava para os outros da "pedra flutuante", eles lhe diziam em geral que tinha um anjo da guarda, ou que Deus o estava protegendo.

"Como se eu não tivesse nada a ver com isso", ele retrucava. "O que aquela pedra fez é uma coisa aparentemente impossível. Mas talvez existam outras realidades. Talvez só de vez em quando, em momentos de aflição, possamos observá-las. O que penso, atualmente, é que rasgamos uma beiradinha da nossa realidade habitual. Só por uma fração de segundo, penetrei em outra realidade e nela a gravidade não é uma coisa fixa. E o que aconteceu teve a ver com a minha energia."

Burgess acredita no poder de *chi*, a energia de vida universal que, de acordo com a filosofia chinesa, vivifica todas as coisas. Praticantes de artes marciais altamente treinados afirmam que são capazes de erguer muros de energia *chi* à sua volta, e Burgess acha que pode ter feito a mesma coisa inadvertidamente, enquanto a pedra vinha caindo em sua direção. Ele está convencido de que aquela mudança de trajetória não foi um acontecimento sobrenatural.

"Talvez tenha sido a reunião de todas as minhas esperanças, de todos os meus medos e de tudo mais que estivesse acontecendo por ali. Inclusive um anjo da guarda, se era isso que havia. Assim, por um milissegundo, alguma outra coisa governou a situação." Alguma coisa que ele não consegue explicar, mas em que acredita, mesmo assim.

Nos últimos dez anos, Alan Burgess tem praticado e ensinado Ashtanga yoga, em que a respiração é sincronizada com o movimento. Ele está convencido de os escaladores de alta altitude praticam essa modalidade de yoga sem saber.

"Pode ser uma forma primitiva de yoga, mas está acontecendo. Eles a praticam, 24 horas por dia, na montanha. Eles vivem isso. Imagine o controle da respiração nessa altitude. Você precisa desacelerar muito o ritmo respiratório, às vezes por extensos períodos de tempo, hora após hora."

Quando ele orienta estudantes de yoga em práticas de meditação, ele lhes diz que imaginem as águas de um lago e depois acalmem a superfície para poderem observar as bolhas que vêm à tona desde o fundo, bolhas que representam a verdade de seu ser. Ele lembra que esse processo acontece naturalmente nas montanhas.

"Estando lá no alto, rodeado por imensas forças naturais, a falação mental cessa automaticamente. Então, ocorrem níveis profundos de relaxamento quando você está deitado na sua barraca, ou no acampamento de base, se recuperando. Sem se dar conta, você está praticando *shavasana* — a postura do morto."

Ele se recordava de uma ocasião nos Alpes em que estava escalando um trecho de gelo duro em companhia do irmão e de outros dois alpinistas. Ao cair da noite, tinham vencido aquele paredão, mas como ainda tinham pelo menos mais meio dia de escalada pela frente, até chegar ao alto da montanha, decidiram montar acampamento. Como não havia uma plataforma grande o bastante para todos se esticarem, o jeito foi cada um achar o melhor lugar possível para passar a noite.

"Eu encontrei o lugar perfeito me abrigando sob um grande rochedo", disse Alan. "Não era preciso eu ficar amarrado. Podia me estender todo, deitado de costas. Lembro que relaxei completamente e não permiti que minha cabeça fabricasse o medo do que haveria no dia seguinte porque não havia nada que pudéssemos fazer a respeito. Já tinham existido muitas outras vezes como aquelas, em que estávamos sentindo realmente muito frio, sentados em pequenas beiradas nos Alpes ou no Himalaia, com muito pouca comida e líquido. Apenas suportando a situação. A única coisa com que contávamos era a nossa respiração. Eu costumava me concentrar na respiração e em relaxar para produzir calor. Não estava tendo nenhuma experiência mística, estava só sobrevivendo. Mas acho que estava, de algum modo, em sintonia com métodos que são recursos espirituais milenares. Qualquer um, em um local muito alto, que esteja respirando de modo concentrado sem muito oxigênio acaba captando o plano espiritual."

Então os escaladores e outros tipos de exploradores estão em uma busca espiritual? Burgess diz que devem estar. "Mas você sabe como são os escaladores. Costumam dar respostas esquivas a esse tipo de pergunta, para você não ficar sabendo quais são seus motivos verdadeiros."

Tomaz Humar, montanhista esloveno, está longe de ser tímido a respeito de seus motivos espirituais. Humar começou a escalar no final da adolescência, nas montanhas próximas à casa da família. A Eslovênia tem uma longa tradição de montanhismo e, em um país de dois milhões de habitantes, existem perto de quarenta clubes de escalada, repletos de pessoas que traçaram novas rotas pelos Alpes e o Himalaia. Para deixar sua marca, Humar sabia que teria de realizar algo extraespecial e partiu em busca de recursos espirituais que lhe permitissem escalar mesmo nas mais árduas condições. Começou a considerar todas as coisas da natureza, especialmente as montanhas, como seres vivos. Ensinou-se a sentir a energia de uma montanha, a se comunicar com ela e a respeitar aquilo que ela lhe dissesse.

"Eu entendo as montanhas não apenas com meus músculos, mas com meu terceiro olho", ele disse. "Essa é a minha arma secreta. Com meu terceiro olho, posso mensurar as pessoas, o tipo de energia que elas têm, posso ler seus chakras. Eu o uso também para falar com as montanhas. Nunca escalo sozinho a menos que a encosta da montanha me chame; se a montanha não aceita a gente, e se você não corresponde ao que ela deseja, ela te destruirá."

Sua carreira no Himalaia começou em 1994, quando escalou o Ganesh V, no Nepal. Nos cinco anos seguintes, fez várias escaladas que deixaram atônito o mundo do montanhismo. Chegou ao Annapurna sozinho, pela rota francesa, em meio a uma nevasca terrível ignorando as instruções do líder da expedição para que voltasse. Também estabeleceu uma nova rota para a face noroeste de Ama Dablam e atravessou sua serra a sudoeste em condições que tinham derrotado quatro outras expedições à montanha naquela mesma época. Subiu sozinho o Bobaye, um pico virgem na região oeste do Nepal. Em um ano, ele escalou Lobuche East, Pomori e a face oeste do Nuptse, onde seu parceiro nessa aventura foi arremessado do topo pelo vento com a força de um furacão. Subiu a Retience Wall [Parede Reticente], que é o paredão mais difícil de ser escalado no vale do Yosemite.

Em novembro de 1999, passou dez noites e onze dias sozinho na face sul de Dhaulagiri — uma encosta forrada de imensos seracs pendentes e rochas soltas. Humar escalou aquilo sozinho, percorrendo uma rota nova, praticamente o tempo todo sem nenhuma forma de proteção. No segundo dia da subida, uma série de seracs se soltou bem acima dele e, durante quatro horas, ele foi chicoteado por avalanches de gelo e neve que o deixaram ferido e sangrando. No sexto dia, começou com uma dor de dente terrível e teve de fazer um autoatendimento de emergência, usando um canivete do exército suíço para abrir um furo debaixo de uma obturação e assim liberar o pus que tinha acumulado embaixo dela. Nas duas últimas noites, ele foi forçado a acampar à altitude de 7.800 metros, em uma saliência exposta, sem alimento, água e oxigênio suplementar. Ele atribui sua sobrevivência naquela expedição e nas que a precederam aos poderes místicos que vinha desenvolvendo há anos. Desacelerando seu ritmo cardíaco, pôde fazer afluir a maior parte de seu sangue para o meio do corpo, separando-se do mundo físico para poder aguentar o frio, a sede, a fome e a dor. Ele abriu seu "terceiro olho". Humar acredita que esses poderes sinalizam os rumos futuros do montanhismo.

Ele escreve que, com o terceiro olho "aberto, seremos capazes de aceitar o perigo que até aqui tem-se mostrado imprevisível. Teremos de atravessar o limiar da vida terrestre e nos concentrar em outras dimensões, que ainda estão além da compreensão do homem ocidental".

De volta à Eslovênia, ele estava realizando algumas tarefas de manutenção em sua casa quando caiu no porão e quebrou as duas pernas. Mas isso só o deteve por pouco tempo. Entre 2002 e 2004, ele escalou vários picos do Himalaia e fez duas tentativas de subir o Nanga Parbat.

Como de hábito, antes de começar cada subida, ele meditou no sopé da montanha, esperando receber o convite. Quando este chegou, foi tão forte que ele o descreveu como "um telefone tocando". Ele acredita que é por causa desse tipo de ligação que ele tem sobrevivido enquanto tantos amigos seus morrem nas mesmas escaladas. Em sua segunda tentativa no Nanga Parbat, porém, sua ligação espiritual com a montanha falhou. Ou ele não a compreendeu direito.

Seu objetivo era traçar uma nova rota até o Pilar Central da temível Face Rupal, a maior parede montanhosa do mundo. Um dos membros da equipe de Humar no acampamento de base era Natasa Pergar, uma bioterapeuta que vinha trabalhando com ele há quatro anos, instruindo-o em seu desenvolvimento espiritual. Pergar afirma ser capaz de ler a aura das pessoas e das montanhas. Dizem que ela teria dito a Humar que via uma aura verde emanando da Face Rupal, que ela interpretou com uma manifestação de raiva da montanha. Apesar disso, e apesar das condições climáticas concomitantes, Humar foi em frente com sua escalada solo, possivelmente porque dois outros montanhistas tinham acabado de chegar ao acampamento com a intenção de subir pela mesma rota.

Quando Humar estava a meio caminho daquela encosta, um nevoeiro envolveu a montanha e uma série de avalanches e quedas de rochas teve início, parecendo uma chuva, o que o obrigou a se proteger acocorado na barraca, congelando aos poucos, morto de fome, tornando-se gravemente desidratado. Ele sempre se gabara de só subir por rotas onde seria impossível o resgate alcançá-lo, de modo que, quando a situação ficasse difícil, ele só pudesse contar consigo mesmo, com seus poderes especiais e com Deus. Mas depois de nove dias preso na Rupal, percebendo que, mesmo as condições atmosféricas melhorando, ele estaria fraco demais para descer, ele se comunicou por rádio com o acampamento de base e pediu um resgate de helicóptero. Dois pilotos da Força Aérea Paquistanesa executaram uma manobra extraordinariamente difícil e inédita àquela altitude. Pairando com o helicóptero perigosamente perto da encosta, conseguiram arrancar Humar da plataforma. Mas, no estresse do momento, ele se esqueceu de prender sua âncora. Enquanto era içado, seu cabo guia, atado à montanha, quase se tornou o cabo que o mataria, ameaçando derrubar o helicóptero. No último segundo ela se despregou, o que salvou a vida de todos.

No mundo do montanhismo, esse feito épico foi ferozmente atacado e criticado como um fiasco, resultado de ele ter se submetido à pressão dos patrocinadores e à própria ambição, tendo tomado uma série de más decisões. Por algum tempo ele se manteve longe da mídia. Até que, em 2007, discretamente dirigiu-se ao Annapurna e, sem nenhuma divulgação prévia, levou quatro dias escalando sozinho até chegar ao topo. Ao que parece, sua ligação espiritual estava novamente em ordem.

Humar não é o único a descrever a abertura do terceiro olho no limiar entre a vida e a morte. Durante seu voo solo em um monoplano, entre Nova York e Paris em 1927, Charles Lindbergh vivenciou uma visão ilimitada. "Meu crânio é um único grande olho, enxergando em todas as direções ao mesmo tempo", ele escreveu. "Estou na linha limítrofe entre... um além realmente muito maior, como se estivesse preso no campo de gravitação entre dois planetas, diante de forças que não posso controlar, forças fracas demais para serem mensuradas por quaisquer meios ao meu comando, mas que representam poderes incomparavelmente mais fortes do que já vi na minha vida."

Para a canadense Mandy Cruickshank, praticante de mergulho livre, algo semelhante a um terceiro olho rastreia e elimina qualquer distração durante o trabalho de preparação para uma competição. Antes de um mergulho em Kona, no Havaí, em 2002, com a extensão de 64 metros, ela passou cerca de 7 minutos "inspirando" para conter tanto ar quanto possível dentro do seu organismo.

"Tinha um bote cheio de gente ali perto de mim, me observando, havia câmeras para todo lado, pessoas grudadas em mim e berrando na minha orelha, mas eu estava internamente tão concentrada que, literalmente, todo aquele povo desapareceu", ela disse. "E, durante o mergulho, eu não me lembro de ter visto os mergulhadores de segurança, nem os cinegrafistas, nem os flashes das câmeras. Não tenho ideia de como realizei o mergulho. Isso só acontece quando tenho de realizar o mergulho. É incrível quanto você pode afundar em você mesmo quando o momento certo chega."

Para Reinhold Messner, isso acontece durante ou logo depois de uma escalada especialmente complicada.

"Tudo fica preto diante dos meus olhos", ele escreveu sobre sua aproximando do campo de alta altitude após completar sua escalada solo do Everest. "Devagar, muito devagar, eu me deixo dissolver. A cada passo que dou na descida, com os postes de demarcação à minha frente, as primeiras morenas já à vista, o mundo inteiro se ergue e revela dentro de mim. Vejo todo o meu ser como se estivesse de fora. 'Aqui' é, agora, uma coisa inteiramente diversa. Sou transparente, feito de vidro, parido pelo mundo."

O comprometimento e a disciplina de aventureiros tão extremos, e as recompensas concomitantes lembram os dos místicos orientais. Han Shan, um ermitão e poeta da dinastia T'ang do século VIII, escreveu a maioria de seus poemas enquanto vivia em cavernas nas montanhas T'ien-t'ai, na China, onde dizem que vivenciou profundos estados de consciência mística e de alteração da consciência. Na década de 1990, o autor George Crane visitou alguns dos locais de retiro de Han Shan. "A propósito, esses sábios eram ótimos escaladores", ele disse. "Durante a Revolução Cultural, a Guarda Vermelha invadiu a montanha de T'ien-t'ai para destruir as inscrições que esses santos solitários tinham deixado nos penhascos; tiveram de usar elaborados sistemas de rapel... para chegar a eles."

Milarepa, um santo tibetano, percorreu o Himalaia durante anos, sobrevivendo à base de chá de urtiga que, consta a lenda, deixou sua pele verde. Ele morou em cavernas durante invernos inteiros, praticando *tumo*, o aumento do calor místico, para se manter aquecido.

"Passar o inverno habitando uma caverna, em uma altitude variando entre 3.300 e 5.400 metros, vestindo apenas um manto fino ou mesmo nu, e não se deixar congelar, é de fato um feito difícil", escreveu Alexandra David-Neel, uma exploradora francesa. "Todavia, muitos eremitas tibetanos todo ano se submetem a essas provações. O fato de resistirem à prova é atribuído ao *tumo*."

Entre 1914 e 1918, David-Neel viveu em uma caverna — embora forrada com tapetes — à altitude de 3.900 metros, na região norte de Sikkim. Durante esse período, vez sua primeira visita ao Tibete, cruzando a fronteira em segredo. Nos anos 1920, ela foi a primeira estrangeira a visitar Lhasa e, nas décadas seguintes, viajou extensamente pelo Tibete, estudando e escrevendo minuciosos relatos sobre suas práticas espirituais.

Em *Tibete: magia e mistério*, ela descreve os complicados estágios da ativação de *tumo* — o que demanda *asanas* iogues, concentração profunda, visualizações de fogo na coluna vertebral e uma prolongada retenção da respiração. Ela ainda descreve os testes a que os neófitos no *tumo* são submetidos por seus gurus "Eles se sentam no chão, despidos e de pernas cruzadas. Lençóis são mergulhados em água gelada, e cada um deles se enrola em um desses panos, que deve secar no próprio corpo. Assim que o lençol fica seco, é novamente encharcado com água gelada e colocado sobre o corpo do noviço até ficar seco, como antes. Essa operação é repetida incessantemente até o dia raiar. Então, aquele que tiver secado o maior número de lençóis é reconhecido como o vencedor da competição."

O escalador americano Stephen Koch praticou, automaticamente, uma forma de *tumo* durante a noite que passou sozinho, muito ferido, na encosta do monte Owen na serra Teton do Wyoming, na primavera de 1998. Ele estava escalando sozinho o lado norte da montanha, na expectativa de fazer a primeira descida em *snowboard* naquela montanha e estar de volta em casa pelo meio da tarde. Assim, estava com trajes mais leves e carregava pouco equipamento. Mas, quando estava se aproximando do topo de Koven Col, o sol soltou as placas de gelo da encosta acima dele, e isso desencadeou uma avalanche que o arrastou por milhares de metros montanha abaixo, depositando-o do outro lado de um imenso precipício.

"Enquanto tudo isso acontecia, eu sabia que o meu corpo estava sendo fraturado em muitos lugares", Koch se lembrava. "Eu sei que pensava *oh, agora foi o joelho direito, agora foi o esquerdo, e em seguida vai ser a minha cabeça. Vou acabar acertando a minha cabeça em uma pedra e aí será o fim*. De repente, tudo ficou superquieto e eu pensei, *bom, acabou, fim, morri*. Então, percebi que eu estava no ar, voando sobre o precipício. Aterrissei com força; provavelmente, foi aí que quebrei as costas, mas continuei deslizando pela encosta. Eu pensava *ainda estou vivo, devia tentar parar de cair*. Como eu estava de barriga, me agarrei com unhas e dentes à neve, tentando interromper a queda. Isso deve ter funcionado, mas, enquanto eu ia mais devagar, a neve molhada continuava escorregando. Ela encheu a minha boca e a garganta e entrou pelo esôfago."

Acabou percebendo que estava deitado na superfície da encosta, em plena luz do sol. O joelho direito estava deslocado e o ligamento anterior cruzado do esquerdo tinha sido estirado. Suas costas estavam com duas fraturas. Ele havia esmagado algumas costelas e estava coberto de cortes, arranhões e hematomas. A encosta acima dele ainda tinha muita neve, e ele sabia que outra avalanche seria iminente. Ele tinha de sair dali de qualquer maneira, se quisesse sobreviver.

"Consegui me arrastar de lado. Não foi fácil, com duas pernas que não funcionavam. E o joelho direito estava horrível, uma maçaroca de carne arrebentada, mal contida pela pele. Sentei-me ao sol por algum tempo, desmaiando e acordando. As avalanches seguintes começaram a cair e imensas bolas de boliche começaram a vir de todo lado. Eu me lembro de que só pensava *oh, por favor, não em cima da minha perna.*"

Durante várias horas ele ficou deitado ao sol. Mas, aos poucos, as sombras se alongaram até que ele enfim ficou à sombra, enquanto a temperatura caía rapidamente. Ele começou a se arrastar e deslizar pela montanha, tentando descer até onde tinha deixado sua sacola mais cedo naquele dia. Ao cair da noite ele tinha alcançado aquele ponto. Dento da sacola havia duas barras de chocolate, uma bandana e dois aquecedores de mão. A avalanche tinha destroçado sua mochila, então ele não tinha roupas extras para vestir e nada para beber. Ele se deitou e preparou para aguentar a longa noite que tinha pela frente. Estava machucado demais para fazer algum exercício que o mantivesse aquecido. Só podia contar com sua respiração.

Ele passou a noite inteira concentrado em fazer uma respiração profunda e acelerada a fim de se proteger dos estágios iniciais da hipotermia. De tempos em tempos, ele também tentava enviar mensagens mentais para o pessoal dizendo que precisava de ajuda. Um amigo íntimo de Koch ficou preocupado quando ele não voltou de sua excursão de um dia só e telefonou para os guardas do parque. No dia seguinte de manhã bem cedo uma busca foi organizada.

"Eles seguiram minhas pegadas, viram os restos da avalanche e me acharam", disse Koch. "Assim que chegaram lá, entrei em hipotermia; comecei a convulsionar de frio. Eu sabia que estava em suas mãos, a salvo, então finalmente pude relaxar."

Alexandra David-Neel também descreveu disciplina tântrica do *lung-gom* que significa "concentração do vento" e consiste em um estado psíquico que permite aos praticantes caminhar grandes distâncias, velozmente, por períodos prolongados, sem descanso. Após testemunhar o desempenho de um praticante, David-Neel escreveu: "O homem não corria.

Ele parecia se suspender do chão, avançando aos saltos. Dava a impressão de que tinha sido dotado da elasticidade de uma bola e que ricocheteava toda vez que seus pés tocavam o chão".

Esses corredores, conhecidos como *lung-gom-pa*, eram conhecidos por sua capacidade de viajar sem parar durante 48 horas ou mais, cobrindo pelo menos 32 km por dia — um desempenho que deixaria impressionado até o melhor dos ultramaratonistas da atualidade. Em *The Way of the White Cloud*, o lama Anagarika Govinda, nascido na alemanha e um explorador do Tibete e seu misticismo, explica a prática e o significado de *lung-gom*. *Lung* quer dizer ar, assim como força psíquica. *Gom* significa a concentração de todo o ser da pessoa em uma única coisa. *Lung-gom-pa*, então, é a pessoa capaz de controlar e canalizar sua energia por meio da prática ancestral do *pranayama* — a respiração iogue. Para se tornar um *lung-gom-pa*, o adepto tem de dominar as técnicas de respiração profunda e de visualização em que imagina o próprio corpo tão leve como uma pena. "O método do *lung-gom-pa* não visa treinar o discípulo fortalecendo seus músculos", escreveu o lama Anagarika Govinda, "mas sim desenvolver os estados psíquicos que tornam possíveis essas marchas extraordinárias".

Após anos de preparo, os *lung-gom-pa* recebiam autorização para demonstrar essas habilidades. Alguns, como o homem que David-Neel viu, às vezes ficavam tão leves que pareciam flutuar no ar. Para impedir que isso realmente saísse de controle, eles usavam pesadas correntes em volta do pescoço.

Histórias milenares de pessoas flutuando ou voando podem ser, em parte, atribuídas a práticas semelhantes ao *lung-gom*. Dizem que Milarepa voou sobre o topo do monte Kalias. São José de Cupertino aparentemente foi visto em levitação várias vezes, em muitas dessas ocasiões durante mais de duas horas. Santa Teresa de Ávila levitava durante seus êxtases de meditação, e há relatos de que a Irmã Ana da Encarnação flutuou 30 cm acima do chão, durante trinta minutos. Santa Teresa escreveu sobre essas ocorrências: "A mim parecia, quando tentei opor resistência, como se uma grande força debaixo de mim estivesse me suspendendo". Ela se mantinha consciente durante suas levitações e descrevia sua visão do corpo ali embaixo e de ser erguida — um exemplo clássico do que se chama hoje de experiências fora do corpo (EFC).

✧ ✧ ✧

O alpinista britânico Andy Parkin certa vez se encontrou olhando do alto para o próprio corpo embaixo. Isso aconteceu na década de 1990, durante uma escalada dos Alpes no inverno.

"Eu estava subindo sozinho Les Droites, uma face de 1.000 metros e uma das mais difíceis dos Alpes", disse Parkin. "Estava ciente da enorme extensão daquela parede, era muito difícil, estava muito frio, mas eu me deslocava como o vento, totalmente à vontade, totalmente confiante. Então, quando eu estava mais ou menos no meio da subida, de repente me vi olhando para mim mesmo. Era como se eu estivesse flutuando no espaço, e me vendo escalar. Ainda havia uma parte de mim na encosta, pensando *volte para cá, esse não é um bom momento para sair voando*. Tive de me forçar a entrar de volta dentro do meu corpo. Isso não aconteceu porque eu estava focado: você não pode se permitir essa emoção quando está fazendo um solo. Mas eu estava em um estado de hiperconsciância. Aconteceu algumas vezes, quando me encontrei nesse nível de concentração. Talvez seja uma coisa química."

Em 1993, Marshall Ulrich estava correndo no trajeto de Badwater, tentando bater o próprio recorde. Ele começou às 6 da manhã, viu o sol se pôr e seguiu correndo noite adentro. Em algum momento, na altura da marca dos 65 km, ele se sentiu saindo do próprio corpo. De repente, o esforço de correr tinha desaparecido; de cima, ele observava sua figura solitária em passadas ritmadas vencendo o percurso, ele ouvia o som das passadas e via sua equipe de apoio esperando por ele em determinados pontos, para lhe oferecer comida e água. Ele se viu comendo e bebendo, enquanto corria.

"Era como se estivesse me vendo em um filme de cinema", ele disse. "Perdi totalmente o sentido do tempo. Podiam ter-se passado apenas dez minutos, mas então me dei conta de que o dia estava nascendo, que o sol estava quase surgindo. Eu sabia que estava na hora de voltar para o meu corpo."

Ele estava relutante quanto a comentar essa experiência com alguém, em especial outros corredores. "Eu tinha certeza de que iriam pensar que estou doido." Então, ele conheceu Yiannis Kouros, o lendário ultramaratonista grego, detentor de vários recordes, que atualmente mora na Austrália.

Kouros não se abala nenhum pouco com o componente espiritual de sua prática de corrida.

Ele escreveu: "Não é fácil perceber o que está acontecendo na cabeça e na alma, nos sentidos e além dos sentidos de um corredor devido à recusa do corpo. Somente se o corredor alcança essa transcendência, especialmente no nível metafísico, é que ele então se torna capaz de continuar".

Quando tomou conhecimento do que tinha acontecido com Ulrich, ele entendeu totalmente. E disse a ele como voltar àquele ponto.

"Ele disse que eu teria de me fragmentar até não sobrar nada, até eu transcender os limites do meu corpo físico e entrar em uma nova dimensão da existência."

E qual é a sensação que dá sair dessa nova dimensão da existência e voltar para um corpo que acaba de ficar correndo a noite inteira?

"Dolorosa", ele disse. "Eu queria levantar e sair de mim outra vez."

Segundo pesquisas realizadas no Reino Unido, aproximadamente 10% das pessoas afirmam ter tido alguma EFC, mas os cientistas sabem muito pouco sobre esse fenômeno. Frequentemente, ele se torna um sintoma de outra estranha ocorrência: a experiência de quase morte (EQM), em que a pessoa, embora aparentemente morta, passa por uma série de emoções e sensações muito nítidas antes de, depois de algum tempo, retornar à vida.

No budismo tibetano, as pessoas que parecem morrer e então voltam à vida são chamadas de *deloks*. Durante esse período entre a vida e a morte, elas se encontram viajando no estado de *bardo* onde relatam visitas a estados celestiais e infernais, e encontros com deidades de proteção. Alexandra David-Neel descreveu um encontro com uma *delok* nos anos 1920.

"Ela disse que havia ficado agradavelmente surpresa com a leveza e a agilidade de seu novo corpo", escreveu David-Neel. "Ela era capaz de atravessar rios, andar sobre a água, atravessar paredes. Havia apenas uma coisa que ela achava impossível: cortar uma corda quase impalpável... que se estendia indefinidamente."

A expressão "experiência de quase morte" foi introduzida por Raymond Moody, um médico americano, nos anos 1970. Em seu livro *Vida após a vida*, ele apresenta os nove elementos que geralmente constam em uma EQM, quase todos agradáveis, incluindo um ruído de zumbido ou campainha, uma sensação de paz, a sensação de passar por um túnel na direção de uma luz brilhante, uma revisão da vida até então e a relutância em voltar a ela. Algumas pessoas, como os *deloks*, descrevem experiências em geral negativas e aterrorizantes. Mas, mesmo nesses casos, havia a convicção de que, se um limiar final fosse atravessado, não haveria mais retorno.

Hilary Rhodes passou por muitos desses estágios quando foi vítima de uma avalanche enquanto descia de helicóptero para esquiar nos Alpes, em 1982. Havia onze pessoas em seu grupo e, quando o helicóptero os deixou, ela foi a terceira a entrar na pista e começar a esquiar. Tinha quase chegado ao fim do percurso e estava passando perto da última morena, quando os demais esquiadores, todos juntos, começaram a descer desde o topo da encosta, um atrás do outro. Seu peso acumulado deflagrou uma avalanche, tendo despregado uma grossa lâmina de gelo com cerca de 270 metros de comprimento e largura, que chegou até onde Rhodes estava em uma questão de segundos. No começo, ela conseguiu esquiar na superfície dessa placa, mas, quando se deu conta da escala do monstro, ficou possessa de raiva porque aquilo provavelmente iria matá-la. Seu marido, Peter Boardman, estava escalando o Everest naquela época e ele tinha prometido a ela que seria sua última expedição pois, quando voltasse, o casal tinha planejado começar sua família.

"Eu estava lutando para ficar em cima dos esquis", ela lembrava. "E ficava gritando em voz alta 'Não é justo! Agora, não, não pode ser agora!'"

Ela chegou ao fim da encosta e tinha enfim conseguido parar quando o final da avalanche a engolfou. Ela ficou debaixo de quase 1 metro de neve.

"Ainda me lembro de uma sensação aterrorizante de concreto sendo despejado à minha volta", disse Rhodes, "e de não ser capaz de me mexer nem de respirar. Então foi somente como se estivesse perdendo a memória até que de repente eu me vi entrando por um túnel incrível. Eu andava em círculos, girando e girando, como água que escorre pelo ralo da pia. Era incrivelmente pacífico e empolgante, ao mesmo tempo, de um jeito um pouco estranho'".

Os esquiadores que desciam atrás dela tinham conseguido identificar exatamente o local onde ela estava enterrada e em quinze minutos já estavam trazendo Rhodes até a superfície. Eles tinham sabido no ato onde procurar por ela porque estavam ouvindo seus gritos sob a neve.

"Assim que começaram a aliviar o peso tirando a neve de cima do meu peito e eu podia respirar de novo, a dor foi horrível", ela disse. "Mas eu não tinha sido fisicamente ferida. Acho que foi a dor do meu espírito tendo de voltar para o corpo."

Muitos cientistas dirão que suas experiências foram alucinações causadas pela falta de oxigênio e por seu intenso medo. Que sua sensação de apaziguamento e sua euforia, por exemplo, resultavam de uma maciça liberação de endorfinas, o que também pode ter causado descarga no lobo temporal, o que se suspeita há muito tempo ser o gatilho de uma diversidade de experiências religiosas e místicas. Susan Blakcmore, psicóloga e autora de *Dying to Live*, explica um pouco mais a experiência de quase morte de Rhodes por meio de sua "hipótese do cérebro moribundo": assim que os órgãos externos dos sentidos começam a falhar, o cérebro se esforça para construir um modelo de realidade recorrendo a dados internos e usando a memória e a imaginação. Esses processos interiores são percebidos como eventos externos, um resultado de mudanças no córtex visual induzidas pela anóxia e sob o efeito de maciças descargas de endorfinas no lobo frontal. Para explicar o efeito do túnel, Blackmore desenvolveu alguns mapeamentos computadorizados dos efeitos do aumento do ruído elétrico no córtex visual — a parte do cérebro que processa as informações visuais. A atividade cerebral é estabilizada pela inibição de algumas células por outras. Quando ocorre a desinibição — por exemplo, devido à anóxia —, acontece um excesso de atividade cerebral ou ruído neural. O mapeamento de Blackmore produz uma série de imagens que lembra um túnel escuro com uma luz brilhante no final.

"Segundo essa teoria, o túnel terminaria quando todas as células deixam de disparar", diz ela. "Por outro lado, se o suprimento de oxigênio volta antes de ser alcançado esse estágio, a inibição tornaria a funcionar, a luz diminuiria e o movimento se inverteria. Nesse caso, a pessoa possivelmente teria a sensação de retroceder dentro do túnel."

O que a pessoa vê e ouve durante uma EQM, conforme descrições de Moody e muitos outros relatos, são para Blackmore "uma ficção que estão criando para dar sentido a essa situação extrema em que se encontram".

Sam Parnia tinha 16 anos, estudava na Inglaterra e sonhava em se tornar médico quando leu o livro de Raymond Moody sobre EQMs. Ele ficou impressionado com as semelhanças entre as experiências das pessoas, e essas histórias ficaram com ele durante todo o tempo em que estudou para se formar médico. Por volta do fim da faculdade, aceitou uma residência no Mount Sinai Medical Centre, em Nova York. Certa manhã, ele passou uma hora muito agradável em uma ala, conversando com um paciente. Não muito tempo depois, ele recebeu um chamado de parada cardíaca. Correu para ajudar a equipe de médicos, que estava tentando desesperadamente ressuscitar o paciente que, Parnia então identificou, era aquele com quem estivera conversando um pouco antes. Quando os médicos não conseguiram trazê-lo de volta, Parnia começou a pensar o que teria acontecido com a pessoa que tinha rido e feito piadas com ele há apenas poucas horas. Será que teria flutuado para fora do seu corpo, observando as tentativas de ressuscitá-lo? Será que sua consciência tinha sobrevivido de alguma maneira, ou estaria perdida, com a morte do corpo?

"Eu realmente queria saber", disse Parnia. "Mas as respostas não estavam disponíveis. Depois de ter-me formado em medicina, decidi que o melhor meio de descobrir era eu mesmo fazer essa pesquisa."

Ele então se juntou ao dr. Peter Fenwick, um neuropsiquiatra atuando em Londres, que tinha acabado de publicar um livro sobre EQM, em que examinava por um crivo crítico trezentos relatos dessa natureza. Em 1997, os dois médicos deram início a um estudo piloto nas unidades de atendimento coronariano, de emergência e de clínica médica do Hospital Southampton, e entrevistaram pacientes que tinham sofrido ataques cardíacos e que, até reagirem positivamente ao procedimento de ressuscitação, tinham ficado clinicamente mortos por um breve período, sem pulso nem respiração e com as pupilas fixas e dilatadas. Dos 63 pacientes entrevistados, somente seis tinham lembrança de sons, visões e emoções até que os monitores só mostraram linhas contínuas. Mas, quando se espalhou a notícia de que estavam fazendo esse estudo, Parnia foi procurado por mais de quinhentas pessoas que tinham sobrevivido a um contato próximo com a morte. Suas histórias eram notavelmente similares às dos pacientes na pesquisa de Parnia e aos casos que tinham sido relatados por Moody. Em 2005, o dr. Parnia publicou seus dados e agora, com o dr. Fenwick, está conduzindo estudos mais abrangentes, envolvendo vários hospitais no Reino Unido e nos Estados Unidos.

Nem é preciso dizer que o trabalho da dupla de médicos é criticado pela comunidade científica. Christopher French, professor de psicologia no Goldsmiths College da Universidade de Londres, afirma que "praticamente todos os aspectos da EQM foram relatados em outros contextos", inclusive em experiências fora do corpo relatadas por pacientes submetidos a estimulação do giro angular. No entanto, nem o professor French descarta completamente a experiência em si.

"Acho que ainda vai demorar muito até compreendermos totalmente uma EQM", ele disse em um programa da BBC de debates sobre o tema. "É uma experiência incrivelmente fascinante e profunda para as pessoas que passam por ela, e certamente seria um erro para a ciência fechar seus olhos para esses tipos de questão. É possível que tenham muito a nos dizer, não só acerca do modo como o cérebro funciona nesses casos extremos, mas também sobre nossa consciência cotidiana."

Algumas semanas após Hilary Rhodes ter sido soterrada por uma avalanche, seu marido, Peter Boardman, juntamente com Joe Tasker desapareceu na serra noroeste do Everest. Passaram-se dez anos antes que o corpo de Boardman fosse localizado na montanha. Naqueles anos todos, Rhodes usou tudo que tinha aprendido como montanhista e esquiadora de competições — disciplina, foco e gerenciamento do medo — e canalizou esse conhecimento para trilhar um caminho espiritual. Entrou em um ashram e durante longas horas de meditação teve experiências que foram "muito mais alucinadas" do que as incontáveis outras que havia vivenciado como atleta. Mas reconhecia o valor de todo o tempo que tinha passado nas montanhas, incluindo a avalanche.

Capítulo 11

Além dos Extremos

Devemos viver em queda livre no infinito. Se nos colocarmos na beira, o coração se abre.

Thomas Moore

Costumam ser as experiências mais árduas e desafiadoras da nossa vida que abrem a cabeça da gente para outras concepções. Para algumas pessoas, essas são experiências escolhidas ou aceitas como consequência dos riscos que correm. Para outras — a maioria — elas acontecem sem aviso. Presentes imprevisíveis, que rasgam nossas sucessivas camadas de proteção e então nos proporcionam vislumbres do misterioso, do inefável, das dimensões infinitas da consciência humana.

Durante um de meus mais longos verões nos tempos da faculdade, viajei pelo Marrocos com três amigas. Fomos a todos os lugares habituais — Marrakesh, Fez, Casablanca, Rabat — e então pegamos um ônibus urbano que fazia o percurso da costa atlântica para chegarmos a uma pequena cidade chamada Mirleft. Naqueles tempos, Mirleft era uma rua de terra e uma longa sequência de casas geminadas cuja frente era protegida por colunatas de pedra, produzindo sombra à entrada da casa. Enquanto descíamos a rua com as mochilas às costas, pequenos tufos de poeira vermelha subiam e envolviam nossas sandálias. Do lado de fora do açougue, a cabeça de um bode jazia em meio a uma poça de sangue vermelho vivo. Na porta ao lado, de um minúsculo restaurante, o restante do bode estava se tornando um *tajine* lentamente cozido em fogo baixo, o único prato do cardápio para aquela noite. O proprietário nos chamou quando passamos: "Venham jantar!" Os homens sentados à mesa nos olharam com curiosidade, aquelas moças vindas de outro mundo, sem maridos, nem filhos, nem nada para cuidar.

Um velho chamado Mohammed ofereceu-se para nos alugar um quarto em sua casa. Vazio exceto por esteiras de palha no chão, tinha duas janelas com venezianas que se abriam para um quintal. Aceitamos. Na manhã seguinte, Mohammed nos trouxe chá de menta adoçado e biscoitos. Perguntamos onde poderíamos nadar e ele nos indicou uma praia, a menos de 2 km. "Cuidado", ele disse, "o mar é perigoso".

A praia ficava ao pé de uma pequena colina arenosa que formava uma baía em meia lua. Caminhando pela trilha — que era íngreme — levantei os olhos para contemplar o Atlântico e sua superfície azul-cobalto pontilhada pela espuma branca das ondas. Abaixo de nós, alguns barcos de madeira estavam emborcados em meio a pilhas de redes e cabos emaranhados. Nenhum pescador estava à vista, e nenhum na água, exceto por um grupo de turistas "pegando jacaré" nas ondas da rebentação. Deixamos nossas sacolas e toalhas na areia e fomos molhar os pés. Sentindo a correnteza que sugava a areia em torno de nossas pernas, lembramos das palavras de Mohammed; nenhuma de nós era exímia nadadora e decidimos que até o meio da canela já era fundo o bastante.

Então ouvimos um grito. Vários homens saíram em desabalada correria praia abaixo e se atiraram na água de qualquer jeito, gritando que seu amigo tinha nadado para fora da linha de rebentação e estava em apuros. Eles formaram uma corrente segurando nas mãos uns dos outros e chamaram mais pessoas para ajudar. Minhas amigas sensatamente recuaram, mas, envolvida pela excitação do acontecimento, ofereci as minhas mãos. Em um instante, eu estava comprometida, um elo na corrente, e afundando cada vez mais na água. Uma onda cresceu em torno do meu peito e me tirou os pés do chão. A que veio por trás era muito mais alta do que todas as outras. Admirei sua barriga lisa, verde e vítrea, e sua cabeça que se curvava sobre mim, espantosamente branca contra o céu azul. Então um choque ruidoso, um impacto dilacerante que me arrebatou da corrente e me deu um "caldo" que me deixou dando cambalhota atrás de cambalhota como se eu fosse um trapo solitário no tambor da máquina de lavar roupa. Minha cabeça subiu à tona, a praia estava próxima e eu agitei os pés tentando alcançar o fundo. Mas dessa vez o mar me chupou para fora, tragou-me para o fundo de sua goela, para longe das minhas amigas, em pé como um quadro vivo e mudo na orla, uma expressão só de confusão e agonia.

Mais tarde me falaram das traiçoeiras correntezas daquela baía; que aquele era um local temido pelos homens que pescavam ali; que ninguém que tivesse caído desavisado naquela forte correnteza tinha sobrevivido. Eu não sabia de nada disso enquanto ia sendo arrastada. A única coisa que eu sabia era da malevolência do mar que me engolia, me martelando o rosto, forçando-me a engolir um monte de água. Em pânico e fora de controle, lutei com unhas e dentes pela minha vida, e enfrentei o monstro. Primeiramente, eu não estava só; outras pessoas tinham sido apanhadas na mesma maré. Alguém se aproximou de mim; vi uma massa de cabelo escuro colada em um rosto estreito e barbudo. "Calma", o homem gritou. "Vou te ajudar." Joguei os braços em volta dele, e me pendurei nele com tanta força que arrastei nós dois para baixo. Ele se desvencilhou das minhas garras e, quando avancei de novo para alcançá-lo, ele me empurrou e me socou no peito. "Desculpe", ele disse e depois se virou para nadar para a praia.

O corpo e a cabeça se separaram. Tenho apenas fragmentos de lembrança do lado físico daquele afogamento: os membros abanando, a terrível ingestão de água do mar, engasgos e sufocação. Mas me lembro claramente dos processos mentais que eram lúcidos e livres de pressa. Aceitei que estava prestes a morrer e pensei no que seria que estava por vir em seguida. Pensei em meus pais recebendo a notícia da minha morte e senti um profundo remorso por seu sofrimento. Lembrei-me das palavras cruzadas que tinha feito com uma das amigas naquele dia de manhã e queria muito ter resolvido uma que tinha faltado. Compreendi que nunca completaria 21 anos, nunca teria aquela superfesta que eu tinha planejado, nunca conheceria o amor da minha vida nem me casaria. Não tenho ideia de quanto tempo durou aquela estranha disparidade entre lutar e refletir. Mas quando uma onda me ergueu de novo e eu enxerguei a praia e como as pessoas tinham se tornado umas figurinhas mínimas, decidi que a luta era dura demais e que era melhor acabar com aquilo. Calmamente, deixei-me afundar na água.

Ao abrir os olhos, vi o próprio corpo, enrolado na posição fetal, flutuando como o feto no útero. Os raios de luz que atravessavam a superfície desapareciam na escuridão ali embaixo. Estava inundada pelo horror; eu não queria ir descendo para aquelas funduras sem fim. Eu não queria morrer! Com um impulso rompi à tona d'água e abri a boca para aspirar o precioso ar, no mesmo instante em que uma onda veio por trás e quebrou bem dentro da minha garganta.

Depois disso, a única coisa que eu recordo é de um som de algo correndo e a sensação de me mover depressa em meio a nuvens, aninhada por mãos invisíveis. O resto está em branco. Tudo negro. Até mal e mal enxergar um braço, vagamente familiar, com grãos de areia presos nos pelos finos de sua pele. O meu. Eu estava deitada de barriga para baixo na praia. Extremamente surpresa eu pensei *estou viva.*

O jovem turista alemão por pouco não foi à praia naquela manhã. Tinha zanzado pelo povoado e fumado um cachimbo coletivo com alguns locais. Mas estava quente, e um banho de mar faria bem. Ele foi sem pressa, levando todo o tempo do mundo. Quando chegou ao alto da colina, viu as ondas e as pessoas correndo para todo lado como formigas alucinadas. Muito cheio, ele pensou, e então se lembrou de outra trilha, que descia até a ponta extrema daquela baía onde as ondas costumavam ser menores e seria mais fácil nadar. Era uma trilha menos batida em meio a arbustos espinhentos que grudavam nas pernas de suas calças, retardando seu avanço. Ele estava quase lá embaixo quando notou um corpo que ia e vinha nas ondas da rebentação, longos cabelos aureolando a silhueta. Ele se atirou na água com roupa e tudo e me agarrou pelo cabelo. Minha boca estava azul e inchada, e eu não estava mais respirando. Aparentemente, eu já era um caso perdido. Mas, quando as pessoas vieram correndo pela praia para ajudá-lo, ele começou a aplicar respiração boca a boca.

Quando recuperei a consciência, me carregaram morro acima e me puseram em um jipe. A viagem de volta para o povoado foi uma agonia. A cada calombo na estrada eu sentia dores que me atravessavam de cima a baixo e a cada vez que eu respirava uma faca parecia ser espetada nos meus pulmões. Em nosso quarto, minhas amigas colocaram todos os nossos sacos de dormir em uma pilha só para me oferecer uma cama macia. Mas, em meu delírio, eu estava convencida de que, se caísse no sono, eu pararia de respirar e morria. Durante aquela primeira noite eu tive alucinações muito fortes, em que serpentes subiam pelas paredes, as sombras escarneciam de mim, o rosto das pessoas que se aproximavam de mim se abria ao meio. Por volta do amanhecer, eu finalmente fechei os olhos. Quando acordei, uma forte luz do sol passava pelas frestas e falhas das persianas. Nosso hospedeiro estava ajoelhado ao meu lado, murmurando suas orações e tocando a testa no chão, dando graças pelo milagre de eu ter sobrevivido.

Passou-se uma semana. Conforme eu me restabelecia, afastei-me das minhas amigas. Elas estavam muito aliviadas e excitadas, e sua conversa parecia superficial e boba. Eu queria ficar longe daquela balbúrdia delas, sozinha. Certa tarde, quando me senti forte o bastante para caminhar, saí andando do povoado e subi por uma pequena colina onde me sentei. Fiquei ali muitas horas, admirando carneiros magricelas pastando em arbustos espinhentos, ouvindo o retinir dos sinos em volta de seu pescoço. Pensei nas horas que passei no mar. No homem que, no último momento, resolveu descer até a praia por outra trilha. E sobre a linha tênue entre estar viva, sentada naquele morro árido, e rolar de um lado para outro, morta, no fundo do mar. O sol estava escorregando para trás do horizonte, banhando o deserto em uma paleta de ouros e vermelhos. De repente fui tomada por uma sensação de profunda gratidão: pela beleza do céu, pela suavidade da cores da terra, pelo ar que agora transitava sem esforço para dentro e para fora dos meus pulmões. Naquele momento eu soube, mais além de toda dúvida, que fosse o que fosse que tivesse me trazido de volta do limiar da morte, estava ligado a todas essas coisas; que eu estava profundamente ligada à terra e suas forças; que minha sobrevivência não tinha sido mera coincidência. As lágrimas escorreram pelo meu rosto enquanto eu murmurava meus agradecimentos, até que a trêmula beirada do sol enfim não estava mais à vista, como alguém que estivesse se afogando.

Agradecimentos

Em primeiro lugar, agradeço a Susan Golomb, minha agente literária, ter perguntado se algum montanhista alguma vez já me havia falado de fantasmas. Isso me colocou no caminho que levou a *No Limite da Morte*. Também sou grata a Mitch Horowitz, da Tarcher Penguin, por seu apoio e paciência. Muito obrigada também ao Canada Council for the Arts e ao BC Arts Council, por sua ajuda financeira.

Em várias fases da preparação deste livro, tive a sorte de trabalhar com diversos editores de muito talento. Durante o primeiro Programa de Escrita na Montanha, no Banff Center, Marni Jackson e Tony Whittome me ajudaram a criar um novo começo para o manuscrito. Gabrielle Moss, da Tarcher Penguin, inspirou-me com seu grande entusiasmo pelo livro, oferecendo-me inestimáveis conselhos nas etapas finais do texto, sempre prestativa e com um inabalável bom humor. Nos primeiros estágios do projeto e em suas encarnações finais, Isabelle Gutmanis embarcou comigo na viagem uma vez mais, colaborando com suas destemidas, incisivas e altamente apreciadas habilidades editoriais. Meus agradecimentos a todos vocês, e a Peter Gutmanis por verificar várias referências científicas. Quaisquer erros remanescentes são todos de minha inteira responsabilidade.

Agradeço a Olga Gardner Galvin pelo minucioso trabalho de copidesque, e a Nicole LaRoche e David Walker pelo design do livro.

Uma infindável quantidade de agradecimentos a Bernadette Macdonald, Shannon O'Donaghue, Brian Hall, John Porter, Julie Tait, Rick Silverman e Arlene Burns por me acolher em seus festivais na montanha e me ajudar a fazer contatos que se revelaram cruciais para este livro; a Margo Talbot por sua cuidadosa leitura do manuscrito, suas sugestões e encorajamento; a minha cunhada, Gail Coffey, por seu entusiasmo em um momento em que ele foi extremamente necessário; e a minha velha amiga Claire David, por ter retomado comigo suas vívidas recordações de nossa viagem ao Marrocos.

Para a discussão das ligações entre aventura e experiências espirituais, místicas e paranormais, recorro aos conhecimentos de outros autores que também analisaram elementos desse tópico. Dois livros em particular foram fontes importantes de referências e indicações, no começo: *Bone Games*, de Rob Schultheis, e *In the Zone*, de Michael Murphy e Rhea A. White. Muitos outros livros que me inspiraram e esclareceram os elementos da minha pesquisa estão citados na bibliografia. Vários deles foram recomendados ou dados por amigos atenciosos. Por isso, sou grata a Joanie Bick, Kaz Connelly, Christin Geall, Mike Hawkes, Marni Jackson, Tom Lucas, Carol Matthews, Joan Skogan e Clint Willis. Sou grata também a Colleen Campbell, Ania Korzun, Geoff Powter, Royal Robbins, Shandell Susin, Alison Watt e Colin Wells por outros materiais muito úteis.

Sem as pessoas que cito a seguir este livro não existiria. Pelas histórias e pela *expertise* com que me brindaram, obrigada a Leanne Allison, Arlene Blum, Dorothy Boardman, Cherie Bremer-Kamp, Jim Buckley, Wesley Bunch, Adrian Burgess, Alan Burgess, Greg Child, Carlos Carsolio, Mandy Era-Cruickshank, Patricia Culver, Sam Drevo, dr. Jimmy Duff, David Eagleman, reverendo Neil Ellis, Shaun Ellison, Mark Fawcett, Will Gadd, Justin Harvey, Karsten Heuer, Peter Hillary, Charlie Houston, Tomaz Humar, Clay Huntig, Stephen Koch, Anna Levesque, Ed Lucero, Warren MacDonald, Beth Malloy, dr. Pierre Mayer, dr. Tim Noakes, Timmy O'Neill, Andy Parkin, Gavin Perryman, John Porter, Dean Potter, Hilary Rhodes, Royal Robbins, David Roberts, Dick rutan, Rupert Sheldrake, rabino Shifren, Marlene Smith, Cheryl Sterns, Tanya Streeter, Shandell Susin, Margo Talbot, Kristen Ulmer, Marshall Ulrich, Ed Webster, Sara Whitner e Lou e Ingrid Whittaker.

Enquanto estava pesquisando e escrevendo *No Limite da Morte,* fiquei impressionada pelo interesse que despertou nas pessoas, o que me permitiu manter incontáveis conversas, todas elas contribuindo de uma maneira ou outra para o produto final. Lamento não poder citar todo mundo com quem falei, mas por favor saibam — cada um de vocês — quanto suas considerações foram importantes para mim.

Por fim, um obrigada maior do que jamais poderei expressar adequadamente a Dag Goering, meu marido, meu melhor amigo e alma gêmea. Dois anos antes de conhecê-lo, em uma época em que a minha vida estava em uma fase muito ruim, uma amiga me convenceu a fazer uma leitura de tarô. Durante essa leitura, Dag me foi descrito em detalhes; era a promessa da felicidade futura. Teria sido mera coincidência eu ter trombado com ele, conforme previsto, quando estávamos os dois longe de casa? Nunca saberei. Mas o que sei com certeza é que ele é a fonte da maior alegria na minha vida. E que sem seu incentivo, seu amor e seu apoio — e às vezes umas provocações necessárias — este livro nunca teria sido concluído.

Para muitos
O momento do nadador chega diante do rodamoinho,
Mas nesse momento muitos não dirão
"Então, isso é o rodamoinho".
Com essa recusa eles se salvam
Do buraco negro, e também de desafiar
A corredeira mortal
e voltar à tona
Em águas misteriosas, mais amplas e remotas.
E assim seus rostos vazios e afáveis giram e rodopiam
Pálidos e para sempre, à borda da sucção
Rostos que eles não reconhecerão.
Dentre aqueles que ousam conhecer
Muitos serão tragados para o centro agourento
Que, escancarado na vertical, veda-lhes
Para sempre a eterna dádiva da privacidade,
De tal sorte que nos afastamos de sua derrota
Com desespero, não por sua morte, mas por
Nós mesmos, incapazes de desvendar seu segredo
E de sequer suspeitar o que seja aquele hálito anônimo
Onde um ou dois venceram: (A prata alcança o estuário.)

The Swimmer's Moment [O momento do nadador]
MARGARET AVISON

Bibliografia

Parte 1

Einstein, Albert. "The World As I See It." *Living Philosophies*, Nova York: Simon & Schuster, 1931.

Capítulo 1. Vício espiritual

Duane, Daniel. *Caught Inside*. Nova York: North Point Press, 1996.

______. "Anatomy of a Big One." *Outside* (maio de 1998).

Elliot, Neil. "The Spirituality of Snowboarding." Working paper 8, University of Central England, Birmingham, 2003.

Misra, Neelesh. "Reading Wings, Waves May Have Saved Ancient Tribes on Remote Indian Islands." Associated Press, 5 de janeiro, 2005, 2007.

Schultheis, Rob. *Bone Games*. Nova York: Breakaway Books, 1984.

Sheldrake, Rupert. "Listen to the Animals." *The Ecologist* (março de 2005).

Shifren, Nachum. *Surfing Rabbi*. Los Angeles: Heaven Ink Publishing, 2001.

Parte 2

Muir, John. *The Yosemite*. Nova York: The Century Company, 1912.

Capítulo 2. Medo

Cloninger, C. R., D. M. Svrakic, e T. R. Przybeck. "A Psychobiological Model of Temperament and Character." *Archives of General Psychiatry* 50, nº 12 (dezembro de 1993).

Dillard, Annie. *Pilgrim at Tinker Creek*. Nova York: Harper's Magazine Press, 1974.

Ebstein, Richard, Olga Novick, Roberto Umansky, et al. "Dopamine D4 Receptor (D4DR) Exon III Polymorphism Associated with the Human Personality Trait of Novelty Seeking." *Nature Genetics* 12 (janeiro de 1996).

Finnegan, William. "Playing Doc's Games." *The New Yorker* (agosto de 1992).

George, Leonard. *The Ultimate Athlete*. Nova York: Viking, 1975.

Graham, Stephen. *The Gentle Art of Tramping*, Londres: E. Benn Ltd., 1931.

Hariri, Ahmad, e Daniel Weinberger. "Imaging Genomics." *British Medical Bulletin* 65 (março de 2003): 259-270.

MacFarlane, Robert. *Mountains of the Mind*. Londres: Granta, 2004.

Mitchell, Edgar D., com Dwight Williams. *The Way of the Explorer*. Nova York, G. P. Putnam's Sons, 1996.

Newberg, Andrew, e Eugene d'Aquili. *Why God Won't Go Away*. Nova York: Ballantine Books, 2001.

O'Neill, Maureen. "Queen of All She Surveys." *Leading Out: Mountaineering Stories of Adventuring Women*. Seattle: Seal Press, 1992.

Otto, Rudolph. *The Idea of the Holy*. Nova York: Oxford University Press, 1958.

Petit, Philippe. *To Reach the Clouds*. Nova York: North Point Press, 2002.

Pluming, R., M. J. Owen, e P. McGuffin. "The Genetic Basis of Complex Human Behaviors." *Science* 264 (1994): 1733-1739.

Phelps, Elizabeth, Mauricio Delgado, Katherine Nearing, et al. "Extinction Learning in Humans." *Neuron* 43, nº 6 (16 de setembro de 2004): 897-905.

Roberts, Andy. "Panic on the Streets of Staffin." *The Angry Corrie*, nº 38 (agosto-setembro de 1998).

Roper, Robert. *Fatal Mountaineer*. Nova York: St. Martin's Press, 2002.

Rosenthal, Sol. "Hardwired for Thrills." Entrevista, *As it Happens*, CBC Radio, 25 de fevereiro de 1998.

Rosner, Dalya. "Is Mountaineering Addivtive?" www.thenakedscientists.com, julho de 2004.

Ulmer, Kristen. "I Hate Couloirs." *Skiing*. www.kristenulmer.com, 2004.

Unsoeld, Willi. *Wilderness and Spirit.* Discurso de formatura para a turma de 1974 dos guardas florestais, Horace M. Albright Training Center, Grand Canyon, Arizona.

Willis, Clint. *Why Meditate?* Nova York: Marlowe and Company, 2001.

Capítulo 3. Foco

Ackerman, Diane. *On Extended Wings*. Nova York: Atheneum, 1985.

Bevan, William. "Mountain Mavericks: Patrick Vallencant." *Snow News* (janeiro de 2003).

Burdick, Alan. "The Mind in Overdrive." *Discover* (abril de 2006).

Eagleman, David. *Ten Unsolved Problems of Neuroscience.* Cambridge, MA: MIT Press, 2004.

Greenfield, Susan. *The Private Life of the Brain.* Londres: Penguin, 2001.

Goldberg, Ilan, e Rafael Malach. "When the Brain Loses Its Self: Prefrontal Inactivity During Sensorimotor Processing." *Neuron* 50 (20 de abril de 2006): 329-339.

Griffiths, Jay. *Sideways Look at Time.* Nova York: Tarcher, 1999.

Ingram, Jay, *The Theatre of the Mind.* Toronto: HarperCollins, 2005.

LaChapelle, Dolores. *Sacred Land, Sacred Sex, Rapture of the Deep.* Durango, CO: Kivaki Press, 1988.

______. *Deep Powder.* Durango: Kivaki Press, 1993.

Lindemann, Hans. *Alone at Sea.* Traduzido por Peter Bandtock. Oberschleissheim, Alemanha: Poller Verlag, 1993.

Matthiessen, Peter. *The Snow Leopard.* Nova York: Bantam Books, 1980.

______. *Ends of the Earth: Voyages to Antarctica.* Washington, DC: National Geographic, 2007.

Murphy, Michael, e Rhea White. *In the Zone.* Nova York: Penguin, 1995.

Rao, Stephen, Andrew Mayer, e Deborah Harrington. "The Evolution of the Brain Activation during Temporal Processing." *Nature Neuroscience* 4 (março de 2001): 317-323.

Tolle, Eckhart. *The Power of Now.* Vancouver: Namaste Publishing, 1997.

Capítulo 4. Sofrimento

Armstrong, Lance. *It's Not about the Bike.* Nova York: Berkley, 2001.

Askwith, Richard. *Feet in the Clouds.* Londres: Arum Press, 2004.

Becerra, Lino, Hans Breiter, Roy Wise, et al. "Reward Circuitry Activation by Noxious Thermal Stimuli." *Neuron* 32, nº 5 (6 de dezembro de 2001).

Coyle, Daniel. "That Which Does Not Kill Me Makes Me Stranger." *The New York Times*, 5 de fevereiro de 2006.

______. "The New American in Paris." *Outside* (julho de 2006).

Harnden, Philip. *Journeys of Simplicity.* Woodstock: Skylight Paths Publishing, 2003.

Jackson, Marni. *Pain: The Science and Culture of Why We Hurt.* Toronto: Vintage Canada, 2002.

Johnson, Kirk. *To the Edge.* Nova York, Warner, 2001.

MacKenzie, Vicki. *Cave in the Snow*. Londres: Bloomsbury, 1999.

Matthews, Todd. "Going the Distance." *Outside* (julho de 2006).

Messner, Rheinhold. *The Cristal Horizon*. Seattle: The Montaineers, 1989.

Noakes, Timothy D. "The Limits of Human Endurance." Artigo acadêmico, Department of Human Biology, Sports Science Institute of South Africa, Cidade do Cabo, África do Sul, 1º de junho de 2006.

Nietzsche, Friedrich. *Joyful Wisdom*, Livro 4, Nova York: Unger, 1973.

O'Donoghue, John. *Anam Cara: A Book of Celtic Wisdom*. Nova York: HarperCollins, 1998.

Petit, Philippe. *On the High WIre*. Nova York: Random House, 1985.

Rasmussen, Knud. *Across Artic America*. Nova York: G. P. Putnam'n Sons, 1927.

Tasker, Joe. *Savage Arena*. Londres: Methuen, 1982.

Tilman H. W. "Voyage to the Îles Crozet and Îles Kerguelen." *Geographical Journal* 127, n. 3 (1961):310-316.

Twight, Mark. *Extreme Alpinism*. Seattle: Mountaineers Book, 1999.

Capítulo 5. Apenas se ligue

Abram, David. *Spell of the Sensuous*. Nova York: Vintage, 1997.

Berbaum, Edwin. *Sacred Mountains of the World*. Berkeley: University of California Press, 1998.

Berman, Morris. *The Re-Enchantment of the World*. Nova York: Cornell University Press, 1981.

Biggest Wednesday: Condition Black. Documentário IMAX. Ventura Distribution, 2000.

Boyer, Pascal. *Religion Explained*. Londres: Heinemann, 2001.

Heuer, Karsten. *Being Caribou*. Seattle: Mountaineers Books, 2005.

Lewis, David. *We, the Navigators*. Honolulu: University of Hawaii Press, 1994.

London, Scott. "The Ecology of Magic: An Interview with David Abram." *Insight & Outlook,* National Public Radio, 2006.

Norgay, Jamling Tenzing. *Touching My Father's Soul*. São Francisco: HarperCollins, 2001.

Popham, Peter. "Social Climbers: Pioneers of the Peaks." *The Independent* (Londres), 22 de dezembro de 2006.

Rumi, Jelaluddin. "A Great Wagon." *The Essential Rumi*. Traduzido por Coleman Barks. Edison, NJ: Castle Books, 1998.

Schama, Simon. *Landscape and Memory*. Nova York: Vintage, 1996.

Sheldrake, Rupert. *The Rebirth of Nature.* Rochester, VT: Park Street Press, 1991.
______. A New Science of Life. Rochester, VT: Park Street Press, 1995.
Sheldrake, Rupert, e Matthew Fox. *Natural Grace.* Nova York: Image, 1997.
Vyse, Stuart A. *Believing in Magic.* Nova York: Oxford University Press, 1997.

Capítulo 6. Lembrando do futuro

Bremer-Kamp, Cherie. *Living on the Edge.* Londres: David and Charles, 1987.
Carroll, Lewis. *Through the Looking-Glass.* Londres: Macmillan, 1872.
Domhoff, G. William. *The Scientific Study of Dreams.* Washington, DC: American Psychological Association, 2003.
Folger, Tim. "Newsflash: Time May Not Exist." *Discover* (12 de junho de 2007).
Foulkes, David. *Dreaming: A Cognitive-Psychological Analysis.* Hillsdale, NJ: Lawrence Erlbaum Associates, 1985.
Greene, Brian. *The Fabric of the Cosmos.* Londres: Penguin, 2004.
Hall, James. *Patterns of Dreaming.* Boston: Shambhala Publications, 1991.
Kaster, Joseph. *The Wisdom of Ancient Egypt.* Nova York: Barnes and Noble, 1993.
MacKenzie, Norman. *Dreams and Dreaming.* Nova York: The Vanguard Press, 1965.
Rumi, Jelaluddin. "Unmaked Boxes." *The Essential Rumi.* Traduzido por Coleman Barks. Edison, NJ: Castle Books, 1998.
Schneider, Daniel E. "Dream Flying and Dream Weightlessness." *Journal of the Hillsdale Hospital* 4. (1960).
Ulman, Montague. *Dream Telepathy.* Charlottesville, VA: Hampton Roads Publishing, 2003.
Wheeler, John. *Geons, Black Holes and Quantum Foam.* Nova York: Norton, 1998.

Capítulo 7. Estranhas intuições

Bergson, Henri, *The Creative Mind.* Nova York: Andison, 1946.
Bullimore, Tony. *Saved.* Londres: Time Warner, 1998.
Crawley, Susan, Christopher French, e Stephen Yesson. "Evidence for Transliminality from a Subliminal Card-Guessing Game." *Perception* 31 (2002).
Evernden, J. F., ed. "Abnormal Animal Behavior Prior to Earthquakes." U.S. Dept. of Interior Geological Survey, Conference I. Menlo Park, California, 23-24 de setembro de 1976.
Gladwell, Malcom. *Blink.* Nova York: Little Brown, 2005.
Herzog, Maurice. *Annapurna.* Nova York: Dutton, 1952.

Sheldrake, Rupert. *The Sense of Being Stared At.* Londres: Hutchinson, 2003.

Suyehiro, Y. "Unusual Behavior of Fishes Prior Earthquakes." Relatório científico, Keikyu Aburatsubo Marine Aquarium, 1 (1968): 4-11.

Tributsch, Helmut. *When the Snakes Awake.* Cambridge: MIT Press, 1982.

Utts, Jessica. "An Assessment of the Evidence for Psychic Functioning." Artigo acadêmico, Divisão de Estatística, University of California, Davis, 1995.

Zhang Jun e Douglas Williams. "China's Zoos Are on Earthquake Watch." *Shanghai Daily*, 26 de fevereiro de 2007.

Capítulo 8. Amigos espirituais

Arzy, S., M. Idel, T. Landis, e O. Blanke. "Why Revelations Have Occurred on Mountains." Artigo acadêmico, Laboratório de Neurociência Cognitiva, Brain-Mind Institute, École Polytechnique Federale de Lausanne, Suíça, 2005.

Brugger, Peter. "Phantomology." Artigo apresentado no Seminário sobre Membro Fantasma, Goldsmiths College, University of London, 2003.

Child, Greg. *Thin Air.* Seatlle: The Mountaineers, 1998.

Connor, Jeff. *Dougal Haston: The Philosophy of Risk.* Edinburgo: Canongate, 2002.

Hillary, Peter, e John E. Elder. *In the Ghost Country.* Edinburgo: Mainstream, 2004.

Jordan, Jennifer. *Savage Summit.* Nova York: William Morrow, 2005.

Levin, Abraham S. "Psychometric Considerations in Selecting Personnel for Unusual Environments." *Personnel Psychology 13* (setembro de 1960).

Lindbergh, Charles. *The Spirit of St. Louis.* Nova York: Scribner, 2003.

Ramachandran, V. S. *Phantoms in the Matterhorn.* Londres: Fourth Estate, 1999.

Rebuffat, Gaston. *Men and the Matterhorn.* Londres: Oxford University Press, 1967.

Rilke, Rainer Maria. *Letters to a Young Poet.* Traduzido por Stephen Mitchell. Londres: Vintage, 1989.

Slocum, Joshua. Sailing Alone Around the World. Nova York: Dover Publications, 1956.

Smythe, Frank. *The Mountain Vision.* Londres: Hodder and Stoughton, 1949.

"Spatial Disorientation." *Fight International*, RAF Institute of Aviation Medicine, março de 1980.

Tuenisse, J. P. "Visual Hallucinations in Psychologically Normal People: Charles Bonnett Syndrome." *The Lancet* 347 (1996).

Wilson, Stephen. *The Bloomsbury Books of the Mind.* Londres: Bloomsbury, 2004.

Capítulo 9. Espíritos peregrinos

Blum, Arlene. *Breaking Trail.* Nova York: Simon & Schuster, 2006.
Broks, Paul. *Into the Silent Land.* Londres: Atlantic Books, 2003.
Chang, Garma, trans. *The Hundred Thousand Songs of Milarepa.* Boston: Shambala, 1999.
Gaul, Alan. *Mediumship and Survival.* Londres: Corgi, 1985.
Rinpoche, Sogyal. *The Tibetan Books of Living and Dying.* Nova York: HarperCollins, 1994.
Sabom, Michael. *Recollections of Death.* Nova Iorque: HarperCollins, 1981.

Capítulo 10. Ferramentas espirituais

Blackmore, Susan. *Dying to Live.* Londres: Prometheus, 1993.
Chotzinoff, Robin. "Quoting Duncan Ferguson, Life on the Edge." *Denver Westsorld News*, outubro de 1995.
Crane, George. *Bones of the Master.* Nova York: Bantam, 2001.
David-Neel, Alexandra. *Magic and Mystery in Tibet.* Nova York: Dover, 1971.
Fenwick, Peter. *The Truth in the Light.* Nova York: Berkley, 1997.
Fox, Mark. *Religion, Spirituality and the Near-Death Experience.* Londres: Routledge, 2003.
French, Christopher. "After Death, What?" Debate na rádio BBC 4, 26 de janeiro de 2004.
Govinda, Lama Anagarika. *The Way of the White Clouds.* Woodstock, NI: Overlook Press, 2006.
Humar, Tomaz. *No Impossible Ways.* Ljubljana, Eslovênia: Mobitel: 2001.
Moody, Raymond. *Life after Life.* Nova York: Bantam, 1982.
Parnia, Sam. *What Happens When We Die?* Carlsbad, CA: Hay House, 2007.
Talbot, Michael. *Mysticism and the New Physics.* Londres: Arkana, 1993.
Yogananda, Paramahansa. *Autobiography of a Yogi.* Los Angeles: Self-Realization Fellowship, 1998.

No Limite da Morte
foi impresso em São Paulo/SP pela gráfica Araguaia, para a Editora Lafonte Ltda.